本书为国家社科基金青年项目“公共规制的社会可接受性及实现路径研究”（项目编号：13CFX009）研究成果

公共规制：话语、理论与实践

靳文辉◎著

中国社会科学出版社

图书在版编目(CIP)数据

公共规制：话语、理论与实践／靳文辉著．--北京：中国社会科学出版社，2022.7

ISBN 978-7-5227-0418-0

Ⅰ．①公…　Ⅱ．①靳…　Ⅲ．①政府管制—研究—中国　Ⅳ．①F120

中国版本图书馆 CIP 数据核字(2022)第 113196 号

出 版 人　赵剑英
责任编辑　梁剑琴
责任校对　周　昊
责任印制　郝美娜

出　　版　中国社会科学出版社
社　　址　北京鼓楼西大街甲 158 号
邮　　编　100720
网　　址　http：//www.csspw.cn
发 行 部　010-84083685
门 市 部　010-84029450
经　　销　新华书店及其他书店

印　　刷　北京君升印刷有限公司
装　　订　廊坊市广阳区广增装订厂
版　　次　2022 年 7 月第 1 版
印　　次　2022 年 7 月第 1 次印刷

开　　本　710×1000　1/16
印　　张　15
插　　页　2
字　　数　254 千字
定　　价　88.00 元

目　　录

第一章

公共规制的知识基础

由于自由放任的市场无法解决集体行动的困境和个体协调的难题，市场经济强调的私人自治也会因市场主体机会可得性的不同和能力的差异而无法达到最优的福利收益，因此通过国家的公共规制行动来克服自发市场领域中的各种混乱和非理性，实现社会总福利的提升，几乎成为当今时代所有市场经济国家的选择。公共规制的有效运行，不仅与一国市场的整体发展息息相关，也关联着市场条件下每个人的命运、利益和关切。

按照桑斯坦的说法，国家的公共规制不仅对市场失灵、公益性分配难题的解决具有重要的功用，还有助于实现集体的愿望和抱负，促进多种经验和偏好的形成，调整不同社会群体之间存在的社会隶属关系，防止利益集团的转移和寻租行动。[①] 和所有的人类行动一样，公共规制行动需要依托一定的知识来完成，规制知识决定着公共规制的决策生成，也影响着公共规制制度的过程性行动。在公共规制的过程中，规制者占有的规制对象、规制目标、规制方式、规制工具以及规制手段等方面知识的多寡，是决定公共规制能否产生预期规制结果的关键要素。规制知识影响着公共规制的规范性进路，也决定着公共规制可能产生的各种后果。

在现代社会，食品安全、药品安全、环境污染、工业事故等风险事故频发，针对这些社会问题进行的公共规制已成为法学研究中的核心问题。“国家针对社会共同体认为重要的活动开始施加持续和集中的控制，这导

① 参见［美］凯斯·R. 桑斯坦《权利革命之后：重塑规制国》，钟瑞华译，中国人民大学出版社2008年版，第53—78页。

致了现代规制国的出现，近代行政法向现代行政法的转变，其表征就是从最小国转向规制国。”① 如果把公共规制置于法治国家的背景之下，公共规制就是政府针对市场运行的弊病，依据法律所确立的目标和程序进行回应性矫正和修正的过程。20 世纪的公共规制法律发展史表明，世界各国尽管选择的规制路径不尽相同，但都以对市场机制的失灵作出制度回应为基本内容。② 而且，随着社会经济的发展，现实中引发公共规制行动的经济、社会情势越发多变、复杂和专业化，以回应和纠正现实经济社会发展中的弊病为目标的公共规制也应根据具体情势作出适时调整，对于规制者来说，这种极具时效性的调整无疑需要占有更为精致和充分的知识，因此，将公共规制的知识基础作为法学研究的核心问题，便具有充分的正当性。那么，公共规制的知识谱系或知识基础是什么？公共规制行动者、规制知识与规制行动之间有何种关联？从知识的角度来看，导致公共规制失败的原因是什么？决定公共规制质量的知识来源于何处？从知识的角度出发，公共规制应有什么样的秉性，该作何种变革？

公共规制制度的运行以规制者的认识为前提，规制者的认识又以相应的知识为基础，规制知识构成了公共规制行为发生的根据。公共规制的变化依赖于规制知识的发展，公共规制的正当性有赖于规制知识的充分和合理运用。从知识的角度来对公共规制的运行状态进行研究，可以将政府如何规制市场提升到更为精准的层面，为政府的规制实践提供更为明确的路径指引，这对于提升规制实践的有效性和正当性，无疑具有重要的意义。

第一节　规制知识的类型及其与规制者、规制行动间的关联

公共规制是规制者在对规制知识加以汲取、分类、编码、储存、解码的基础上，作出的旨在影响经济运行样式和人的行为样式的行动。现实中的公共规制异常繁杂，依据不同的标准，可以对公共规制的知识类型进行多维角度的划分，笔者将规制知识分为三种类型：规制事实的知识、规制

① 方新军：《私法和行政法在解释论上的接轨》，《法学研究》2012 年第 4 期。

② 宋亚辉：《论公共规制中的路径选择》，《法商研究》2012 年第 3 期。

价值的知识和规制技术的知识。规制知识是规制行动运行的基础，它决定着规制的深度和边界，也决定着规制的得失成败，同时，作为一个“人的事业”，公共规制需要由占有规制知识的规制者来实行，规制行动依托于规制知识来展现自身，规制知识和规制者、规制行动之间存在密切的结构性关联。

一　规制知识的类型界分

休谟在《人性论》中认为，人的认识活动通过事实判断和价值判断来进行，事实是理性的对象，价值是情感的对象，事实判断是关于对象“是”或“不是”的认识，是根据认识对象与其他事物之间的联系所作出的一种判断，价值判断是关于对象“应该”或“不应该”的认识，是主体根据自己的内心确信对评价对象是否符合他的需要和喜好，以及在多大程度上符合他的需要和喜好作出的一种判断。① 据此可以认为，规制者的认识具体包括关于规制事实的认识和规制价值的认识。另外，由于事实和价值是可以区分的，“是”无法自行达到“应该”，而公共规制行为的发生必然是整合“是”与“应该”的结果，规制者还需借助一定的方法和技术，在对规制事实加以认定和甄别的基础上，结合规制者确信的价值基准，选择相应的规制行动，因此，规制者应该具备相应的分析推理能力和规制工具的选择、组合的知识，笔者将这三种知识分别命名为规制事实知识、规制价值知识和规制技术知识。② 它们共同构成了公共规制的知识基础，决定着规制行为的发生和运行，也决定着规制行为的目标和结果。

（一）规制事实知识

规制事实的知识解决的是如何对规制对象进行明确界定的问题，是关于事物“是或者不是”的认识。政府公共规制的具体指向是市场弊病，政府对某种经济现象是不是市场弊病的认识和判断，构成了公共规制行为运行的逻辑前提。比如我国《反垄断法》规定的“经营者达成垄断协议、经营者滥用市场支配地位、具有或者可能具有排除、限制竞争效果的经营

① 参见任强《判决如何作出——以判决类型为视角》，《中国社会科学》2007年第3期。

② 当然，这种划分有理想类型的色彩，一种类型的知识可能包含其他类型知识的因素，比如对规制事实的发现和识别，一定与发现和识别事实的技术和方法相关，也与价值知识相关，事实判断不可能完全排除价值因素，实际上，各种类型的知识之间密不可分，任何一种类型都不可能在现实中以纯粹的形态出现。

者集中”这三种情形，便是典型的市场弊病并需要反垄断法加以规制的行为，这些行为是否在市场中真实存在，需要规制者去认定和辨别。现实中，关于规制事实的知识不会总是以简单明了的形式呈现在规制者面前，为了规避规制法的制裁，引发市场弊病的行为常以隐蔽的方式进行，比如实施垄断的经营者绝不会采取公然的方式来达成垄断合意，而通常采取各种默示共谋或其他隐蔽的方式来达成垄断协议，这无疑会增加规制者对垄断协议的认定难度。规制者要根据法律的规定以及在规制实践中积累起来的经验来具体辨别，比如经营者的行为是否具有一致性，经营者之间是否进行过意思联络或者信息交流，以及经营者能否对一致行为作出合理的解释等方法，将“事实碎片”拼接成“事实图画”，从中发现经营过程中是否有垄断协议的事实，该过程便是规制者发现规制事实的过程。若规制者认为现实中需要规制法克服的市场弊病确实存在，或者有足够的理由要对当前的经济过程及未来方向予以干预，就意味着规制者关于规制事实的知识已经形成。

（二）规制价值知识

规制价值知识是关于规制对象“应该是什么”的认识，它对规制行动的目标设定以及规制者判断是否需要采取规制行动具有决定作用。比如前文提到的垄断行为，规制者会基于市场秩序、正义的价值追求，对经过事实确认的垄断行为采取规制措施，以达到相应的规制目标，规制目标便是规制价值的直接体现。在现代社会，规制价值常以法律的形式来确认，“法律是一个‘应该’规范，法律规范一旦建立，一旦为社会所接受和认同，将变成一股强大的力量，对人本身加以改造，这是法律规范内化、外化或异化为人性的方面。因此，法律规范是应然的价值评价”①。比如我国《反垄断法》第 1 条规定，反垄断法的目标是“保护市场公平竞争，提高经济运行效率，维护消费者利益和社会公共利益，促进社会主义市场经济健康发展”，这便是《反垄断法》所确立的价值目标，规制者应该根据立法所确立的价值和精神，来具体分析规制对象“应该是什么”“需要改变什么以达到规制目标”等问题。正是因为有了法律所确认的价值规范的指导，规制行动才有了相应的标准，规制者的行动才不至于随心所欲。同时，也正是因为价值知识的指导，针对现实中相同的行为，规制者可能

① 任强：《判决如何作出——以判决类型为视角》，《中国社会科学》2007 年第 3 期。

会采取不同的行动，比如我国《反垄断法》规定，为了提高市场运行的效率和对弱势主体的保护，或者为了特定的社会经济目标（价值知识指导下的判断），对6种垄断行为不采取规制措施，[①] 因为这些“垄断行为”实施的结果会对社会产生效益为正的结果，关于规制价值知识对于规制行为运行方向的决定作用可见一斑。

（三）规制技术知识

桑斯坦曾指出，“关于规制成功或规制失灵的判断取决于对如下问题的看法：何为规制的合宜目标和范围？即使人们就这个问题达成一致意见，依然存在非常严重的方法论难题。”[②] 规制的技术知识与规制事实知识、规制价值一样重要，规制技术知识是规制者为了实现规制制度所确立的目标，对规制对象采取何种规制策略和行动的知识，解决的是规制方法的选择、规制时机的把握、规制工具的择取及组合等问题。例如，针对2008年的全球金融危机，我国政府将财政政策由原来的“稳健”调整至“积极”，货币政策由“适度”变为“适度宽松”，同时还扩大了信贷规模，投资4万亿元人民币刺激经济，另外还通过一系列税收政策、就业政策的变革和调整来应对危机，并以此为手段来实现我国“经济平稳较快增长”的总目标。选择何种政策手段、各种政策手段如何组合及搭配、政策实施的时机等内容，便属于规制技术方面的知识。再如对垄断行为的规制，规制者会根据垄断行为样式和严重程度的不同选择不同的规制措施，针对一个特定的垄断行为，究竟是采取罚款、没收违法所得等规制方式，还是采取责令停止实施集中、限期处分股份或资产等规制措施，都需要规制者根据规制对象的不同，运用规制技术方面的知识来具体分析。规制技术知识与规制对象相关，也与规制目标相关，规制技术知识对于规制的得失成败同样起着重要作用。

---

① 这6种行为具体包括：改进技术、研究开发新产品的；提高产品质量、降低成本、增进效率的，统一产品规格、标准或者实行专业化分工的；提高中小经营者经营效率，增强中小经营者竞争力的；为实现节约能源、保护环境、救灾救助等社会公共利益的；因经济不景气，为缓解销售量严重下降或者生产明显过剩的；为保障对外贸易和对外经济合作中的正当利益的。

② ［美］凯斯·R. 桑斯坦：《权利革命之后：重塑规制国》，钟瑞华译，中国人民大学出版社2008年版，第83页。

二 规制知识与规制者的关联

作为一种对原有经济形态的强行改变，公共规制是以人为的政策和制度来变更和修改经济循环过程为自身目的的行动，[①] 它的运行首先与作为规制主体的人相关，规制主体是规制行动的发起者和具体承担者，“人类行动是有机体的表现形式，它拥有一个实体，该实体偶尔会渗透到一系列构成行动环境的事件中。因此，行动假定有一种‘事件的发动机’，这就是行动者”[②]。如果规制者缺场，规制行为当然不可能发生，“我们不能脱离身体来探讨‘行动’，因为身体正是‘行动’与它的周围世界的中介，是行动中的自我的统合体”[③]。同时，由于公共规制是一种专业化的、具有严格技艺属性的行为，这就要求承担公共规制职能的主体应当由拥有特殊知识、技能并受过特殊训练的人来构成，用吉登斯的话说，就是应当由具有“知识能力”的人来构成。知识能力的基础是知识，对此马克斯·韦伯在关于现代官僚制的论述中也表达了同样的看法：现代官僚制的表现之一是“官员的专职化”，专职化要求“至少是一切专门化的职务工作——一般是以深入的专业培训为前提的”，“它首先表现在要求有明确规定的、在很长时间内往往要投入整个劳动力的培训过程和进行一般规定的专业考试作为聘任的先决条件”。[④]

在现代社会，承担规制职能的主体常以组织和机构的形态出现，比如我国工商行政管理部门、中国人民银行、国家税务总局，美国的证券交易委员会、联邦贸易委员会、消费品安全委员会等，这些承担了公共规制职能的、具有相应知识和技能的组织与机构，通过法律赋予的公共规制权力来对经济社会进行管理并要求受规制者服从，规制权构成了公共规制的外在表现。众所周知，权力除了强制力之外，还意味着资格和能力——也就是说，即便从规制权力本身的角度来分析，我们依然可以发现公共规制权

---

① ［日］金泽良雄：《经济法概论》，满达人译，甘肃人民出版社 1985 年版，第 50 页。

② ［英］安东尼·吉登斯：《社会理论与现代社会学》，文军、赵勇译，社会科学文献出版社 2003 年版，第 234 页。

③ ［英］安东尼·吉登斯：《社会的构成》，李康等译，生活·读书·新知三联书店 1998 年版，第 63 页。

④ ［德］马克斯·韦伯：《经济与社会》（下册），林荣远译，商务印书馆 1997 年版，第 280—281 页。

与知识之间的关联。美国学者丹尼斯就认为：“‘权力’一词，在英语中通常用作‘能力’、‘技巧’，或‘禀赋’的同义语，这种用语……严格地讲是‘技巧’，是对外部世界产生某种效果的能力，以及潜藏在一切人的表演中的物理和心理能量，即‘行动权’；控制或作用于抵抗物的思想，已经包含在作为技巧或能力的权力概念中，有些作者把一般意义上的权力等同于主宰，或等同于‘使外部世界产生显著变化’的能力。”① 可见，决定公共规制权存续的因素固然是市场的规制需求，但规制权究竟应赋予哪个主体，却是由规制者是否具备相应的规制知识来决定的，此乃规制主体与规制知识之间的基本关联。

三　规制知识与规制行动的关联

前文已论及，规制行动需要规制者在规制知识的指导下进行，“知识是社会行动之可能性的一个条件”②，规制行动能否发生，要看规制者是否拥有关于行动条件和行动后果的正确认识，认识的正确与否取决于已获知识的数量和质量。规制知识构成了规制行动的先导，考夫曼曾指出，“根据传统哲学的观念，总是由两种力量，即知性和理性创造认识”③。知性是对事物的体验和感受，理性是对事物的分析和判断。“如果说知性是发现规则的能力，判断力是发现那属于这规则的特殊情况的能力，那么理性就是把特殊事物从普遍的东西推导出来，因而按照原理和必然性来设想特殊事物的能力。所以也可以把理性解释为根据原则作判断和（在实践的考虑中）采取行动的能力。”④

按照一般的理解，行为的构成要素既包括内在的动机、目的和认知能力，也包括外在的举动、手段和效果。动机指推动人作出某种行为，以达到特定目的的内在原因，它基于特定的需要而产生，决定着行为的发端、强度和持续性，目的是人们想要达到的某种状态，黑格尔曾言，“我的目

① ［美］丹尼斯·H. 朗：《权力论》，陆震纶，郑明哲译，中国社会科学出版社 2001 年版，第 1 页。

② ［英］安东尼·吉登斯：《社会的构成》，李康等译，生活·读书·新知三联书店 1998 年版，第 64 页。

③ ［德］阿图尔·考夫曼：《后现代法哲学——告别演讲》，米健译，法律出版社 2000 年版，第 18 页。

④ ［德］康德：《实用人类学》，邓晓芒译，重庆出版社 1987 年版，第 88 页。

的构成了我的行为的内容”。认知能力属于对行动主体的要求，无论是动机的形成还是目的的确定，都依赖于行为主体具备一定的认知能力。另外，在行动的外在要素中，举动是主体通过自身力量变化来输出能量从而引起对象改变其存在方式和运行方式的活动；手段是行为人为达到某种目的而采取的具体方式和方法，比如行动计划、措施、程式、技术等；行为的后果是行为完成的状态，作为行为的重要组成部分，其表现为对外在世界所产生的物质性、精神性影响，以及使对象人为地保持的或发生的某种变化。[①]

这些哲学领域的一般性结论，同样适用于对公共规制行动的分析。无论是规制行动的外在因素还是内在因素，都与规制知识密切相关：规制行动中“动机”的形成和“目的”的确定，其实就是对规制事实知识和规制价值知识的确定过程，它需要有“认知能力”的规制者对规制事实进行准确把握，结合规制价值知识来形成，在现实中，它常以规制决策的形式呈现出来。规制行动外在因素中的“举动、手段”，也无非是如何正确运营规制技术知识的问题，它是在规制者对众多规制技术知识加以识别、比较的基础上完成的，并最终进入规制者的行动框架之中。规制“结果”作为规制行动的终结状态，是规制者采取规制行动后规制对象的变化情况，是人们衡量规制效果的依据。当然，规制知识和规制行动之间的关系并非总是单向的，规制行动也可能成为进一步完善、修正甚至形成新的规制知识的路径，规制者在具体的规制行动中，依据特定的社会经济情势来变更和完善规制知识，也是规制知识和规制行动相关联的重要表现。

第二节　公共规制为何失败——“知识失灵”的视角

尽管世界各市场经济国家对经济的规制已成为惯常的国家行动，但关于公共规制存在理由的理论争论从来没有停止过。主张公共规制的学者认为，现代市场必须有公共规制的存在，因为“倘若市场机制变成了人类命运、自然环境甚至是购买力的使用和规模的唯一主宰，那么它将会彻底毁

① 张文显：《法哲学范畴研究》，中国政法大学出版社2001年版，第73—81页。

灭这个社会"[①]。但与之相反的观点比比皆是："并非在任何时候自由放任的不足都能够由政府的干涉弥补的，因为在任何特别的情况中，后者不可避免的弊端都可能比私人企业的缺点更加糟糕。"[②] 人们对公共规制有如此相异的看法固然有多种原因，但公共规制在现实中的失败现象显然是人们对其持反对看法的最直接理由。在导致规制失败的所有因素中，规制知识的"失灵"无疑是最重要的原因。事实上，哈耶克早就以人类"理性不及"的知识观为前提，从知识的有限性和弥散性的角度分析了国家规制行动在现实中遭遇失败的原因，其提出的"自发秩序"尽管有浪漫和不可知色彩，但哈耶克关于知识的论述以及以此为依据对国家作用的论述，对于认定公共规制中知识不足可能造成的风险、弊端和缺憾，无疑具有重要的意义。本书认为，由于规制行为与规制知识之间的密切关联，现实中几乎所有的规制失败，都可以从规制知识的角度找到缘由。当然，由于"规制知识"这一命题无疑异常庞大和繁杂，限于文章篇幅，此处仅以上文关于规制知识的类型划分为依据，以能够证明"规制知识失灵必然导致规制失败"这一命题成立为限。

一　规制事实知识与规制失败

规制行动的发起以对规制对象"是与不是"的准确判断为前提，如果我们无法发现规制事实的"真实"，就意味着规制者所占有的"关于规制事实的知识"在数量方面不充分或质量方面不准确。事实上，当下学界关于国家规制经济中"规制缺位、规制越位"的论述，就是规制者关于规制对象的知识不充分或不准确的结果——"规制缺位"是对本该规制的对象未采取规制行动，而"规制越位"则是对本不该规制的对象当作规制对象加以规制。由于主客观的原因，规制者在占有"关于规制事实的知识"时有着难以克服的局限，对事物本质的判断难以达到完全真实的程度，具体可从两方面来分析。

从规制者的角度来看，规制者的意向、动机、态度及其价值判断会对事实判断的结果产生重要影响。以规制者的意向行为为例，Ajzen 认为：

① ［匈］博兰尼：《自我调节市场与虚构商品：劳动、土地和货币》，载许宝强、渠敬东编《反市场的资本主义》，中央编译出版社 2001 年版，第 16　24 页。

② ［美］查尔斯·沃尔夫：《市场或政府》，谢旭译，中国发展出版社 1994 年版，第 15 页。

"所有可能影响行为的因素都是经过行为意向来间接影响行为的表现。而行为意向受到三项相关因素的影响：一是由于个人本身的态度，即对于采行某项特定行为所持的态度；二是由于外在的主观规范，即会影响个人采取某项特定行为的主观规范；最后是知觉行为控制。"[①] 针对同一事实，不同的人会有不同的行为意向，规制者的事实判断可能会因为意向的不同而有对错、优劣之分，但规制事实的客观真实只有一个。其次，规制者的时间、精力总是有限的，只能在有限的时间和有限的能力范围内根据自己所掌握的有限信息，对规制事实进行抽象和概括判断，但一旦有"抽象"的过程，整个事件的原貌就不可能总是得到完整的体现，抽取出来的要素也未必就是事件的典型特征，遗漏的也许恰恰是对事件有决定意义的要素。某些在规制者看来是次要的因素，当它被规制者从事件整体中抛弃时，事件的性质就被修改了。[②] 例如，在日本的"Monju"高速增殖反应堆诉讼案中，法官就认为，在核反应堆许可阶段的安全性审查中，并非将关涉核反应堆设施的所有事项都作为审查对象，而只是将关涉该设施基本设计安全性的事项作为其审查对象。但是，随后的研究发现，"关涉设施基本设计的安全性"并非核安全的唯一要素。[③] 最后，规制者的理论水平和判断技巧也对规制者发现规制对象的能力形成制约，尤其是在经济规制领域，有些经济现象只有拥有特殊知识或受过专门训练的人才能理解，有些事实判断的技巧本身是内化于规制者个人的，是"只可意会不可言传"的，当受过专门训练的人缺场时，规制对象的真实就更难发现。

从规制对象的角度分析，规制对象本身的秉性也影响着规制者的事实判断。"任何的事实认定在本质上不过是对盖然性的评估。"[④] 尤其是在现代社会，随着经济社会的发展，需要政府作出规制的经济事项越发庞杂，公共规制的对象常以高度不确定的状态呈现。经济系统之间的高度复杂性、相互依赖性和不确定性使得各类经济风险的爆发充满或然性，这种情

---

① 张长海：《政府内部隐性知识拥有者知识共享的计划行为分析》，《科学与管理》2008年第3期。

② 此处参考了任强教授对判决中司法人员发现案件事实真相的相关论述，参见任强《判决如何作出——以判决类型为视角》，《中国社会科学》2007年第3期。

③ ［日］冈田正则：《行政裁量之司法审查——以有关科学技术的行政判断及其制约为中心》，王树良译，《法学思潮》2011年第1期。

④ 封利强：《司法证明机理：一个亟待开拓的研究领域》，《法学研究》2012年第2期。

形“以至于它无法事先在想象中被充分认识，也无法事后在规范上加以最后确定。古典的规范类型是条件性纲领，它列出一些事实作为国家可以正当地进行干预的条件，并确定一些国家可以运用的措施作为法律后果，在这里，这种规范模式大致上是失效了”[①]。比如国家的产品质量规制，现实中的有些新产品，其适用性、安全性在科学界尚无定论，或在没有得到充分证明时即常常被投入使用，有些产品引发的风险只有随着科技的发展才会被人类认识，比如针对近年来争议颇多的转基因食品，国际农业知识与科技促进发展评估组织联合主席汉斯·赫伦就曾表示，“转基因的影响是好是坏，我们目前仍然无法知道”[②]。科技方面的不确定因素在现代规制行动中无处不在，面对如此不确定的规制对象，要求规制者对规制对象做到全然了解和掌握，显然不太现实。当事实判断不真实、不确定的时候，规制者的“知识能力”就是不充分的，在规制事实判断基础之上作出的规制行为也就有错误的可能。

二　规制价值知识与规制失败

前文已论及，在现代社会，尽管关于规制价值的知识主要由法律制度来规定，但它本身并不必然正确，“规制过程并非总是产生好的结果：制定法经常被设计得很拙劣；有时候它们恰恰加剧了自己打算解决的那些问题；有时候它们没有得到充分的实施或者产生了意料之外的后果”[③]。而且，关于规制的价值知识终究还需要规制者诉诸主观，是规制者根据内心偏好和需要作出的认知，面对相同的制度文本，不同的规制者会有不同的理解，“即使能够精确地重构价值事实，但对一个人而言的失灵在另一个人看来却有可能是成功”[④]。按照一般的理解，正义、秩序、安全、人权、自由和效率等都可能成为规制法的价值，但“价值主体的多元化和社会经

① ［德］哈贝马斯：《在事实与规范之间——关于法律和民主法治国的商谈理论》，童世骏译，生活·读书·新知三联书店2003年版，第133页。

② 袁瑛：《转基因食品，可以慢慢来》，《南方周末》2012年3月25日。

③ ［美］凯斯·R.桑斯坦：《权利革命之后：重塑规制国》，钟瑞华译，中国人民大学出版社2008年版，第92—93页。

④ ［美］凯斯·R.桑斯坦：《权利革命之后：重塑规制国》，钟瑞华译，中国人民大学出版社2008年版，第84页。

济生活的广泛性与复杂性及社会条件的多重性与多变性”[①] 决定了任何一个价值类型绝不会有确定无疑、独一无二的指向，人们对价值目标的选择及评价都具有主观性。以法律的正义价值为例，博登海默认为，“正义有着一张普罗透斯的脸，变幻无常、随时可呈不同形状并具有极不相同的面貌”[②]，它会随着时空的变化而改变，“一个法律社会所肯定之价值随‘时空’而转移，以及在一个概念之形成或法律规定之制定的过程中，常常不能预见一切可能受其适用之对象和其适用之结果”[③]。在经济规制法律制度中，其价值目标随时空转移的特征尤为明显，规制价值知识应随着经济情势的变化而有所调整。不仅如此，规制制度的不同价值之间还有冲突的可能，若发生价值冲突，应该如何确定价值序位便会成为问题。发生价值冲突时，应使谁服从谁？追求谁而牺牲谁？对于这些问题，本身很难有客观的标准，不同的规制者可能有不同的回答。关于法律制度的价值多元和价值冲突问题，学界的探讨已相当充分，笔者不再赘述，但有一点是肯定的，由于规制价值知识的不正确、不确定导致的规制失败，在现实中一定有存在的可能。

三 规制方法知识与规制失败

“在很多领域，国会所设计的规制策略与其试图纠正的特定市场失灵之间都没有关联性。”[④] 在现实中，因规制手段使用不当引发规制失败的情形随处可见，具体说来，以下几种最为典型：首先，规制方法选择错误导致的规制失败，比如当下我国对压制型规制手段的过分依赖问题。在“强国家”的惯性思维模式之下，由于压制型制度所具有的制度刚性、令行禁止、适用简便和效果直接等特点，规制者过多地依赖命令、计划等干预工具对市场弊病予以回应，或者对私权进行严格管制以获取罚款收益，等等。但是，压制型规制手段容易引起受规制者的厌恶和不遵从，频繁发生的暴力冲突、群体事件便是明证。其次，规制技术和方法使用中的成本

① 刘大洪、廖建求：《论市场规制法的价值》，《中国法学》2004 年第 2 期。

② ［美］E. 博登海默：《法理学：法律哲学与法律方法》，邓正来译，中国政法大学出版社 2004 年版，第 261 页。

③ 参见黄茂荣《法学方法与现代民法》，中国政法大学出版社 2001 年版，第 52—53 页。

④ ［美］凯斯·R. 桑斯坦：《权利革命之后：重塑规制国》，钟瑞华译，中国人民大学出版社 2008 年版，第 101 页。

耗费，也是不当规制方法的具体表现。在公共规制的运行过程中，一个具体的规制目标可能有多种实现方法，但不同规制行为的成本是不一样的，当规制目标确定后，规制者必须回答以下问题：政府计划和干预的成本是什么？收益是什么？如何才能以最小的成本获取最大的收益？在有多个规制方法供选择的情形下，如果某种规制方法和工具没有以最少规制成本产出既定水平的规制收益，或者规制者还可能选择其他更低成本的方法和工具并能够形成既定绩效的规制产出时，我们就可以认定该规制方法是不合理的。最后，规制方法、规制技术与规制对象、规制目标不匹配导致的规制失败。桑斯坦在论证美国对民航业的规制时指出，美国规制机关将本该是“通过反托拉斯法来解决”的问题，错误地“通过价格和配额的方式加以回应”，“这种策略导致了过高的成本、航空业的高额利润以及消费者的诸多不便和其他不利”①。再如对垄断企业的规制，规制手段应根据规制对象的不同而有所区别，如果规制者一味地依赖对垄断企业“拆分”的规制方法，可能会使得经济中的规模效应不能充分发挥作用，这对于企业的技术创新和开发，以及对整个社会的经济增长和社会总福利的提升也会产生负面影响。总之，政府在实施公共规制时可资利用的手段可能有多种，但每一种规制方法、每一种规制工具都有自己的适用边界和比较优势，我们必须结合规制对象、规制目标来选择规制工具和规制方式，如果忽视规制工具和规制对象、规制目标之间的相关性，现实中的规制失败也就在所难免。

第三节 知识视角下完善公共规制的具体路径

国家公共规制目标的实现，首先要求规制者拥有足够的规制知识，规制知识是规制行动的前提。只有占有足够的知识，才能使公共规制的本身更具正当性，也才有资格去说服社会和个人按照规制者的要求行事，并在最大程度上获得社会大众的信服和遵从。那么，从知识的角度去探寻公共规制完善的策略和路径，对于保证国家公共规制的高效、科学和合理，无

① ［美］凯斯·R. 桑斯坦：《权利革命之后：重塑规制国》，钟瑞华译，中国人民大学出版社 2008 年版，第 101 页。

疑具有特殊的重要性。下文中，笔者拟依据上文对规制知识的类型划分，从规制事实知识的获取、规制价值知识的形成和表现方式、规制技术知识的应用原则和评价等几个方面，来论述知识视角下完善公共规制的策略和路径。

一 规制事实知识的获取

规制事实知识的准确获得既和规制对象（比如复杂程度）有关，也和规制者（比如规制者的努力程度）相关。由于规制对象是一个客观存在，我们不能寄希望于规制事实的简单明了来实现规制者对规制对象的精准认识，尤其是随着经济社会的发展，规制对象不仅不会变得简单，反而会越发复杂。面对一个需要规制的市场，发现并解决问题是规制者的职责所在，这就意味着我们只能通过提升规制者对规制对象的认识能力，来实现对规制事实知识的充分占有和掌握。笔者认为，要提高规制者对规制事实的认知能力，可以从以下两个方面加以改进和提升。

（一）规制机构的变革

美国行政法学者布雷耶认为，要实现对经济社会风险的有效规制，需对规制机构加以变革，使之符合理性化、绝缘和权威等特征，同时具备专业化的要求，而实现这一切都应借助于“官僚制的美德”来实现。[①] 笔者认为，变革规制机构使之符合官僚制的基本要求，对于规制者要获取足够的规制事实知识，提升规制者在发现、识别和认定关于规制事实知识时的准确性与科学性，也有着关键的意义。按照韦伯的理论，官僚制是遵循普遍规则的治理方式，它存在严格的管辖范围和等级制，权力的职责和范围有明确的界分且与私人事务严格分离。当规制机构在官僚制的框架下运行时，就意味着规制权之间因纵向和横向的分工有了明确的边界，它们之间相互配合、相互制约，规制者必须按照预先设定的规则、标准、惯例、程序和管理体系来认定规制事实，提供更为理性的证据和结论。换言之，在官僚制的要求下，规制者只忠实于规制事实，只对规制事实的真实性、准确性和科学性负责，它“绝缘”于政治，甚至民意，尤其不允许规制者因私人关系破坏既有的标准、规则和管理体系。规制事实的认定“不随领

① 参见［美］史蒂芬·布雷耶《打破恶性循环：政府如何有效规制风险》，宋华琳译，法律出版社 2009 年版，第 80—82 页。

导人的改变而改变”“不随领导人意志的改变而改变”，规制者的自利、偏颇和非理性得到了最大程度的祛除，规制者查明规制事实的行为本身也有了理性保障，规制行动的权威性也由此生成。

另外，按照官僚制关于官员专职化的要求，为准确获取规制事实的知识，还需在规制事实的认定中引入专家制度。前文已论，公共规制中的事实认定常常要依托复杂的科学技术知识和专业判断来进行，专家作为社会中的精英分子，掌握着某一特定领域的专门知识、经验或者技能。他们可以对社会、经济领域的专业性、技术性问题提出区别于普通人的意见、评论和判断。专家们“所拥有的专门知识本身目标/工具理性取向的，因而在很大程度上是与价值无涉的”，而研究对象的建构本身“是一个与价值无涉的过程”。[①] 专家的行动方式能保证专家更容易处于一种“超脱”的地位，在行动中更趋于理性，能以“忠实的政策选择的中介人”的身份，为规制者提供全面而真实的信息。孙斯坦认为，专家比普通人在大多数时候更正确，而普通人往往是错误的，普通人之所以更容易犯错误是因为他们过于依赖直感，他们受到社会的影响，使自己误入歧途，他们忽略了权衡。一般来说，人们希望降低最严重的风险，但他们不知道如何去做。他们倾向于作出一个快捷的、直觉的判断，而不去进行更细致的调查。[②] 因此，公共规制中的专家参与有助于政府更加科学理性地识别规制对象，尤其是当规制者因自身专业知识的限制而无法澄清有关事实，或者无法获得充足的信息时，专家的作用尤为明显。笔者认为，可以通过建立相对稳定且独立运作的政策研究和咨询机构，或者通过设立专门的高端论坛等方式，为政府的规制事实发现和识别行动提供智力支持。公共规制中的专家构成不应仅限于所涉领域本身的专家，其他领域的知识精英对于协助规制者发现和识别规制对象，也有着重要的作用。比如最近几年，在“三农”问题、社会保障等领域，其他领域的专家通过网络微博、专业期刊等平台，充当弱势群体的代言人角色，这对于规制者从多角度及时了解、准确发现经济社会问题，无疑具有重要的意义。因此，参与公共规制的专家不

① 参见王锡锌、章永乐《专家、大众与知识的运用——行政规则制定过程的一个分析框架》，《中国社会科学》2003 年第 3 期。

② ［美］凯斯·R. 孙斯坦：《风险与理性——安全、法律及环境》，师帅译，中国政法大学出版社 2005 年版，第 68 页。

仅应包括经济学界、法学界、科学家、工程师、知识技术阶层的专业人士，社会学界、政策分析学界、政治学界的专家也应被纳入。规制机关既可直接委托相关专家来发现与规制事实相关的知识，也可对受规制者的专家参与申请予以批准的方式来进行。

（二）规制权配置方式的改变

规制者之所以有权运用规制工具解决市场领域中的各种弊病，首先是因为在国家政治制度中的职位以及附着于这一职位的权力。但是，对于不同级别的行动者而言，由于他们接触的对象不同，发现和识别规制对象的能力也会有显著区别。“知识能力包含在构成日常生活主体的实践活动中，是社会世界的一项构成性特征，作为社会世界的组成者，行动者对社会世界的知识是和这个世界分不开的。”① 规制权在规制主体间的不同配置会对规制者发现规制事实的能力产生重要影响。在笔者看来，规制事实的知识必然是一种依附于日常生活中的存在，如果将规制权配置给更高级别的主体（比如总是将其配置给中央政府），有关规制对象的知识只能经过自下而上的传递才能被规制者所了解，在该过程中，信息流失和噪声干扰的现象必然存在。“在（信息）传递的过程中，信号可能因外来的因素而有所扭曲——发生添加或减少，使得有效的传递成为问题，于是我们就说线路中有杂音，我们要么修改线路本身，要么修改将信息用代码改变为信号的方法，或改变我们在线路上发送信息的速度。”② 因此，规制权在政府层级间配置时，除了遵守基本的程序规范，以保证权力运行协调和通畅和协调共治之外，③ 应尽可能地将规制权赋予直接面对规制事实的规制者，强化地方政府的经济自治权，使得规制对象的信息传递时间缩短，信息的流失和各种噪声干扰的机会因传播时间的限制而降低，从而使关于规制对象的信息得到更大程度的保真，其准确性也必然会提高。

---

① ［英］安东尼·吉登斯：《社会的构成》，李康等译，生活·读书·新知三联书店1998年版，第169页。

② ［英］马克斯·H. 布瓦索：《信息空间——认识组织、制度和文化的一种框架》，王寅通译，上海译文出版社2000年版，第49页。

③ 石东坡：《创制中央地方互动程序规范的宪法思考》，《甘肃政法学院学报》2009年第2期。

二　规制价值知识的形成路径与存在方式

和纯粹事实判断追求客观真实的情形不同，价值知识是规制行动及规制结果对人的意义，是人们对规制行动的愿望和需求的主观反应。从应然的角度讲，规制价值的选择和规制目标的确定，应该与社会大众公认的伦理观念和道德准则相一致。但是，“我们如何能够得知大部分社会成员的价值倾向呢？相比于行政机关的调查，大众参与提供了更为直接的途径。允许更多公民或者利益集团进入行政规则制定程序表达价值倾向，必要的时候在参与者内部展开协商和讨论，以达成某些基本的共识。这种基于多种信息和交涉而获得的共识，无疑将是正当性的坚实基础”①。

既然规制价值知识是一种“共识”，那么在个体选择、个体利益和个体福利不可能总是等同于社会选择、社会利益和社会福利的背景下，“共识”只能通过各方主体的协商和妥协才能达成。哈贝马斯说：“具有有效性的，只是所有可能的相关者作为合理商谈的参与者有可能同意的那些行动规范。”② 因此，只有将公共规制价值知识的形成过程建立在程序保障的公众直接参与基础之上，只有平等基础上的各方协商，公共规制的合法性才会有充分的社会基础，公共规制价值知识也才会获得公众的认可和遵从。具体而言，程序常与公开、透明有关，它所要求的主体要素、过程要素会使主体避免处于“茫然无知”的状态之中。而公众参与是一种重要的话语传递机制，能保证不同的利益和政策主张者在规制目标形成过程中有表达、竞争、合作以及妥协的平台和机会，能够保证最终确定的关于规制价值的知识契合社会上最大多数人的道德直觉和情感体验，它不仅可避免受规制者尤其是社会弱势群体因受漠视、边缘化、被操纵而形成“挫折感”，也是规制目标确认和规制价值选择获得公众认同的重要途径。在当今时代，无论是具体的政治决策还是制度的价值形成，公民参与的制度环境较之过去已有较大的改观，如信访、政府信息公开等法律法规的颁布实施，新型媒体（网络、微博）、电子参与（领导信箱、政府留言板）的广

---

① ［美］凯斯·R. 孙斯坦：《风险与理性——安全、法律及环境》，师帅译，中国政法大学出版社 2005 年版，第 117 页。

② ［德］尤尔根·哈贝马斯：《在事实与规范之间——关于民主和民主法治国的商谈理论》，童世骏译，生活·读书·新知三联书店 2003 年版，第 132 页。

泛运用，各种立法听证会、征求意见办法的普遍实施，这都为公共参与制度的建立和实施提供了基础和经验。尤其是新型媒体，“对官方政治领域的依附性正在减少”[①]，它们在诸如反腐、议政方面展现了突出的功用和旺盛的生命力。因此，通过各种途径保障公众的参与权，是保证公共规制价值知识更为合理的必由之路。关于公众参与的制度设计和具体过程，尤其是需要什么样的程序制度来保障，现有文献已有非常详尽的研讨，笔者不再赘述。

另外，规制价值知识的表现方式对规制价值的确定性有重要的影响，为保证价值知识的确定性，规制价值知识应当以法律文本的形式存在。价值知识尽管是人的主观评价，但当价值知识以法律文本的形式存在时，构成文本的语词的约定俗成含义、前后文关系以及文本的表达方式，以及法律制度本身的稳定性和权威性，都能对规制者形成刚性约束，减少规制者理解的随意性。制度文本“对政治生活的塑造作用主要体现在三个方面：一是决定着谁能够参与某种政治活动的场所；二是塑造着各个政治行动者的政治策略；三是影响着行动者的目标确立和偏好形成”[②]。规制价值知识的法律文本化存在具有强烈的预设功能，它经过了严格的立法程序，运行中设计出的目标指向和明确的操作方式，都能在最大限度上保证国家规制行为的理性，保障其在运行中不至于向制度预设之外的目标游走。因此，通过对规制价值知识的制度化、规范化来保证制度价值知识的确定化，是保证规范价值知识确定化、理性化的重要路径。

三 规制技术知识的选择与评价

在规制实践中，与规制技术知识直接相关的是规制的方式和路径问题，公共规制的基本路径主要包括行政路径和司法路径两种类型：行政路径是指由行政机关运用国家公权力，直接或间接干预市场秩序，以此来实现规制目的；而司法路径是指法律通过对市场主体的权利、义务和责任进行事前配置，并通过激励当事人提起私人诉讼的方式来规制潜在违法行为。[③] 行政路径和司法路径各有优缺，现实中应通过两者的互动和联合，

① 朱旭峰：《政策决策转型与精英优势》，《社会学研究》2008 年第 2 期。

② 周光辉：《当代中国决策体制的形成与变革》，《中国社会科学》2011 年第 3 期。

③ 宋亚辉：《论公共规制中的路径选择》，《法商研究》2012 年第 3 期。

来实现对经济社会弊病的有效规制。当然，由于现实中的规制对象千差万别，规制的方式应当与具体的制度环境、规制对象的特点相适应，同时，行政路径作为一个种概念，其下属的规制方式、程序和工具也多种多样，司法路径尽管在形式上较为单一，但其具体的实现路径也会因主体、事项的不同而有所区别，因此从一般意义上去确定在什么情况下应选择哪一种规制技术和方式，既不可能，也无必要。当然，这不意味着公共规制在技术的选择问题上没有基本的原则可供遵循，美国学者夏维尔早就指出，选择那种规制路径，应通过信息成本、起诉动力、责任承担能力和执法成本四个因素来权衡确定。我国学者宋亚辉认为，规制路径的选择应当考虑信息成本、执法成本、起诉动力、责任财产不足、逃避追诉的可能性、不确定性、财富约束、法律的不完备程度、加害行为的可标准化程度、社会的变化速度、预期负外部性、法律传统、执法激励、规制俘获、腐败、道德风险等因素。[①] 我国学者应飞虎、涂永前认为，规制工具的选择应考虑以下几方面的因素：第一，排除对特定工具的偏好或偏见，由于不同的制度环境往往会导致同一工具产生的效用不同，而对特定工具的偏见也会妨碍最佳工具的找寻；第二，工具的选择必须考虑制度实施的要求，这需要考虑的因素是政府能力、政府公益性程度和制度实施的技术支持；第三，工具的选择要考虑规制环节。[②] 这些分析无疑是异常精准和深刻的，规制行动中的工具采取、方法运用及路径选择等所有规制技术问题，都应以此作为指导原则。

另外，笔者认为，除了确立规制技术的运用原则之外，还应该建立规制技术的绩效评价机制，尤其是注重经济分析方法的运用，在公共规制行为的运行过程中，始终坚持成本收益的核算，某个规制目标如果可以通过激励型方法实现规制目标，就应该尽可能地避免强制性的规制手段。以国家的宏观经济规制行为为例，其实施意味着规制接受者需要按照国家的宏观调控法律及政策改变原有的经济决策，这种全局性改变和转移的成本无疑异常巨大，如果规制者过多采取强制性的限制与禁止的调控方法，其结果是市场主体必然会承受高昂的变革成本。但如果我们采取利益激励、诱

① 石东坡：《创制中央地方互动程序规范的宪法思考》，《甘肃政法学院学报》2009 年第 2 期。

② 参见应飞虎、涂永前《公共规制的信息工具》，《中国社会科学》2010 年第 4 期。

导的方式，就可以保证市场主体在改变生产经营行为和转移投资等方面的“平滑过渡”，避免因“暴风骤雨”式的变革而造成巨大的资源浪费。波斯纳曾指出：“服从法律更多的是一个利益刺激问题，而不是敬重和尊重的问题。”① 因此，规制工具和规制方式的选择，不能凭想象或者规制者自己的主观偏好随意确定，应更多地借助经济分析工具进行成本收益的核算，必须对“通过可能的制度对现实世界产生效果的测定，包括对目标群体或现状的作用、对目标以外的群体或状况的作用、对近期以及未来情况的作用以及短期的和远期的直接成本和间接成本的估量，探寻法律通过后会发生什么”② 这样的问题作出明确的回答。唯有如此，现实中的公共规制才能更好地契合市场的需要，在运行中才会有高质量的规制产出，不会因规制知识的失灵而遭遇运行中的失败。

公共规制作为现代市场经济的内在构成，反映的是国家改善市场环境和修正市场弊病的种种努力，然而，只有具备充分的知识基础，这种努力才有实现的可能。公共规制的发动与运行，总是与规制主体的知识所构成的观念世界、思维习惯和判断能力密切地联系在一起的，任何一项公共规制都必须具备最低限度的知识基础。如果一项公共规制的知识基础越宽广、越完备，自身的合法性、严谨性和周密性也会更高，当其作用于现实，不仅更能契合真实世界的需要，也能在最大程度上保证社会的认同和接受。当然，要充分展示公共规制中知识的形成机制及利用方式，本章的论述还相当单薄，本章也没有论证公共规制中市场主体行动中的知识对于公共规制有效性的影响。但是，这种从理论上对于知识和公共规制关系的分析，至少会成为一个重要的思考方向，这对于我们更深入地研究如何从知识的角度入手提升公共规制的合理性和有效性，无疑具有关键的意义。

① ［美］理查德·A. 波斯纳：《法理学》，苏力译，中国政法大学出版社 1994 年版，第 297 页。

② ［美］托马斯·A. 戴伊：《理解公共政策》，彭勃译，华夏出版社 2004 年版，第 281 页。

第二章

公共规制的形式理性及限度

法的形式理性是德国著名学者马克斯·韦伯在划分法律类型时提出的概念。韦伯认为，现代以来，西方法律制度秉承理性主义和科学主义的大旗，形成了“形式理性”的基本品格。其基本含义，是构成法律的命题和原则一般化、法律规范体系化并通过逻辑的方法来阐释法律命题与社会行为的意义，力图使“法的机构像一台技术上合理的机器那样运作，它为有关法的利益者提供了相对而最大的活动自由的回旋空间，特别是合理预计他的目的行为的法律后果和机会的最大的回旋空间。它把法律过程看作是和平解决利益斗争的一种特殊形式，它让利益斗争受固定的、信守不渝的‘游戏规则’的约束”①。在韦伯看来，一切现代法律的基本特征都应该是形式主义的，形式理性法律构成了现代法治原则的精髓，成为“一个压倒一切并包容一切的问题”。随着相关学术思想在我国的推介、引进和研究，我国法学界也对形式主义法律给予了极高的地位，并将其预设为我国法治建设应追求的目标：在法理学层面，有学者认为，中国传统法律制度中形式主义的缺乏是中国法治化建设的重要障碍，形式主义法律是判定法治现代化的判定标准之一。② 在部门法领域，有经济法学者认为，经济法应注重形式理性的优先性，经济法的形式理性优先是对经济法的普遍性、统一性、实在性与逻辑力量的信奉，在理论上表明了规则至上的理念

---

① ［德］马克斯·韦伯：《经济与社会》（下卷），林荣远译，商务印书馆 1997 年版，第 14—16 页。

② 公丕祥：《法治现代化的理论逻辑》，中国人民大学出版社 1999 年版，第 215 页。

与合理性，因此具有认识论的意义与功能；在实践与事实意义上强调政府干预经济的合法性，具有实践论的意义；在思维与技术上确立了关于经济法规则与目标选择的基本方法，因而又属于方法论的范畴。[①] 另外，刑法、诉讼法、证据法等部门法学者都对形式主义法律的重要意义给予了高调弘扬，[②] 总之，通过有着形式理性的法律的治理，理应成为法治建设中一个至为重要的目标追求。

一个获得公认的事实是，自由放任的市场会造成贫富悬殊、两极分化、实质意义上的公平缺失，周期性经济衰退等诸多弊病。于是，政府作为重要的主体，广泛介入经济生活，弥补市场自发运行的缺陷，克服私人自治的弊端，是市场经济条件下政府的一项经常性任务，国家的公共规制职能已作为公共行政的核心内容得到了几乎所有国家的确认。如果将之置于法治化的要求和框架下，追求公共规制的规则化、体系化和抽象化，实现公共规制的精确性、严格性和普遍性，自然也就成了公共规制制度构造自身的基本要求和努力目标。

笔者认为，这种努力无疑高度契合着“形式理性法律”的特点和要求，公共规制的形式化关联着公共规制的秩序、稳定、确定和可预期等要素，其对于公共规制的规范化运行自然有着重要的意义。但是，公共规制的自身特点又决定了它具有“反形式主义趋势”，公共规制的严格形式化存在一定的技术难度和现实障碍，如果过分纠缠公共规制的形式理性追求，则可能导致适用中的死板和僵化，公平正义的丢失，诱发更为严重的社会后果，公共规制的形式化追求应有一定的限度。本章笔者将试图分析以下问题：先对形式理性下公共规制要求下公共规制的应有品格进行分析，然后对公共规制中形式化的应有限度进行探究，最后指出，公共规制单纯依托形式理性并不是保证公共规制的良好运行，应通过形式理性和实质理性的结合，并综合其他手段和措施，提出保证公共规制规范与合理运行的可能路径。

---

① 岳彩申：《经济法形式理性的优先性》，《社会科学研究》2003 年第 5 期。

② 参见汪海燕《形式理性的误读、缺失与缺陷——以刑事诉讼为视角》，《法学研究》2006 年第 2 期。

第一节 形式理性要求下公共规制的应有品格

韦伯认为，在一个文化多样、价值多元，同时又注重功利和效率的时代，一切法律的基本特征应该是形式主义的，形式理性法律所具备的确定性、逻辑性和体系性本身构成了现代法治的理念和追求。韦伯以民法学科为代表，将现代法律科学体现形式理性制度化的特征归纳为以下几个方面：第一，任何具体的法律决定都是抽象的法律命题对具体的“事实情势”的适用；第二，在每一个案件中都必须能够通过法律逻辑的方法从抽象的法律命题中推演出具体的裁决；第三，法律必须是“完美无缺”的法律命题体系，或者被当作完美无缺的制度；第四，不能以合理的术语，从法律上构建的问题，便没有法律意义；第五，人们的每一种社会行为都只是对法律的“适用”、“执行”或“侵权”。[①] 法的形式理性意味着法律逻辑严密，术语精致，构造完美，其之所以成为法律的理想类型，首先是因为只有形式主义的法律才具有确定性、权威性和可预测性，它可以保证个人预知法律的结果，也可保证个人在行动选择中以最有效的方式计算出各种行动可能从而保证最大效益的产生，“法律的一般理性化和系统化以及在法律程序中具体的可预见性是经济活动存在，尤其是资本主义活动的最重要的条件，没有形式理性法的保障，这一切是不可想象的”[②]。其次，法律的形式化意味着“一个可靠的法律制度和按照形式的规章办事的行政机关”得以产生，[③] 组成国家官僚结构的人员是由受过专门教育和训练的人组成，它能够有效排斥主观主义和非理性行为，政府的行为同样也会受到法律确定性的约束。

形式要素的增长是制度从不确定性变得确定的关键所在，作为现代政府行动的重要方式，公共规制需要体系化、规范化和精致化，需要使用合

---

① 参见［德］马克斯·韦伯《论经济与社会中的法律》，张乃根译，中国大百科全书出版社 1998 年版，第 62—63 页。

② ［德］马克斯·韦伯：《论经济与社会中的法律》，张乃根译，中国大百科全书出版社 1998 年版，第 307 页。

③ 参见［德］马克斯·韦伯《新教伦理与资本主义精神》，于晓等译，生活·读书·新知三联书店 1996 年版，第 14 页。

乎逻辑的方法来达到其特定和预计的目的，需要向社会公众提供普遍性、可预期性、明确性的社会规范，公共规制理应将形式理性作为自身追求的目标，以彰显自身作为“法律”的存在。那么，注重形式理性的公共规制应该有哪些特点？结合韦伯关于法律形式化的特点和要求，笔者以为，具备形式理性的公共规制应有以下品格。

第一，在形式理性要求下，公共规制应该具有程式化的外在特征，这种外在特征的首要要求是公共规制的程序依赖性。形式主义法律的特征之一就是“法律应以有形的、可以感觉到的，具有外部性的方式表现出来，不管是以一定的词语、签字的仪式，还是实施具有一定特定意义的行为，法律都具有程式化、外部化的特征，这种形式性最典型的法律表现就是法律的程序”①。作为对原有经济形态的一种人为改变，公共规制的运行离不开政府的规制行动，无论是规制中的政府的作为、不作为以及如何作为的问题，这些都与公共规制制定和执行的程序相关。程序涉及的主要是方法、技术和过程等问题，是将应然的权利义务转化为实然的权利和义务、将静态的法律规范转化为动态的法律过程的主要因素，也是法治能否实现的关键力量。它价值中立，不事先预设特定的价值偏好，规制者因角色最大限度地中立化而使得公共规制中的恣意因素被有效消除。同时，程序公正意味着公共规制的合法性来源于程序主导的法律自身而非其他，“一种统治规则或法律的合法性乃是根据那些隶属于该统治的人对其合法性的相信来衡量的，这是一个‘相信结构、程序、行为、决定、政策的正确性和适宜性……且应该借此得到承认’的问题”②。另外，强调公共规制的程序依赖性还意味着“以利害关系者的参加和程序保障为中心内容的程序正义概念在其固有的重要意义基础上获得了前所未有的强调”，这在一个“在实体的正义被相对化、纠纷所涉及的关系越来越复杂的当代社会中”③ 显得尤为重要，程序与参与、平等、权利等事关当事人切身权益的诸多要素密切相关，程序意味着公共规制中的任何个体获得了一种有效的

① 黄金荣：《法的形式理性论——以法之确定性问题为中心》，《比较法研究》2000年第3期。

② ［德］尤尔根·哈贝马斯：《交往与社会进化》，张博树译，重庆出版社1989年版，第206页。

③ ［日］谷口安平：《程序的正义与诉讼》，王亚新、刘荣军译，中国政法大学出版社1996年版，第22页。

利益诉求途径和救济通道，也意味着即便有规制受体对政府的规制行动有不同看法或不满情绪，也会因程序本身的正当性、透明性而获得普遍的遵从。

第二，公共规制应当构建属于自己的概念体系和规则体系。形式化法律与起源于19世纪的概念法学一脉相承，致力于法律的技术化、抽象化，主张对抽象的概念和法律规范进行科学研究，它在方法论上“仿效自然科学家所采用的科学方式，通过对自然发生的社会现象的研究，从中发现一定的法律原则及其相互关系，以推论出法学概念，从法律的一般材料中经科学研究得出原则，用复杂的组合形成一个体系，以使法学高度系统化”①。同时，韦伯认为，形式理性的法要求“将所有透过分析而得的法命题加以整合，使之成为相互间逻辑清晰、不会自相矛盾尤其没有漏洞的规则体系”②，体系化是形式理性法律的重要特征。法律是经过抽象加工、高度编码的产物，经由具体事物、行为高度抽象而来的概念、命题和模式是组成法律的重要素材，法律的适用是对抽象的法律概念和规则进行逻辑分析、解码的过程，它应该具备特定的逻辑自洽性。拉伦茨曾说，在法学方法论史上，存在两种法律体系：一是“有机”的法律体系，二是抽象概念式的法律体系。“有机”的法律体系意味着各组成部分围绕着一个中心，体系的统一性存在于各组成部分与中心之间不可割裂的内在关联；概念式法律体系是依照形式逻辑方法构建起来的，如同一座金字塔处于塔尖的是最抽象的概念，以下依次分布着抽象性程度逐步降低的其他法律概念，如果处于上层的概念可以涵摄所有处于下层的概念。③可见，概念对于法律体系的构建具有关键意义：概念本身就意味着人类思维从直觉思维进行了逻辑思维阶段，“所以谓，名也，所谓，实也”，“名生于实，按实而定名”，“名”即概念，它不仅是作为主体的人思维的结果，也是人进行再思维的具体形式和起点。要实现公共规制的形式合理性，就必须对某些具有共同属性和特征、具有可通约性的行为和事物进行抽象和概括，形成属于公共规制法律特有的法概念体系。同时，构建属于公共规制特有的

---

① 黄金荣：《法的形式理性论——以法之确定性问题为中心》，《比较法研究》2000年第3期。

② ［德］马克斯·韦伯.《法律社会学》，康乐、简惠美译，广西师范大学出版社2005年版，第27页。

③ 参见杨代雄《萨维尼法学方法论中的体系化方法》，《法制与社会发展》2006年第6期。

规则体系，“现行的客观的法律，必然是法命题的一个‘毫无漏洞的’体系或者潜在内含着这样一个体系，或者至少为了法律适用之目的而被当作是这样的一个体系”，因为“凡是未能在法学上被理性地‘建构’者，即和法律无关紧要”。[①] 公共规制的形式合理性要求构建起相互关联、彼此协调的整体秩序，通过一系列的基础规范、一般规范和个别规范来实现公共规制的体系完整化，从而保持逻辑一致和体系严密，公共规制行为运行中的所有推理和思维，都应该在该规则体系中展开，这同样是公共规制达致形式理性的基本要件。

第三，公共规制应该具有可预测性和普遍适用性。法律的形式理性意味着法律“纯形式的确定性”，法律的形式理性与法律结果的唯一性和精确性存在密切关联，形式主义的法律因程序、概念和规则的一致性、完备性、稳定性、清晰性来实现法律适用的客观性和确定性。在形式主义背景下，公共规制的适用更像纯粹的“技术”过程，规制者对规制法律的适用、规制规则的解释更多的是一种“概念计算”，规制者依据规制规则对现实中存在的经济弊病予以干预的过程中，更多依赖的是理性化的逻辑规则，非理性的因素会通过形式理性的刚性要求和约束而得以最大限度的避免。“形式合理化程度越高的体系，对理性化的逻辑规则的依赖就越强，反之，则意味着在给出答案的思维过程中，非理性的因素会起某种作用或决定作用，那些具有不同情感的人会基于不同的信念、态度、目的、兴趣和价值倾向，对同一个问题给出互有差别甚至完全相反的答案，而且在发生分歧时，理性的和逻辑的力量如果不是不起作用的话，也是只能起辅助的作用。”[②] 规制者的规制思维结构由规制法律制度的要件构成，规制者要解决的核心问题，是法律要件和法律效果之间的关系被逻辑地表现，从而对人们的行为提供明确的指向，保证人们对规制适用的可预测性。同时，形式理性法律意味着法律的普遍适用性，形式主义的法律是以“客观性”的普遍规范为基础的，诚如韦伯所论，它不区分人的身份，强调人的均质性，即便是针对特定主体的立法，如对工厂、对农地、对律师、对药剂师以及对其他种类的经营者，尽管可能适用不同的法律，但这些特别法

---

① 参见［德］马克斯·韦伯《法律社会学》，康乐、简惠美译，广西师范大学出版社 2005 年版，第 29 页。

② 郑成良：《论法律形式合理性的十个问题》，《法制与社会发展》2005 年第 6 期。

依然是形式主义取向的，对这些特定主体的特定立法，也是以普遍性规则为基础的，[①] 与之同理，在形式理性的追求下，公共规制适用所依托的客观规则而不是基于个人的个别性质，或者其他文化、伦理、道德规范，正是因为公共规制有了可预测性、重复适用性，公共规制的权威性才得以彰显并保障了人们对公共规制的普遍遵从，公共规制的执行力也由此得以保证。

第二节　公共规制追求形式理性的限度分析

形式理性的法律能保证法律的自治性、权威性，运行中的平等性、确定性和可预知性，正是这些因素而使得法律的合法性和科学性得以彰显："凡是有资格被列入科学范畴的思想和理论体系，都必然具有形式合理化的特点，而且，形式合理化的程度越高，它的科学属性就越会得到承认。"但是，形式主义法律的适用有特定的社会经济背景，也对规范的对象有着特殊的要求，而且，形式理性法律本身也有着难以克服的不足和缺陷，公共规制对追求形式理性化的追求应有必要的限度，否则会过犹不及，引发更大的社会问题和弊病，以下详述之。

首先，公共规制过分形式化存在技术难度和现实障碍。概念和规则的体系化是形式理性法律的核心追求，它要求构成法律的诸要素具有可抽象性和可通约性，但是公共规制中包括对象、手段、方式等诸多要素都不具备确定性，这使得公共规制要将所有概念、行为范畴抽象提炼存在极大的技术难度。公共规制的核心目标是针对市场自运行产生的各种弊病，运用"国家之手"予以克服，但是市场失灵本身就具有多变性和不确定性，不同时期、不同国家的市场机制发挥正常作用的范围并不相同，引发市场弊病的因素也会因时间、国别的不同而有所区别，不同时期不同地区的政府规制又依赖于相互各异的经济类型和结构，这样以纠正市场弊病为目标的公共规制会因目标的多样性而在手段的选择上需要相机抉择而不可能采取一成不变的规制手段，需要针对不同的基础性关系和机制运用不同的规制

① 参见［德］马克斯·韦伯《法律社会学》，康乐、简惠美译，广西师范大学出版社 2005 年版，第 86 页。

方式，它不可能实现“每项规则即是一个一般性命题”。比如前文提到的公共规制的目标之一“减少社会隶属”，但不同国家的社会隶属之形成有着不同的文化背景、经济原因和政治因素，即便一个国家或地区内部，造成社会隶属的原因也千差万别，国家在对已经形成的或可能形成的社会隶属予以矫正时，也应该具体问题具体分析，针对不同的人群所遭遇的隶属情形的不同采取不同的规制计划和手段。如果在制度设计中非要逻辑化、体系化以实现适用中的整齐划一，那自然会难以达到预期效果。再如作为国家公共规制重要措施之一的宏观调控，它选择什么样的政策工具，各种政策工具如何排列组合，需要结合具体的经济情势，并考虑有各种政策工具的功能优势来作出判断，而不可能依赖于单纯的逻辑推导。正因为如此，国家发改委提出要启动宏观调控的立法工作时，有学者就以宏观调控调控的“前沿性”“技术性”与“灵活性”“复杂性”为由否定制定“宏观调控法”的必要性，有学者甚至以“听上去很好玩”来回应给宏观调控立法的问题，[①] 尽管上述有学者对宏观调控立法存在一定的误读，但形式理性着力强调的宏观调控立法中的抽象化、体系化和逻辑化存在难度则是一个不争的事实。公共规制显然无法实现如传统民法那样，将逻辑化处理作为其“内含的思维轴线和制度设计、体系构建的基本方法”[②]，因此，笔者认为，公共规制理应追求形式理性化，但是由于其在追求形式理性所要求的体系化、逻辑化和抽象化中存在着技术困难和现实障碍，因此不能将其作为公共规制立法中的至上目标，更不能将其作为唯一追求。

其次，公共规制的过分形式化会导致公平和正义的丢失。诚如前文所论，形式理性法律强调法的普遍适用性和法的可预测性，要求对所有的人都平等对待，亦即形式理性所主张的公平和正义是一种形式上的公平和正义，这固然是法治社会的核心要义，也是公共规制中防止政府滥用权力，维护规制制度的稳定，增加规制可预期性，保证规制制度适用中的公平性和一致性的重要方法，但是现代经济情势的繁杂性和规制对象的多样性又使得公共规制如果过于严格遵守形式理性可能会导致适用中的严重不公正现象。事实上，公共规制的产生本身就是对过于强调形式正义引发的诸弊病的一种矫正，它首先对传统法律所肯认的“市场万能假设”予以修正，

---

① 参见吴越《宏观调控：宜政策化抑或制度化》，《中国法学》2008 年第 1 期。

② 李康宁：《论民法的逻辑表达》，《法制与社会发展》2012 年第 5 期。

一改形式理性法律不直接调整个别利益和行为的调整方法，承认主体人格在现实社会中存在地位和能力的差异而不能对市场主体作整体划一的“原子化”预设，国家的规制行动要对不同经济条件、拥有不同社会资源和资质禀赋的人区别对待。也就是说，公共规制的起因、目的都是围绕实证正义而展开的，在实质正义看来，形式主义主导的公共规制在特定的情况下会变成非正义的“帮凶”，法律在维护形式正义的时候必然同时维护了部分“实质非正义”，在这种情况下，贫富悬殊、个人隶属便在所难免，任由其极端发展的后果，便是财富日益向少数人积聚，阶级对立、社会冲突也会有发生的可能。公共规制所秉持的实质正义不仅在理论上得到了论证和强调，在实践中也得到了现代国家的践行，福利国家的出现便是最明显的例证，“福利国家的发展在许多方面影响了后自由主义社会的法律秩序”，在立法、行政及审判中，迅速地扩张使用无固定内容的标准和一般性的条款以防止显失公平合同的“巧取豪夺”，为维护竞争性市场的存在而控制经济的集中化，法律从形式主义向目的性或政策导向的法律推理的转变，从关注形式公正向关心程序或实质公正转变。[①] 为了预防这种极端的不公平和非正义在现实中的发生，公共规制所面临的问题，都难以简单地通过逻辑一般化的抽象方法来解决，而应该综合宗教、伦理的要求，有时甚至需要权宜的措施来解决。

最后，法律过于注重形式理性的弊端已为学界充分认识，理论上对形式主义的批评之声不绝于耳，现实中的法律发就呈现出“反形式主义”的特征，作为极具现代性特征的公共规制制度，自然不能将这种对形式理性法律的反思视而不见，不能再将形式理性作为自己的至上和唯一追求。现实情形的多样性和形式理性法律在运行所引起的僵化和不公，使得理论界一些具有批判主义和怀疑主义倾向的法学流派，开始质疑形式主义法的弊端，在“白纸黑字”的法律规则与鲜活生动的社会现实之间，他们更关注社会现实的客观要求；在法律的抽象要求与法官的实际活动之间，他们喜欢研究法律实际是怎样运行的；在国家法律的一元统治与社会的多元要求之间，他们又质问一元统治的合理性；在法的形式理性与法的实体理性的二元矛盾中，他们不但以法的实体理性作为批判的武器，而且还将矛

① 参见［美］昂格尔《现代社会中的法律》，吴玉章、周汉华译，中国政法大学出版社1994年版，第181页。

头指向法的形式理性本身。[①] 事实上，即便对法律的形式主义给予极高地位的韦伯也认为："由于严格的职业性法律逻辑，当事人的期望往往落空。如以法律的抽象命题来裁剪生活现实，一味强调遵循法律科学阐述的'原理'和只有在法学家想象的天地里才有的'公理'，这种失望也是不可避免的。"[②] "人们只能极为有限地获得法律的确定性。对法律的准确性和可预测性的要求总是不能获得满足，因为，这类对法律最终性的追求，超越了实际可欲可得的现实……这是说，认为法律是或可以是稳定的、确定的这一观念并非是理性的观念，而是应该归入虚幻或神话范畴的观念。"[③] 的确，尤其是在经济领域，现实世界的繁杂性需要审慎观察的法律思维模式，而不是纯粹的逻辑推理，存在社会中的最普遍的正义观念和实体标准需要法律遵守和维系，而不是因形式理性的法律予以背叛和拒斥。总之，既然形式理性存在自身难以克服的缺陷和不足，公共规制法律制度在建构自身的时候就应对形式理性的弊端予以克服和避免，公共规制在形式理性追求过程中理应有必要的限度。

第三节　公共规制极端形式化思维的矫正路径

诚如前文所论，形式理性能保证公共规制内部规则的统一与和谐，能保证公共规制适用中的平等和确定，能保证"主观的权利只能产生于客观的准则"[④]，具有形式理性特征的公共规制可避免因规制的随意和不确定，不至于让公共规制中的规制受体处于"恐惧"当中，社会主体在选择遵从公共规制，或者预测自己行动的后果时，也便具有更多的确定性，从而有效避免了不确定性所带来的风险，形式理性理应成为公共规制的目标追求。形式理性法尽管不是法治实施的充分条件，但其一定是必要条件，有

① 参见黄金荣《法的形式理性论——以法之确定性问题为中心》，《比较法研究》2000 年第 3 期。

② ［德］马克斯·韦伯：《论经济与社会中的法律》，张乃根译，中国大百科全书出版社 1998 年版，第 62 页。

③ 刘星：《法律是什么》，中国政法大学出版社 1998 年版，第 79 页。

④ ［德］马克斯·韦伯：《经济与社会》（下卷），林荣远译，商务印书馆 1997 年版，第 122 页。

形式理性法不一定就有法治，但如没有形式理性的法，法治的实施便成无源之水，“凡欲法治，必有形式理性法”①。但是公共规制在构造自身时追求形式合理性的时候也应该有一定的限度，它需要将社会大众所能理解和接受的价值公理、常识常理和常情法律化，不能完全回避政治、经济、伦理、习俗、宗教等法外因素，所谓“法之理在法外”，公共规制的适用也应该包含道德取舍、功利判断和特定时期的经济情势而限于法律内部规则的推导和演绎，更不能机械地遵从于公共规制的规则逻辑而忽视对规制结果的善恶以及是否正义的价值判断，公共规制的合理化既有形式的因素，也有实质的内容，形式和实质两者均不可偏废，为此，笔者认为，从以下两个方面着手来构造公共规制，是保证公共规制合理化的有效路径。

第一，公共规制在构造自身时不应放弃对形式理性的追求，也不能过分夸大形式理性的缺陷，但公共规制对形式理性追求的重点放在构造自身的概念体系、规则体系和程序制度之上，而不是对纯粹逻辑推理的信奉，更不是对公共规制绝对周延性的盲目追求。概念是一个学科成熟的重要标志，规则的体系化是保证公共规制内部和谐统一的主要力量，程序是实现公共规制法治化的关键因素，公共规制最基本的稳定性和可预测性也需要规制程序来维持，对此自然无须笔者再赘述。即便如前文所论公共规制的形式化存在技术上的障碍，形式理性法自身也有难以克服的缺陷，但我们也不能因噎废食，放弃对公共规制形式理性的追求，形式理性的缺陷本身就是法治的缺陷，只要法治成为我国的宪法原则和治国纲领，我们就必须忍受法的形式化缺陷带来的负面效应，我们在法治化的道路上应当尽量将之最小化，② 尤其是在我国人际关系异常复杂，各种非正式的沟通、交涉和妥协非常活跃的社会环境中，形式主义对公共规制的刚性约束更为重要。

第二，公共规制法律适用中还应进行必要的实质性判断和推理。笔者认为，如果现实中公共规制不同层面的实质价值能转化为可以用形式化的语言、概念加以表达，使公共规制更趋于形式理性化当然是最理想

① 汪海燕：《形式理性的误读、缺失与缺陷——以刑事诉讼为视角》，《法学研究》2006年第2期。

② 参见汪海燕《形式理性的误读、缺失与缺陷——以刑事诉讼为视角》，《法学研究》2006年第2期。

的结果。但是，当公共规制的形式化存在难度或会导致严重的社会不公时，公共规制的形式理性应让位于实质理性。实践中，公共规制中涉及的资源再分配问题、社会隶属的减少和消灭问题、经济持续快速发展问题、私人行动不符合社会公益需要外力改变，等等，这些带有全局性和公共性的问题都需要公共规制在运行中进行实质性推理，具体问题具体分析，运用灵活便捷的政策规范，针对具体情况和特殊对象作出不同的决策和适用。也就是说，公共规制在法律推理上，应更加注重实质性的内容，需要注重具体案件决定可能产生的社会后果而不仅仅是法律后果，尤其是要关注“那些涉及社会经济、政治、文化、道德”等法律之外的，对社会发展产生重大影响的后果，关注公共规制的社会可接受性。另外，公共规制法律的职业和机构构成也应更趋复合性和多样性，为规制者提供必要的自我裁量、自我决定空间，让公共规制实务中因参与主体的多元、相互间的充分磋商和规制者主观能动性的充分发挥而使其后果更趋现实合理性。

第三，公共规制的实质理性也有其自身的缺陷，它容易导致公共规制独立性缺失，增加公共规制的随意性，降低公共规制的自治性，更为重要的是，“过于追求实质合理性，必然使人为因素、道德因素、政治因素以及时势因素无限制地膨胀，所以过分追求实质理性而忽略形式合理性的法律势必会难以与人治划清界限”①。因此，笔者认为，首先，应加强对规制者的道德约束，完善教育机制，通过善意行政来实现公共规制更为充分的合理性，良好的道德水平，公正善良的价值观，操守清廉的行为方式，都是保证规制合理性的重要因素。其次，构建“结果评价”的责任机制，让规制者从原来的对“规则负责”转向对“结果负责”，“行政人员对结果负责，而非对恪守一连串不知是否有效的程序负责，被授权的行政管理者应该有更大的自由裁量权，但也更须为政策的结果负责”②，从而实现公共规制的公益化发展。最后，加强对公共规制的监督，拓展监督路径，扩张监督方式，增加监督主体，构建多元化的监督体系，是保证公共规制合理化的必要举措，对此学界已有充分的探讨，笔者不再赘述。总之，公

① 孙笑侠：《法的现象与观念》，山东人民出版社 2001 年版，第 334 页。

② ［美］戴维·H. 罗森布鲁姆、罗伯特·S. 克拉夫丘克：《公共行政学——管理、政治和法律的途径》，张成福等译，中国人民大学出版社 2002 年版，第 348 页。

共规制中的形式理性不仅无法全然达致，而且也有自身的弊端，实质理性不可或缺，但也可能诱发种种风险，唯有形式理性与实质理性的有机结合，并通过道德、责任、监督等多种手段，才能保证现实中的公共规制更加合理和有效。

第三章

公共规制的社会可接受性
——以税收法律制度为例

2011 年，美国《福布斯》杂志公布的全球“税负痛苦指数”，我国以 159 的数据指标名列世界第二。尽管国家税务总局局长专门撰文，《人民日报》等多家新闻媒体对该排名的科学性和客观性予以否认并以实际数据得出我国宏观税负不高的结论，[①] 但其依然在我国民众中引起了强烈反响。2011 年《个人所得税法》的修改草案公开征求意见不到一个月的时间，仅中国人大网“法律草案征求意见系统”就收到意见达 23 万条，创人大网上征求法律草案意见数量的新纪录，其引起的热议也并没有因《个人所得税》修改案的正式公布实施而有所降温，足见人们对赋税的高度关注和敏感程度。2011 年中秋节前夕的“月饼税”事件，更是因其与公众的直观认知和情理预设严重冲突，一石激起千层浪，引发了网络上人们对税收合理性的焦虑和质疑。凡此种种，都表明随着人们权利意识的觉醒和参与意识的提高，使得与某项制度相关的利益主体，会通过各种可能的途径来表达自己对制度的偏好、看法及接受程度，此类制度的调整和变革，也更容易唤起公众意识，引起人们的热议，甚至舆论的轩然大波。当其进入实施阶段后，如果其无法与公众的接受性相容，便可能引发人们的反抗和不遵从，增加执行成本，消解制度的有效性。

一般认为，当某个政策具有“高脆弱度”或“高敏感度”——前者是指“基于政策议题覆盖群体的广泛性、多元性和利益异质性选择，导致

① 志灵：《税负痛苦指数不是简单的数字之争》，《中国青年报》2011 年 9 月 2 日。

政策质量和实施操作的均衡性或相融性较差”，后者是指“政策议题或政策内容所涉及的利益相关性幅度影响较大，被广大公众所高度关注或注目”的时候，政策质量和实施操作的均衡性或相融性较差，容易产生较大的执行阻力。[①] 较之于其他制度类型，税收法律制度无疑是具有“高脆弱度”和“高敏感度”的制度形态：对于纳税主体而言，税收征收涉及社会生产和交换的各个环节，在现代社会，各种直接税和间接税意味着承担纳税义务是几乎每个公民都必须承受的、没有例外的存在。同时，税收是一种单方面的、无偿的价值移转，国家无须向纳税人支付任何形式的直接对价。对于国家而言，税收收入构成了国家存在和国家政权正常运作的物质基础，尤其是在现代社会，当国家在国内社会经济生活中和国际关系中的独特作用和位置被愈加强调的时候，政府有着更为强烈的扩大岁入的冲动。

然而，体现税收负担与国家税收收入关系的“拉弗曲线”[②] 阐述了一个简单而深刻的道理：税收负担必须限定在一个合理的范围之内，国家不能向社会进行涸泽而渔式的汲取，所谓“水能载舟、亦能覆舟”，过高的税收不仅会挫伤微观主体的工作积极性，阻碍投资，导致生产呆滞、供给不足和物价上涨，即便是纯粹的国家的税收收入，也会出现不增反降的情形。毋庸置疑，税法的预期效果只能通过纳税人的行为才能实现，在既定的税收制度下，纳税人的纳税意愿以及由此决定的纳税行动会对国家的税收收入产生巨大影响，一个具备社会可接受性的税法制度意味着纳税人对制度的内容、价值、执行方式及其落实途径的认可和遵从，而且这种遵从不是基于对制裁的恐惧，而是公民基于对税法价值合法化的认同以及由此形成的自发遵守，是守法意识形成的视遵守法律为道德自觉的内心确信，它意味着纳税人与国家之间合作关系的形成，税法制度所确立的行为模式被纳税人真正的吸收。与之相反，一个缺乏社会可接受性的赋税制度时刻隐含着“对抗”和“背离”的可能，即便得到纳税人的遵守，也是消极

---

① 参见张玉、唐良凤《论规制性公共政策执行的可接受性——以中国“环境规制政策执行”的历史演进为分析文本》，《人文杂志》2012 年第 2 期。

② “拉弗曲线”由美国经济学家拉弗教授于 1974 年提出，是一条两头向下的倒 U 形曲线：当税率为 0 时，国家没有税收收入，随着税率的增加，国家的税收收入也随之增加，但当税率为 100%时，由于其意味着人们的所有劳动成果都被政府所征收，他们就不愿意在货币经济中工作，因此生产中断，没有什么可供征收 100%税额，政府的收益又等于 0。

的、被动的，而且在特定条件下，“例如当某种法规存在漏洞，或执法不严、违法不纠时，这种背离倾向便极有可能转化为实然，从而给社会法制秩序带来不稳定的因素”①。

那么，如何将国家征税行为限定在纳税人的可接受范围内，保证国家的征收行为与纳税人的支付意愿之间保持一种大致的平衡，便成为国家征税行为发生前首先需要解决的一个关键。此乃税收的合理性问题，对此经济学界已有大量的研究，但在笔者看来，经济学对税收合理性的研究更多的是技术理性或工具理性的，比如个人所得税中有关个人必要生活成本的计算、纳税人的赋税能力的预估等，其重点不在于分析税收制度在社会和伦理意义上的正义与否。但是，税收的合理性绝非仅仅只与精准的计算相关，税收制度是否代表了基本的公平和正义，公众的利益诉求是否被充分地体现到税收制度的流程当中并最终影响到制度决策，在规范层面是否形成有效的大众理性与专家技术的互动交涉，税收征收是否符合基本的程序正义，税法语言和税法解释能否得到纳税大众的理解等，都可能影响税收制度的合理性及其公众对税收制度的接受程度，而这些问题无疑与法治理念、法律制度有着密切的关联。

本章笔者试图以税法为例，分析公共规制的社会可接受性问题。笔者认为，所谓税法的社会可接受性，是指广大纳税人针对国家税收法律制度所呈现的征税理由、征税方式、征收范围等内容，基于认同、认可而形成的主观评价、接受程度等心理状态。任何一次税收法律制度的形成与变革，都意味着纳税人一种新的可能生活的形成，而一个理想的税收法律制度，应尽量避免公众态度的两极分化，尽可能地使为最大多数的公众认同和接受。当然，影响公众接受或不接受税法的因素既多样又复杂，比如基于信仰、崇拜意识形态等精神层面形成的接受等，但从法律的视角观之，税法所规定的税收功能定位、税法执行中的预期利益保护、征收权的宪法控制和程序约束以及税法语言和税法解释，无疑是决定税法社会接受性的最主要要素，本章的论述也从这四个方面展开。

① 冯粤：《论积极守法》，《伦理学报》2008 年第 5 期。

第一节　“掠夺之手”抑或“扶持之手”：税收功能与税法的可接受性

作为一种价值手段，征税行为既可能成为国家为公共产品的供给提供资金保障，维护市场公平竞争、保障市场个体合法权益的工具，也可能成为政府恣意介入私人自治领域，与民争利、赚取民膏的利器。之所以会形成上述两种截然不同的制度内容，与税收的功能定位——“掠夺之手”或“扶持之手”直接相关。在现代国家，税收的功能固然是一个复合的体系，但对于纳税人而言，“掠夺之手”抑或“扶持之手”的税收功能构成了纳税人对于国家征税行为最直观的认识和最真切的体验，当征税行为以“掠夺之手”的面目出现时，政府的税收收益便不再以社会福利最大化为支付目标，它们会运用包括征税权在内的所有权力来维护自己的地位，将税收收益配置给自己，或者自己的政治支持者及利益相关者，中饱私囊，以牺牲公共福利为代价换取自己的利益，此时，国家的征税行为自然难以得到社会公众的认同和接受。与之相反，作为服务型政府的具体表现，扶持型国家“越来越重要的作用就在于帮助公民表达和实现他们的共同利益，而非试图在新的方向上控制或驾驭他们”，它“追求公共利益，即公共行政目标不是要在个人选择的驱动下找到解决问题的方案，而是要创造共享利益和共同责任”，并以“服务于公民而非顾客，即公共利益不是个体自我利益的简单相加，公务员回应‘顾客’需求的同时，更要建设政府与公民之间、公民与公民之间的信任与合作关系”为基本目标。[①] 扶持型国家固然要通过征税行为“分享”私人主体的经济收益以保障国家的存续和运行，但国家的征税行为以承认私人财产与人格独立为课税前提，它不是为了满足政府的私利，而是为私人主体自主地追求物质财富、心性自由和人格发展提供必要的服务和保障为目标，“财产是繁荣和自由必不可少的组成部分”[②]，“如果没有预期收益，理性的行动者不可能

---

① 参见［美］罗伯特·B. 登哈特《新公共服务——服务而不是掌舵》，丁煌译，中国人民大学出版社2004年版，第6—10页。

② ［美］理查德·派普斯：《财产论》，蒋琳琦译，经济科学出版社2003年版，第337页。

考虑承担税收费用"[①]，也就是说，承担了纳税义务的公民不必再担忧国家"掠夺之手"的侵扰，而且还会因获得相应的公共服务而从中获益。此时即便国家的征税行为出现了失败的情形，但至少在情理上，较之于"掠夺之手"，发挥"扶持之手"功能的征税行为自然更容易得到公众的认同和接受。

由此可见，税收的功能预设对于税法社会接受性的实现具有关键的意义。"扶持"意味着责任和担当，它要求国家征税权的运行从维护纳税人基本权利的角度出发，为社会经济的发展提供基本的服务和保障而不能随心所欲，尤其不能以无限赚取私人财产为目标。毋庸置疑，国家征税权的法律控制是保障税收发挥"扶持之手"功能的关键要素，国家征税权是典型的国家公权力，权力的属性决定了其极有可能以"掠夺"的形态出现，奥尔森曾说："在人类社会，总有人认为，与其生产财富，不如去掠夺财富来得容易。而要掠夺财富，就要有武力，靠武力和掠夺获得财富的人有两种：掠夺地域是稳定的，或者是不稳定的，奥尔森分别称之为坐寇和流寇，奥尔森把国家视为一个'坐寇'。"[②]"由于长期驻守明白了不能涸泽而渔的道理，也使'坐寇'的贪婪有所节制。"[③]众所周知，在人类所有的权力治理体验中，法治是最能对权力构成最终意义上有效约束的重要机制，我们也许可以通过道德教化来实现权力行使者的公正与无偏私，但"我们一定不能落入'高尚情操'假设的谬误，认为每个人都是非常道德的且被价值观所驱使"[④]，我们"必须把每个人都设想为无赖之徒确实是条正确的政治箴言"[⑤]。通过能够普遍适用的法律对权力行使者予以约束，将极大地限制权力拥有者的可欲范围。因此，通过法治来实现对国家的税收权力的有效监督和制约，保证税收权力以"扶持之手"的面目出现，对于税法社会可接受性的提升具有特殊的重要性。事实上，税法领

① ［美］玛格丽特·利瓦伊：《统治与岁入》，周军华译，格致出版社、上海人民出版社2010年版，第58页。

② 转引自罗小芳、卢现祥《国外"掠夺之手"的国家理论述评》，《国外社会科学》2010年第3期。

③ 王怡：《立宪政体中的赋税问题》，《法学研究》2004年第5期。

④ ［印］阿马蒂亚·森：《以自由看待发展》，任赜、于真译，中国人民大学出版社2002年版，第275页。

⑤ ［英］休谟：《休谟政治论文选》，张若衡译，商务印书馆1993年版，第27页。

域的“税收法定主义”原则早已证明了征税权受法治限制和约束的不可或缺：“从人类社会的现代化过程来看，税收法定，首先并不是作为一种先验的政治理念或法律原则而提出来的，而是……民主政治运动的一项现实诉求。只是随着人类社会现代化进程的演进，税收的法定性和自愿性逐渐变成了在当代世界各国的立法与财政运作实践中一项不断完善着的民主政治原则。”① 按照日本税法学家北野弘久的说法，税收法定主义的第一个阶段是传统的税收法定主义理论，仅仅以法定的形式规定税收，对于税法规定的实体公正并不过分关注和强调。第二个阶段是税收法律主义，它强调实质的公平与正义，主张在现代宪制条件下，从约束立法机关课税权、体现量能负担原则、公平负担原则等实体正义的法理出发构建现代税法。第三个阶段则立足于维护纳税人基本权利，立足于租税的征收与使用相统一，第三阶段的税收法定原则才体现了税法的核心要义。② 可见，税收法定原则不仅要求课税要素、课税内容和课征程序都必须由法律明确规定，还要求税法内容符合实质正义和公平，以维护纳税人的基本权利和扶持纳税人，实现纳税人发展自我、实现自我等更核心的目标。不仅如此，由“税收法定主义”衍生出的税收实体法中的“税收债权债务关系”理论，将税收实体法律关系纳入契约的逻辑背景之下，主张纳税人和国家互负义务，互享权利，它的意图依然是要提供一种钳制行政权力的机制，它更加重视对纳税人权利的保护。③ 笔者认为，税收债权债务关系理论尽管不意味着现实中纳税人与国家之间的地位趋于实质上的平等，也不意味着税收关系中权力要素不复存在，但这种税收关系对权利、平等、自由、协商等内容的强调，无疑对税权的法律控制和全程监督具有重要的意义。它可为预防征税权的滥用，保证国家征税权能够以维护纳税人的权利为依归，国家在享有课税权的同时应当为广大纳税人发展自我提供必要的物质基础和公共设施，承担起“扶持之手”的作用，保证公众对税法制度最大程度上的认同和接受。

税收法律制度中贯彻实质正义、分配公平是税收“扶持之手”功能

① 韦森：《税收法定的必然》，《中国新闻周刊》2007 年第 28 期。

② 参见［日］北野弘久《税法学原论》（第四版），陈刚、杨建广等译，中国检察出版社 2001 年版，第 65 页。

③ 参见刘剑文《掠夺之手抑或扶持之手——论私人财产课税法治化》，《政法论坛》2011 年第 4 期。

发挥的第二个重要路径。“扶持”的本源含义，是对处于弱者地位或不利境况的人予以援手，保证其具备基本的生存能力和发展机会，或者与其他同类主体在地位和处境上取得大致平衡。“扶持”需要有“被扶持者”为作用对象，“扶持”行为的施行者自然也不能对所有主体均衡用力而应该区别对待。与之同理，当国家的税收行为被要求承担“扶持之手”的功能以赢得社会接受性的时候，国家就应当按照量能赋税的原则，通过相应的制度安排，对处于不同境况的人采取不同的征收标准，体现分配正义和实质公平。

众所周知，税收法律制度在国家组织财政收入的同时，还应该发挥调节分配和稳定经济的作用，以促进一国经济的良性运行和协调发展。“分配正义表现为公法关系的具体实践结果”①，“立法、行政、司法及其他掌握治权之机关，于量刑、课税、赋予公职之机会、授予荣誉、为物质的精神的待遇，及决定应否或应在何种程度由国库资助时，皆应受分配正义之支配”②，税法作为典型的公法，自然应当以分配正义为伦理标准来指导自身实践。笔者认为，以税收负担分配为规制对象的税法，应该将分配正义的伦理要求，转化为税收法律关系中的特定权利和义务，根据纳税人纳税能力的不同，或通过某些隐形的支出（比如税收优惠），或通过纳税义务的区别性承担，合理地将纳税义务分配给社会上不同的纳税人，这样的税收制度才能符合社会公众的情感期待，进而赢得普遍的信任和遵从，提高社会接受性。古语有云：“有国有家者，不患寡而患不均，不患贫而患不安”，这种具有深刻的人性根基的人类情感，不仅是衡量税法制度社会接受性的重要指标，也是影响税法制度预期效果实现的重要因素。比如当下我国的税收法律制度，由于结构是“以间接税为主体的税制结构”，从而导致了我国“税收调节收入分配的机制缺失”，这使得我国税法制度“对财富存量调节功能的不足”，③ 众所周知，由于间接税是累退的，收入越高者的负担越低，由此导致了现行税收体制的再分配功能不仅很弱，甚至还加剧了行业之间、个体之间的收入不平等，高收入者通过税制“合

① 谢哲胜：《赠与的生效要件》，《台湾法研究参考资料》1998年第8期，转引自易军《法律行为制度的伦理基础》，《中国社会科学》2004年第6期。

② 易军：《法律行为制度的伦理基础》，《中国社会科学》2004年第6期。

③ 参见施正文《分配正义与个人所得税法改革》，《中国法学》2011年第5期。

法”地将税收负担转嫁给低收入者的情形，在我国现行税制下便在所难免。可见，我国的税法制度不仅在分配公平上能力不足，而且还有“劫贫济富”的嫌疑，正是因为税法机制中这些因素的存在，加之我国税收征管方面的原因，使得我国的税法制度在公平性上严重不足，在税法运行的过程中，社会公众的相对剥离感不断加深，社会矛盾凸显，人们对国家征税行为的反抗和不遵从越发普遍，偷税漏税现象也相当突出。

罗尔斯曾说，作为正义的社会结构不能只是在“需要打破僵局时才诉诸平等”，而要建立一种具有“差别”属性的基本社会结构，“差别原则”意味着较差状况的人的得到较好的前景，它将作为这样一种刺激起作用：“使经济过程更有效率，发明革新加速进行等等，最后的结果则有利于整个社会，有利于最少得益者。”① 斯蒂格利茨也曾就税法公平的重要性做过特别的强调，他认为判断一个良好的税收体系的“第一标准是公平……第二个标准才是效率”②。因此，就当下我国的情形而言，要改变公众对税法接受程度较低的现状，首先应该优化现有的税制结构，充分发挥税收的收入分配调节作用，建立以所得税为主体的税制结构，合理设定税率结构，避免各类不合理的重复征税、过度征收问题，让公众能够充分地体会到国家税收的功能在于“扶持”而非“掠夺”，同时，规范各类非税收入，适时增加遗产税、赠与税等财产税种，提升税收的公平调节作用，把公众所认同的公平、正义等通过税收法律制度体现在国家的具体征税行动中，这对于提高税法的社会接受性，无疑具有关键的意义。

第二节　动态一致与国家承诺：信赖利益保护与税法的社会可接受性

经济学有关于经济政策的动态不一致理论，根据 S. 费希尔的定义，动态不一致理论的含义是指“以期初数据制定的作为一个最优计划组成部分的有关未来政策的决策，即使决策的同时并没有出现任何新的信息，日

① 参见［美］罗尔斯《正义论》，何怀宏等译，中国社会科学出版社 1988 年版，第136 页。

② ［美］斯蒂格利茨：《经济学》，郭晓急译，中国人民大学出版社 1997 年版，第 517 页。

后看来已不是最优的了——这时就发生了动态不一致"[①]。该理论最早由诺贝尔经济学奖得主、挪威经济学家基德兰德和美国经济学家普雷斯科特于 1977 年提出，他们发现国家在相机决策中存在时间不一致性——经济政策的决策主体在当前作出的关于未来的经济决策，在未来可能就不一定是最优的决策，因此决策者必然会调整决策，因此决策者的决策是不可置信的。他们特别强调了通过制度确保政策措施在时间序列上融贯一致的必要性，认为对于政策制定者而言，"对政策规则作出可信的承诺本身要比政策的相机抉择更加重要"[②]。

诚如前文所论，作为重要的政府行动类型，税收行为不仅是国家筹集资金的工具，也是国家干预经济的主要手段，国家会通过诸如税种的选择、税基的确定、税率的设定、税收优惠手段的选取等一系列制度安排来调控经济，或应对经济的周期性变动，或落实某些特定的经济目标，保证经济的健康运行。然而，政府制定的税收政策要受到政府自身偏好和效用函数的限制，政府在制定和执行税收政策的过程中，由于政府面临的经济、社会环境并非一成不变，会基于最优的目标追求进行相机决策，改变制度的初始设计。当政府违背原有政策承诺的收益大于遵守政策承诺的收益的时候，政府便有违背原有政策承诺的激励——当然，这种收益既可能是政府基于自身或者所处集团的利益算计所作出的行为选择，也可能是社会约束条件变化后基于社会福利最大化的考量而作出的理性变更。但是，不管是基于何种原因，只要当国家的税收制度发生了变动，我们就可认定该国的税收制度不具备动态一致性，政府的税收承诺就有不可置信的可能。

这种具有变动可能性的税收制度对于纳税人而言，意味着经济收益呈现出更多的难以预估的风险。由于制度构成了人类行为的函数因素，政府原有的税收制度会作为一个重要的变量被纳税人纳入自己的经济决策中，当政府原有的税收承诺不具备可置信性的时候，纳税人的经济收益也就缺乏稳定的预期。面对税收法律制度的不断调整，纳税人或由此变得无所适从；或只能不断调整自己的预期，被动接受国家的税收制度；或采取机会

① 转引自陆风雷《动态不一致和政策信誉——理性预期与对策论的分析》，《华东师范大学学报》（哲学社会科学版）1997 年第 3 期。

② 金戈、史晋川：《最优公共支出的动态一致性问题》，《制度经济学研究》2009 年第 2 期。

主义行为，不再相信国家的初始税收制度，只按照自身利益最大化的原则行事。不仅如此，由于不具备动态一致性的税收制度意味着存在变化的可能，纳税人就会认为国家的税收制度缺乏刚性约束，至少会认为税收立法者的态度并不坚决，客观上存在投机的可能，从而形成这样一种预期：他们会通过各种手段游说、俘获决策者，使得制度内容朝着有利于自己的方向变化。亚里士多德曾说："法律所以能见效，全靠民众的服从，而遵守法律的习性须经长期的培养，如果轻易地对这种或那种法律常常作这样那样的废改，民众守法的习性必然削减，而法律的威信也就跟着削弱了。"① 信任是一种潜在的力量，所谓"无信不立"，一个缺乏公众信任的制度意味着公众对税法制度执行过程或执行结果主观评价的降低。对于公众而言，由于初始制度承诺的无法确信，使得这种制度是否值得信任是值得怀疑的，此时税收制度"坏的声誉"便有生成的可能，税法失去了应有的权威，这样的税法制度当然也难以获得公众的认同和接受。

伊格利津曾说，对制度的信心可以"促使对制度和平的和自愿的支持。但是，当这种信心转变为冷漠、不信任和犬儒主义之后，这些态度就很容易转化成无法控制的行为"②，公众对政府行为的信任是当代社会秩序建构的基本要件，缺乏纳税人信赖的税收制度必然影响税收征收中纳税人与征收机关合作的广度和深度。可见，国家的税收制度是否具备良好的声誉，能否获得纳税人的普遍信任并给予纳税人关于未来收益的稳定预期，是衡量税法的社会可接受性的重要指标。然而，问题的复杂性却在于，税收法律制度的运行过程始终伴随着稳定性与灵活性的内在紧张与矛盾：一方面，为了保障纳税人对税收政策的稳定预期，国家承诺的税收制度应当保持稳定；另一方面，现有的税收政策是决策者根据当时的现实以及可能预测到的未来所作出的决定，如果形势发生重大变化或决策者的预测有重大失误，及时调整税收制度当然是更为理性的选择，一个过于刚性的制度形态无法适应社会情势的变迁，同样会对国家的经济造成崩溃性破坏。那么，通过相应的制度安排，既能有效降低税收制度运行中偏离初始制度的可能性，消除税收制度动态不一致性，同时又能保证税收法律制度

① 亚里士多德：《政治学》，吴寿彭译，商务印书馆 1965 年版，第 199 页。

② Iglitzin，Lynne B.，Violent Conflict in American Society，San Francisco：Chandler Publishing Compay，1972. 转引自胡荣《农民上访与政治信任流失》，《社会学研究》2007 年第 3 期。

的回应现实的有效和及时，在稳定性与灵活性之间保持一种大致的平衡，对于增强公众对税收制度的信任和遵从，同时避免税收法律制度在应对社会经济变化时过于僵化和迟缓，提高税收调控经济的功能，无疑具有重要的意义。笔者认为，为保证税收制度的动态一致和纳税人的预期利益，税收制度构造中应通过以下几个方面来进行。

第一，提高税收制度的立法层次，严格执行税收法定原则。税收法定原则要求税收的课税要素必须由法律规定，国家征税所依据的法律只能是人民行使权力的议会组织制定的法律，无法律依据或者仅以行政性规定确定的课税要素是无效的。严格遵循税收法定原则，提高税收制度的立法层次不仅是我国《立法法》第 8 条“法律保留”规定的事项，也是税收本质属性的要求和呈现，更是贯彻依法治国方略的要求。较之于行政法规、部门规章以及政府的政策性规定，产生于国家最高权力机关的基本法律，其制定和修改的程序要求会对税收制度的变动形成刚性约束，这对于克服税法的动态不一致、增加税收制度的稳定性无疑具有重要的意义。然而在当下我国，仅有《个人所得税法》《企业所得税法》《车船税法》《税收征收管理法》是由全国人大及其常委会制定的，其他税收实体性或程序性事项均规定于国务院及财税行政主管部门制定行政法规和行政规章之中，这种立法形式不仅有违我国现行法律的规定，对于纳税人的制度预期更是产生了诸多负面影响。现阶段，“经过 20 多年的探索和发展，国家的税收体制已经基本形成，也积累了丰富的税收立法经验，由国家立法机关制定税收法律的条件已经完全成熟。在这种情况下，再由行政机关以行政法规或规章的方式规范税收的相关问题显然不再具有现实的正当性”[①]。因此，提高税收领域的立法层次，提升税收制度的稳定程度，增加纳税人的制度预期并由此提升纳税人对税法的可接受性，是当下我国税收领域立法工作的当务之急。

第二，税法内容应明确、具体并尽可能保持稳定。为纳税人的生产经营活动提供稳定预期。“一个承诺要具有可信性，它必须事前十分清晰并可观测。”[②] 而稳定是秩序的首要含义和最主要因素，稳定的制度意味着

① 袁明圣：《我国税收行政立法权的合法性危机及其出路》，《法商研究》2010 年第 1 期。

② ［英］阿维纳什·K. 迪克西特：《经济政策的制定：交易成本政治学的视角》，刘元春译，中国人民大学出版社 2004 年版，第 45 页。

制度决策者能够信守承诺，它必将给制度带来一种“好的声誉”，良好的声誉无疑是实现税收制度长期动态最优的重要条件。税收制度的制定者应该具有长远的眼光，以社会经济发展的长期利益为着眼点考虑税收制度的制定与变革，有时候即便可能产生短期的利益损失，但如果对社会经济没有本质的影响或者影响在可接受的范围之内，应对原有的税收制度坚持执行，减少税法制度的制定者、执行者以及纳税人的套利行为和投机行为，增加纳税人的预期，提升税法制度的社会可接受性。

第三，在税法制度必须变革之时，设置相应的过渡期，强化税法中的信赖利益保护。作为具有调控经济功能的税收法律制度，所规定的权利义务与具体的经济情势紧密相连，根据经济情势的变化作出相应的调适也在所难免，“当非均衡很严重、灵活性相对于承诺的净优势变得很大，以至于它对转换的沉没成本能够提供足够的收益率时，承诺性体制就应当转向灵活性体制”①。但是这种调整应当以最大限度地保障纳税人的既得权，如经济环境的变化需要税法制度必须作出回应，也应对纳税人因信赖原有制度而造成的损失（如生产、投资的重新调整）予以适当补偿。事实上，政府行政行为中的信赖利益保护及补偿制度，多国法律中已有明确的规定，如1976年公布的德国《行政程序法》第48条规定：“提供一次或持续金钱给付或可分物给付，或为其要件的行政行为，如受益人已信赖行政行为的存在，且其信赖依照公益衡量在撤销行政行为时需要保护，则不得撤销”，“行政机关撤销不属于该条第2款所列的违法行政行为时，必须应相对方的申请赔偿其有关财产利益，该财产利益是因相对方相信行政行为的确定力而产生，相对方所得到的财产补偿不得超过相对方在行政行为存续时所具有的利益。”② 我国2003年颁布的《行政许可法》亦规定：“公民、法人或者其他组织依法取得的行政许可受法律保护，行政机关不得擅自改变已经生效的行政许可。行政许可所依据的法律、法规、规章修改或者废止，或者准予行政许可所依据的客观情况发生重大变化的，为了公共利益的需要，行政机关可以依法变更或者撤回已经生效的行政许可。

① ［英］阿维纳什·K. 迪克西特：《经济政策的制定：交易成本政治学的视角》，刘元春译，中国人民大学出版社2004年版，第52页。

② 吴坤城：《公法上信赖保护原则初探》，载城仲模主编《行政法之一般法律原则》（二），三民书局1997年版，第238页。

由此给公民、法人或者其他组织造成财产损失的，行政机关应当依法给予补偿。”我国的现行税法也有基于纳税人信赖利益保护的目的规定了过渡性的税收优惠制度，如《企业所得税法》第57条规定：“本法公布前已经批准设立的企业，依照当时的法律、行政法规规定，享受低税率优惠的，按照国务院的规定，可以在本法施行后五年内，逐步过渡到本法规定的税率，享受定期减免税优惠的，优惠期限从本法施行年度起计算。”笔者认为，在税法的运行过程中，应该将对纳税人信赖利益保护的规定延展至更广泛的领域而不仅限于税收优惠领域，对纳税人的信赖利益进行更充分、更完整的保护，并以此为路径来提高税法制度的社会可接受性。

第三节 民意体现与共识生成：税法决策程序与税法的社会可接受性

社会公众对于税收法律制度的接受程度，不仅取决于其是否能够产生公正的结果，还在于其生成的过程是否达到了程序正义的要求。如果说结果导向的税法社会接受性是公众对政府税收“扶持之手”功能、税法对利益尤其是信赖利益的保护及其程度的感知而产生的对政府征税行为的认可和接受的话，那么过程导向的税收法律制度的社会接受性是指公众基于对税法制定和执行程序的规范程度而产生的认同与遵守。程序的公正对于制度的可接受性同样关键：“除了分配结果是否满足人们的实际需要以外，分配的原则及实施方法也影响人们的公平感受和分配结果的可接受性。而且，对程序的认可更影响所得结果的可接受性。”[①] 以调控经济、保证经济平稳健康发展为重要职责的税收法律制度，固然有前文提到的“税收法定主义”的刚性要求，但由于经济情势的多变性，以及制度制定者的理性不足，使得实存的税法不可能将所有的事项都事无巨细地通过显性条款加以规定，不可能将“所有未来可能状态以及每种状态下的各方权利义务明确规定下来”[②]，因此赋予行为主体一定的自由裁量权，或只规

① 李大治、王二平：《公共政策制定程序对政策可接受性的影响》，《心理学报》2007年第6期。

② 张维迎：《信息、信任与法律》，生活·读书·新知三联书店2003年版，第110页。

定一个行动的大体框架，在税法的运行过程中在所难免。而权力又有异化的可能，此时设置一些抑制性程序的设置，对于防止公共权力蜕化为牟取私利的工具，确保税收制度不偏离公共性的目标取向便非常关键，“正是程序决定了法治与任意之治的分野”①，“公共政策程序是一种抑制性程序，其目的就是保证政策结果的正当性”②，税法结果的正当与税法程序设置不无关系。当然，税法程序问题本身就是一个异常宏大的命题，涉及税法制定、执行、评价和终止的过程中所有的顺序、方式和步骤等税法运行的全程行动，限于篇幅，本章仅从税法立法中的决策程序入手，来说明如何通过税法的程序装置来体现民意、整合利益，并由此来证明税法程序正当性对于税法社会接受性的关键意义。

立法决策是法律制度生成的前提和运行的起点。无论是税法制度的初始形成还是嗣后的变革，都离不开立法者的决策行动，税法制定中决策程序能否保证主体的多元参与、能否促进意见疏通、加强理性思考，排除不理性因素的干扰，不仅是保证税法制度理性、科学、规范的基础，也是保证纳税人理解、认同和遵守的关键所在，程序制度是制定“良法”的“技术性装置”。笔者认为，税法的决策程序中，通过决策主体的多元构成来最大限度地将民意体现在立法中，并通过主体间的协商、对话以实现正义的整合，无疑是提高税法社会可接受性重要路径。

首先是立法决策的主体构成问题。古希腊先哲苏格拉底认为，政治和医术、造船等一样，都是一门具有技艺性的活动，因此，城邦的治理应当那个具有政治技艺的人来进行。③ 税法立法的决策行为无疑是非常专业化的、具有严格“技艺”属性的行为。现代税法所要求的制度结构，增加财政收入、调控经济和财富再分配等目标，以及税源保持和课税强度之间的平衡等若干问题，必然涉及科学意义上的认识和决定，而绝非仅仅是价值权衡的结果。尤其是在现代社会，税收制度承担的职能越发复杂和多样，“租税在国家财政上占有极为重要的地位，其营运之适否，立即对国政之全般及国民之利害，予以重大的影响，然而社会情势愈为复杂多歧，

---

① ［美］迈克尔·D. 贝勒斯：《程序正义——向个人的分配》，邓海平译，高等教育出版社2005年版，第1页。

② 李建华：《公共政策程序正义及其价值》，《中国社会科学》2009年第1期。

③ 王锡锌、章永乐：《专家、大众与知识的运用——行政规则制定过程的一个分析框架》，《中国社会科学》2003年第3期。

随之，税务行政之运行及国民经济生活，亦愈行复杂且困难”[①]。普通大众显然不具备税法制定决策中所需要的系统知识，因此税法制定决策主体必须包含那些受过系统的专门知识训练的专业人士，专家知识在税法制定中应得到充分的强调。但是，尽管专家在税法的技术理性上有着普通大众无法替代的优势，但在税法制定中作出利益识别、利益选择和利益保护等价值选择时，和其他普通人一样难免受自身利益与偏好的影响。在价值知识方面，专家并没有任何优势，价值问题并不像事实问题那样在大多数情况下有真伪对错的标准，而更多的是个体的偏好或取向问题。而税法的可接受性又要求税法的价值选择不能与公众常识偏离得太远，如果在这一步发生偏离，随后对税收性质、事实因果关系，以及应当采取的对策等步骤将会与大众常识发生更严重的偏离。[②] 于是，税法制定中的多元参与便成为必要，多元参与可保证社会大部分成员的价值取向为立法者所了解并将其最终体现在具体的税法制度中。事实上，税收立法中的多元参与是民主理论在税收立法中的具体展现，它意味着至少在程序上，社会公众的利益和诉求获得了有效表达的渠道，“大众参与模型是程序取向的，其关注于利益当事人对于程序的公平参与，由此而获致程序理性和正当性”[③]。笔者认为，税收立法实践中一方面应尽可能多地吸收利益相关者参与到立法当中，参与税法的制定和执行，让税法制度能更充分地体现民意。对此国外的一些做法值得借鉴，在美国，“行政机关在公布拟议的规章之前，要设立一个由受管制的企业、商业行会、公民团体及其他受影响组织的代表与行政机关专家组成的协商委员会”[④]，德国法规定，承担经济政策决策职能的国家经济增长委员会，其构成人员包括：“（1）联邦经济部长和财政部长；（2）每个州的一名代表；（3）四名来自乡镇和联合乡镇的代表，

---

① ［日］北野弘久：《日本税理士制度的产生与展开》，李英哲译，《植根杂志》第10卷第4期，转引自徐孟洲主编《税法原理》，中国人民大学出版社2008年版，第438页。

② 王锡锌、章永乐：《专家、大众与知识的运用——行政规则制定过程的一个分析框架》，《中国社会科学》2003年第3期。

③ 王锡锌、章永乐：《专家、大众与知识的运用——行政规则制定过程的一个分析框架》，《中国社会科学》2003年第3期。

④ 王锡锌、章永乐：《专家、大众与知识的运用——行政规则制定过程的一个分析框架》，《中国社会科学》2003年第3期。

代表的人选由联邦参议会在社区最高联合会推荐的基础上决定"[①]，我国税法立法的主体构成可以此为参考。当然，多元参与并不意味着利益相关者必须亲临立法现场，当今时代的资讯表达与传递技术，能有效突破立法参与的时空限制，成为方便迅速地集中、整合民意的有效途径，比如前文提到的我国《个人所得税法》修改过程中的网络民意表达，其对立法机关最后对起征点的确定起到了一定的作用，让个人所得税工资薪金所得费用扣除标准最终由 3000 元上调为 3500 元，"尽管上调 500 元幅度不大，但是这 500 元背后的民意却很有分量，它所透露出的打破民意与立法壁垒的希望"[②]。总之，作为事关公众切身利益的税法，当然应最大限度地容纳民意、展现民意，这不仅是提升税法社会接受性的必由之路，也是民主法治社会的当然要求。

其次是税法立法决策过程中的意见整合问题。多元参与只为持有意见的主体提供了表达的机会，但其并不能保证最终的法律能充分满足参与者的诉求和期待，如果公众的意见不能以法律的形式最终确定，"参与"也就只是一个停留在修辞意义上的美丽光环。对此，哈贝马斯关于公共领域的商谈民主理论，可以为税法立法决策中共识的形成、正义的整合提供有益的思路。沟通是理解人类需要的技术，在一个多元利益和多元价值并存的时代，共识只能通过主体间的协商和妥协来实现。罗尔斯曾言："政治自由主义寻求一种政治的正义观念，我们希望这一观念在它所规导的社会中能够获得各种合乎理性的宗教学说、哲学学说和道德学说的重叠共识的支持。"[③] 我国学者高鸿钧也认为，只有基于交往理性的民主，才能在平等主体互动的过程中实现公民的自我立法，才能超越自由主义和共和主义的局限，才能缓和主观权利与客观法的冲突，接通私人自主与公共自主的线路，从而实现个人人权与人民主权之间的良性互动。[④] 因此，在税收立法的过程中，通过商谈、协商方式，让公众通过实质的立法参与，让公众有机会提出自己的观点，充分表达自己的诉求，同时考虑其他人偏好，然后根据条件和对立法事项本质的认识，修正自己的意见，所有参与人既是

---

① 吴越：《权利与权力的博弈——经济宪法学导论》，法律出版社 2007 年版，第 396 页。

② 温国鹏：《上浮五百元，意义不一般》，《钱江晚报》2011 年 7 月 1 日。

③ ［美］约翰·罗尔斯：《政治自由主义》，万俊人译，译林出版社 2000 年版，第 10 页。

④ 参见高鸿钧《通过民主和法治获得解放——读〈在事实与规范之间〉》，《政法论坛》2007 年第 5 期。

“听者”，又是“说者”，在协商中求同存异，达成共识，最终实现偏好转换和正义的整合。比如在2011年我国个人所得税法关于工资薪金所得费用扣除标准的争论中，有人提出扣除标准应当提高到5000元甚至10000元，这种意见使个人所得税中的费用扣除数偏离了其作为生计费用扣除的性质定位，在立法中自然会弃之不用。但这种意见的表达机会、多方主体聆听和交流的立法过程，会让公众更容易理解法律规定的必要性和合理性，从而在税法实施中更容易获得公众的理解和接受。“什么都不如匆匆忙忙、没有好好起草的经济法条文的技术性缺陷那样令人失望，因为文体臃肿、质量很差的条文在很大程度上会使经济法丧失了威信。”[①] 而且这种“整合”不是外力压迫下的被动接受，是公众对他人情境、公共利益和社会需求的真正理解，此时立法者的“高压”姿态、单方面的恣意以及立法的随意得到了最大限度的避免，纳税人在对税法的态度也更为理性。

第四节 信息公开与“知”的权利：纳税人的知情权与税法的社会可接受性

既然国家的税收来源于纳税人财产的单向移转，那么纳税人就有充分的理由知道政府的征收理由是什么，也有理由知道来源于“自己”财产的税收收入用于何处，使用的理由如何、有无必要等这样的问题。如果税法制度的供给者和执行者固守“法藏官府，威严莫测”的做法，那么也就意味着“税收官员能轻而易举地走向占有税源，或非法利用税源作为私人财产的第一步”[②]，和所有类型的知情权一样，纳税人的用税知情权是现代民主制度的根本要求，也是租税国家公民应享有的一项基本权利。国家的税收在使用的过程中，如果“政府不能为公众提供充分的信息，或者公众缺乏畅通的信息渠道，那么所谓的面向公众的政府，也就沦为一场滑

① ［法］阿莱可西·雅克曼、居伊·施朗斯：《经济法》，宇泉译，商务印书馆1997年版，第87页。

② ［美］玛格丽特·利瓦伊：《统治与岁入》，周军华译，格致出版社、上海人民出版社2010年版，第32页。

稽剧或悲剧或悲喜剧的序幕”①。纳税人的知情权是纳税人权利体系中最基本的权利之一，纳税人只有知晓了国家税款征收和支出的各类信息，才能够衡量政府提供的公共产品和公共服务是否与自己所支付的对价相匹配，并以此为根据决定自己面对国家的税法制度采取何种行动策略，国家的税收要“取之于民、用之于民”，但如果不被告知究竟为何要“取之于民”，如何“用之于民”，便是对纳税人主体地位的忽略和漠视，这种被忽略和被漠视的感觉必然会加剧纳税人的不信任和不服从，“如果个体感觉他们成为‘傻瓜’，他们会力图退出（税收）契约”②。缺乏公开性和透明性的税收过程必然会增加纳税人对税法制度的消极评价和抵触情绪，影响税法的公众认同和接受程度。纳税人的知情权不仅是一个关涉现代社会民主治理、控制政府行动边界、监督政府行为样式的重要方法，也是保障纳税人与政府之间建立信任与合作，提升税法社会可接受性的重要路径。

纳税人的知情权与公民的知情权并无本质区别，只是其涉及的领域不同而已。按照一般的理解，纳税人的知情权是指公民享有的从有关国家机关知悉、获取国家税收立法、税收执法以及税款的支出方向、使用效率及公共产品与公共服务提供情况的权利。由于现代税收国家的政府应将所有的税收收入纳入预算，所有税款的开支都是通过预算进行的，因此税款的支出方向、使用效率及公共产品与公共服务的提供情况的权利（我国有学者将其称为用税知情权）相应地表现为公民对预算情况的知悉和获取的权利。③ 纳税人的税收立法知情权首先涉及纳税人的参与权问题，由于前文在关于税法决策程序中已对纳税人的参与权进行了探讨，此处笔者不再讨论，下文中笔者仅从纳税人知情权法律保障的体系和实现途径两个方面，对保障纳税人知情权的实现路径进行简要分析。

首先是纳税人知情权保障的法律体系问题。笔者认为，在纳税人知情权保障的法律体系构造中，宪法是基础，税收基本法是核心，其他相关法律制度是补充。就宪法保护而言，由于纳税人知情权是一般意义上公民知

---

① ［美］斯蒂格利茨：《自由、知情权和公共话语——透明化在公共生活中的作用》，宋华琳译，《环球法律评论》2002 年秋季号。

② ［美］玛格丽特·利瓦伊：《统治与岁入》，周军华译，格致出版社、上海人民出版社 2010 年版，第 55 页。

③ 江必新、肖国平：《论纳税人的用税知情权及其实现》，《行政法学研究》2012 年第 1 期。

情权的下位概念和重要构成，因此要分析纳税人知情权的宪法保护，离不开我国宪法对公民知情权保护现状的考察。在我国法学界，学者大多认为知情权是宪法性权利，或者至少是宪法的“隐含权”，[①] 即便否认知情权宪法属性的学者，也认为“知情权是产生于国民主权……基础之上的权利要求”[②]。在对知情权保障的制度设计中，学者也大多认为要实现对知情权的更好保护，离不开宪法性规范的支撑。而当下我国宪法对公民知情权没有明确规定，同时由于我国宪法“关于公民基本权利的规定并不是一个开放性的规范体系，在宪法解释基本处于空白的现状下，宪法关于公民基本权利的规范体系与社会经济、政治变迁之间所产生的紧张关系已日趋明显”[③]，这种宪法规定的缺失和不足是制约公民知情权实现的直接原因。由于作为前提的知情权宪法保护的缺失，那么一个顺理成章的结论是，我国宪法对纳税人知情权的保护也是不充分的。宪法是国家的根本大法，是制定规则的规则，是原规则，只有从宪法的高度对包括纳税人知情权在内的所有知情权予以明确规定，才能为宪法下位法具体规定纳税人知情权提供明确的依据，公民的纳税知情权也才有正当性基础。因此，要实现对作为知情权重要构成的纳税人用税知情权的充分保护，就应该在宪法中对知情权加以明确规定，笔者认为，其一，应在我国宪法将公民的知情权在“公民的基本权利”章节中予以明确，同时在宪法关于公民纳税义务的规定中对纳税人的权利予以肯认，实现权利和义务的对称和平衡，要求公民在承担纳税义务的同时保障纳税人查询、了解、知悉政府税收立法、执法和使用的基本权利，为纳税人用税知情权的实现提供宪法基础和根本法依据。其二，税收基本法对纳税人用税知情权的保护。税收基本法是介于宪法和税收单行法的制度形态，它是实现税法体系化和系统化的前提，也是落实宪法规定的纳税人用税知情权的主要依托。综观世界各国的税收基本法律制度，其都将对纳税人基本权利的保护作为立法的核心宗旨之一。随着我国经济社会的发展和税法立法经验的积累，制定税收基本法的条件已经成熟，税收基本法立法也曾三次列入我国人大的立法规划，可见对于税

---

① 李晓光、赵峰：《公民知情权的宪法学思考》，《中共南京市委党校 南京市行政学院学报》2003 年第 1 期。

② 刘艺：《知情权的权利属性探讨》，《现代法学》2004 年第 2 期。

③ 章剑生：《知情权及其保障——以〈政府信息公开条例〉为例》，《中国法学》2008 年第 4 期。

收基本法的重要性在立法实践界也有充分的认识。笔者认为，应尽快制定我国的税收基本法，对纳税人知情权作出明确、具体的规定，赋予公民获取与政府征税行动相关信息的权利及路径和方法，并明确相应的救济权利。其三，通过其他配套法律制度对纳税人知情权予以保障，纳税人知情权需要诸多制度的协同与合作才能实现，诸如预算法律制度、信息公开法律制度、财政转移支付法律制度、财政监督法律制度等，都是保障纳税人知情权实现的重要构成。比如预算法应该规定的预算公开，公开义务主体的确定、公开的方式、公开的程序等一系列制度，本身构成了纳税人用税知情权实现的关键所在；再如信息公开法律制度，它作为政府信息公开的基本规范，必然会对政府公开税收信息提供最基本的指导，因此，与政府财政、税收相关的其他法律制度，也是保障纳税人知情权实现的重要组成部分。

其次是纳税人知情权的实现路径问题。限于篇幅，本章仅从纳税人知情权的权利义务主体、知情权的内容、权利救济方式的完善等几个方面进行论述。就权利的行使主体而言，纳税人知情权的权利主体与一般意义上的知情权权利主体并无区别，应包括纳税人在内的所有自然人、法人和团体。需要说明的是，不承担纳税义务的主体（比如不以营利为目的的纯粹公益性组织、社会团体）是不是纳税人知情权的权利主体？笔者认为回答应该是肯定的，因为设立纳税人知情权的目的，不仅仅是知悉政府的税收立法、征收和使用情况，更为重要的是要通过知悉而起到监督、限制政府行为的作用。而且，有些以维护纳税人权益为目的的公益性组织，本身就可能承担协助纳税人实现知情权的功能。另外，纳税人知情权的权利主体不限于本国居民，依照我国税法和我国签订或承认的税收国际条约，向我国政府纳税的外国公民和法人也应当成为用税知情权的主体。就义务主体而言，由于纳税人知情权的实现必须依赖于相应的义务主体履行义务才能实现，因此义务主体范围的确定对于纳税人用税知情权的保障同样具有关键意义。纳税人用税知情权的义务主体包括立法机关、各级税务机关和掌握各种与税收使用相关的各种信息的各级财政部门。比如在纳税人知情权实现中极为重要的预算公开，财政部于2010年发布的《关于进一步做好预算信息公开工作的指导意见》（以下简称《指导意见》）规定，“各级政府财政部门负责本级政府总预算、决算的公开，各部门负责本部门预算、决算的公开”。作为极具专业技艺的政府行为，政府的税收行动具有高度的专业性和垄断性，专业性决定了当承担公开义务的主体不主动公开的时候，普通纳税人并不一定知道相关信息的存在，但纳税人不知道某类信息的存在并不是政府不公开的理由，它同样是影响纳税人对国家税收行为接受程度的重要变量，而垄断性意味着如果离开承担信息公开义务主体的行动，纳税人用税知情权的保障会变为空谈。

再次是纳税人知情权的内容问题，纳税人知情权的内容，是指税收法律法规规定的各类信息，具体包括税收立法阶段的信息、税收执法阶段的信息和税收使用阶段的信息，税收立法阶段的信息主要包括税收立法的必要性、立法权限、立法议案草案公布、立法公布及说明等内容；执法阶段的信息主要是针对各种税收执行程序的信息，比如税收的强制措施、税收减免、税收检查、行政处罚的法律依据和事实依据，等等；税收使用阶段的信息主要是各级政府的预算信息，重点包括预算编制信息、预算审查和批准信息、预算支出和执行情况信息、预算决算信息，等等。《指导意见》对我国政府预算信息公开的内容作了指导性规定，认为原则上应包括一般预算收支预算表、一般预算收支决算表、政府性基金预算收支预算表、政府性基金预算收支决算表，并制定了最基本格式供各级政府参考，比如“地方财政一般预算收支预算表”中列明的收入项目共两大类 23 项，支出项目共 23 大类 135 项，现实中的预算公开实践可做参考。总之，政府相关部门无论是主动公开还是依申请公开税收信息，都应当力求全面、真实和细化，并以纳税人能理解的方式和语言，让纳税人“交得放心”，政府“用得明白”，真正实现税收的“取之于民，用之于民”，保证国家征税行为的社会可接受性。

最后纳税人知情权的救济机制问题。无救济便无权利，没有程序保障和救济机制的权利难以成为法律上的权利。只要现实中纳税人的知情权有被侵害的可能，就必须设置相应的救济程序，否则所谓的权利只能是自娱自乐的把玩。我国 2008 年开始实施的《政府信息公开条例》规定：“公民、法人或者其他组织认为行政机关在政府信息公开工作中的具体行政行为侵犯其合法权益的，可以依法申请行政复议或者提起行政诉讼。”我国知情权侵害救济无法可依的局面得以改变。但是，由于行政复议中的复议机关一般都是上级行政机关，其独立性不足，公正性必然会受到影响，因此借鉴国外的独立信息委员会制度便很有必要。事实上，我国学者周汉华等专家起草的《中华人民共和国政府信息公开条例（草案）》中就规定了信息委员会制度："县级以上各级人民政府设立信息委员会，信息委员会由专家委员和同级人民政府各部门的首席信息官组成，信息委员会所有委员均是兼职，专家委员由各级人民政府信息资源管理部门负责推荐，本级政府首长任命，专家委员人数应占信息委员会委员总数的三分之一以上"，笔者认为，这是我国纳税人用税知情权行政救济修改过程中应增设的制度内容之一。另外，在纳税人知情权的侵害救济中，应扩大权利救济的原告范围，建立公益诉讼制度。除了直接的利害关系人之外，当其他公民就国家税款的收取、支出和使用等情况向有关机关请求公开受阻时，应赋予其向司法机关提起行政诉讼的权利。关于公益诉讼的目的、必要性及制度构造，我国学界已有充分的研讨，笔者不再赘述。

第五节　税法语言和税法解释：税法理解与税法的社会可接受性

理解是揭示事物本质和发现事物因果关系的过程，它需要借助语言和教育来完成。语言是塑造人们理解法律的关键方式，语言构成了人类思维和理解的外部物质形式和结构。作为高度形式理性化的现代法律，其所承载信息的发出、传递、理解和接受都需要借助语言来进行，"没有多少职业像法律一样关涉语言"①，"语言是法律借以完成其多数工作的中介"，"语言是法律权力得以实现、运用、复制以及间或受到挑战和被推翻的根本机制"，② 语言是人理解法律、接受法律的凭借，对法律的理解必须从理解法律的语言开始。另外，税法宣传和税法解释对于纳税人接受税法具有重要的意义。税法宣传是政府推广税收法律，营造良好的税收环境，增加纳税人对税法的理解，进而保证税法的社会可接受的重要环节。同时，按照法学界的一般理解，法律解释的目标是揭示或阐释出法律文本中所隐含的难以为人们所理解的内容，它事关法律的确定性和明确性等重要问

① ［美］约翰·吉本斯：《法律语言学导论》，程朝阳等译，法律出版社 2007 年版，转引自郑金雄《易读性传播：法律传播中的语言解码与理解》，《政法论坛》2011 年第 6 期。

② ［美］约翰·M. 康利、威廉·M. 欧巴尔：《法律、语言与权力》，程朝阳译，法律出版社 2007 年版，第 68 页。

题。“凡在人们所说的东西不能直接被我们理解，解释学就开始发挥作用。”[①] 税法宣传则是可见，无论是法律语言的选择、运用，还是有权机关对法律的解释，都会影响人们对法律的理解，税法自然也不例外。而公众对税法的理解又与税法的社会可接受性密切相关——和所有的事物一样，只有充分地理解，才有认可和接受的可能，税法语言、税法解释和税法宣传教育所决定的公众对税法制度的理解程度是决定公众遵从与否的又一重要因素。那么，从税法的社会接受性多角度，税法语言、税法解释和税法宣传应具有何种品格和形态？

首先，为了便于大众的理解和接受，税法立法语言自然应该明确具体，原则性的语言应尽可能避免。这应该是一个常识自然无须笔者多言。然而，由于我国长期以来“宜粗不宜细”立法方式使得我国立法中的原则性、宣示性语言大量存在，而这种立法方式导致的立法简约化在税收法律中的体现尤为明显，《个人所得税法》是我国改革开放后制定得最早的法律之一，当时该法共 15 条，1300 余字，而目前经过修改的《个人所得税法》依旧秉承了这一“宜粗不宜细”的立法风格，仍是 15 个条文，字数不足 3000 字，但仍不够明确细致。据有学者统计，“《美国国内税收法典》译成中文为 248 万字，《日本所得税法》译成中文为 21 万字，《德国税法通则》译成中文为 10 万字”，我国的税收立法“惜墨如金，言简而不能意赅”。[②] 当然，也不是说法律规定只有异常繁杂才合理——法律语言应该简约，但对法律语言的简约追求必须在明确的前提下进行，法律的首要作用在于给行为人以明确的指引和预期，因为唯有“（明确）规则的存在，我们可以按部就班地做我们该做的事……有了规则，复杂的、有时的还具有一定道义性的‘那些事情具有相关性’的问题本身都已事先安排好了”[③]。

其次，税法立法语言的日常化导向。语言只有作为生活的一部分才能被理解，法律制度最终只能由个体的日常理解和日常行动来释明自身并发挥作用，立法中的语言选择绝不仅仅是法律制度外在构造的问题，而是一

① ［德］伽达默尔：《哲学解释学》，夏镇平等译，上海译文出版社 2000 年版，第 100 页。

② 参见邢会强《论精确的税法语言和税法实质法定原则》，《税务研究》2011 年第 3 期。

③ ［美］凯斯·R. 孙斯坦：《法律推理与政治冲突》，金朝武等译，法律出版社 2004 年版，第 132—133 页。

个涉及法律理解的本源性问题。“对大众传播的定义要求它尽可能地接触最大多数的受众，所以，它就必须尽可能地采用人们容易理解的书写方式或表达形式。”[①] 如著名的《德国民法典》，尽管其概念细密精致，逻辑严密，是“优良的法律计算机”，“不寻常的精巧的金缕玉衣”，“或许任何时候都是具有最精确、最富有法律逻辑语言的私法典”，但人们不得不“忍受那常常令人望而生畏的官牍文体、复杂的句子结构及古法兰克语的迂腐拘泥”，“即使是德国法律家以这部法典那无可否认的技术质量而感到骄傲，亦不过是一种冷漠的、几乎是迫不得已的承认而已”。[②]“这是令人遗憾的”，“法律是为大家制定的，只要法律调整的不是非常专门的内容，那么它就应该使用一种与一般的交际语言和日常语言差别不是太大的语言”。[③] 我国学者刘红婴教授对当下我国社会公众立法语言认知度的问卷调查显示：受众对法律看不懂或部分看不懂的原因是：内容太专业占23.40%；法律术语太多占46.81%；语言表达烦琐占19.5%；其他的占10.64%。[④] 可见，法律语言是制约人们理解法律的重要因素。达米特说：“一种语言的意义理论的任务，就是要说明这种语言是怎样起作用的，也就是这种语言的说话者是怎样以此交流的。”[⑤] 为了方便纳税人对税法的理解，立法者在税法创造的过程中，在保证税法规范逻辑严密、用语规范，尊重法律语言准确、庄重和严格等特殊性的要求下，还应尽可能避免纯粹的逻辑推论和理想幻觉，在税法概念、税法术语的择取、界定和税法逻辑的建构中以日常生活为导向，尽可能“原汁原味”地使用语言，避免传统形而上的玄秘性和抽象性，扫除纳税人和税法文本之间对话的障碍，保证纳税人能以最经济、最有效的方式来理解、接受和遵从税法。

---

① ［美］沃纳·赛佛林、小詹姆斯·坦卡德：《传播理论起源、方法与应用》，郭镇之译，华夏出版社2000年版，第129页。

② 参见［德］K. 茨威格特、H. 克茨《比较法总论》，潘汉典等译，法律出版社2003年版，第220页。

③ 参见［德］卡尔·拉伦茨《德国民法总论》，王晓晔等译，法律出版社2003年版，第36—37页。

④ 参见刘红婴《立法语言社会认知度的调查与分析》，《汉江大学学报》（人文科学版）2007年第5期。

⑤ 陈波、韩林合：《逻辑与语言——分析哲学经典文选》，东方出版社2005年版，第580页。

另外，为便于社会大众对税法的理解，还需重视税法解释的问题，现代法律是一套由概念、原则和规则交织而成的文字系统，真实世界的繁复庞杂使得任何国家的立法机关都不可能制定周详的、覆盖所有问题的法律。尽管笔者在前文强调税法立法语言的日常化导向，但我们必须尊重法律语言的特殊性，立法语言的选择和运用以不危及税法的规范性和严谨性为前提。作为法律语言的税法语言，它当然是对社会现实抽象加工的产物，这种抽象加工的过程限制了税法与现实世界一一匹配的机会和可能，所谓“思想在语言中死去”。而且既然是“语言”，就难免会出现模糊、歧义和漏洞的情形。于是，有权机关对法律的解释便成为必要，在现代法律的适用过程中，“需要有那么一些机构，勇敢地拉起‘法律解释’的大旗，通过富有智慧的工作，使法律在立法机关未来得及补充或修改之前，得以不断地展现其可能具有的意义”①。

学术界对于法律解释的问题已有大量的研究成果，此处仅从增进社会公众对税法理解的角度来对税法解释的相关问题进行简要分析。笔者认为，在各种税法解释的方法中，文意解释是增进公众理解的关键，如果我们从词源上来考察诠释（解释）一词，就会发现诠释或解释的最本源含义：“将诸神的言语，解说成人们所了解的话语。”② 以增进社会公众理解和接受为目标的税法解释的首要任务是避免公众的误解，当然要以原有的法律文本为基础，力图再现法律文本原创性含义，进而达到公众的认同。“法律是以文字表达，所以法律解释的客体是文字，‘法律解释须从文字开始’这个命题乃当然之理。”③ 当然，对税法的文意解释绝非仅是对税法文本中的字、词和句的含义说明，还应该包含对税法语言表达的精神、整体的思想构造以及体系之间内在关联性的说明，保证纳税主体不仅能准确理解税法的字面含义，也能明晰税法目的、功能等内在的价值和精神。另外，建立多元化的解释发动机制，让所有与税法运行相关联的公民、组织和媒体机构都可以成为税法解释的发动者，在税法解释的议程设置中引入民间力量，只要解释机关认为个体的解释要求有充分的理据并在时机上

① 沈岿：《司法解释的“民主化”和最高法院的政治功能》，《中国社会科学》2008 年第 1 期。

② 吴庚：《政法理论与法学方法》，中国人民大学出版社 2007 年版，第 274 页。

③ 吴庚：《政法理论与法学方法》，中国人民大学出版社 2007 年版，第 318 页。

可行的话，就应当对其予以解释，当经过现代媒体的广泛报道，得到民众关切的时候，有权机关必须及时解释，这种“被重视的感受”会最大限度地保证公众对税法及其解释在直觉上的认同。

最后，强化税法宣传和税法教育来完成税法的理解。前文提到的在我国引起舆论轩然大波的“月饼税”其实早就存在，它不过是个人所得税的构成部分而已，但其之所以引起社会的广泛不满、误解和争议，显然与税法宣传、税法教育的缺失有关。税法宣传教育是培养纳税人形成正确的纳税意识，或面对国家的征税行为产生理性的反映和情绪的重要环节。自1992年起，我国国家税务总局将每年的四月定为税务宣传月，至今已有20余年，尽管取得了一定的成效，但我国的税务宣传效果依然不尽如人意。实践中，笔者认为，国家的税收宣传和税收教育应当以营造良好的税收环境，提高纳税人满意度和税法遵从度为目标，通过当下我国已经开始实施的办税服务厅、税务网站、税收问答、税收咨询和纳税服务热线为平台，突出宣传重点，并根据不同的纳税主体，采取有区别的宣传方式，将日常宣传和定期宣传结合起来，力求宣传、答复的准确和及时，保证纳税人更好地理解税法，这一切对于增进公众对税法的理解和接受，无疑具有极为重要的意义。

第四章

弹性政府：风险规制中的政府形式

诸多现代社会理论从不同的角度对现代社会进行了描述和特征说明，但很少有一种社会理论像“风险社会”理论那样兼具理论与实践的冲击力和想象力：就理论研究而言，自1986年德国社会学家贝克告诫世界人类已进入“风险社会”时起，来自社会学、经济学、政治学领域的学者围绕风险问题所进行的学术争论之声不绝于耳，并汇聚发展成一股规模蔚为壮观的学术思潮。“‘风险’已成为现代性的一个重要的‘学理’限定词，风险社会学已成为一个重要的子社会学，风险研究才实质性地成为哲学、社会科学的重要理论构成。”[①] 就现实情形而言，20世纪以来，人类固然创造出了传统社会无法想象的物质财富，但不断催生出的新的危险源又使得我们所处的社会充满了脆弱、多变和不确定——地震、海啸、污染等多种自然应接不暇；金融危机、工业事故、传染病、恐怖主义、食品安全等人造风险层出不穷。其实，作为客观存在的风险伴随人类始终，只是在当今世界，随着科技的发展、人类活动范围的扩大和全球化的到来，风险由原来的主要由传统、外部和自然的不变性和固定性所主导（如各种自然灾害），转变为主要由人为、现代等因素所主导，并以压倒性的方式存在于人类世界，风险已是一个所有人都只能承受的、没有“他者”的存在。“风险”是主宰当代社会的主题词之一，它渗透于人类生活的所有方面，并定义了一个新的普遍社会状况的诉求。

---

① 陈忠、黄承愈：《风险社会：知识与实在——贝克“风险社会理论”的“知识问题”与“历史超越”》，《马克思主义研究》2006年第7期。

在个体主导的社会形态中，由于缺乏本体性的安全和基本信任，人们往往通过家庭或者简单的身份认同来寻求安全、规避风险。但是在现代社会，面对越来越多的风险，人们不再能在孤立于政府和社会的情形下有效应对，以“助人民自营力所不逮”（梁启超语）为基本职责的国家（政府），就不得不更新对社会需求的认识，转变国家行为的方式、变革国家功能观念，改变社会管理模式。“与传统的农业社会、工业社会相比，风险社会具有其明显的时代特质和价值驱动。与此相呼应，基于传统视角的现代制度设计和政治（社会）运作都应当积极地回应这一时代转变，唯有如此，才能有效地回应社会的需求，保持与社会发展的同步状态。”① 笔者认为，风险社会所赋予政府的新型责任要求政府提供适合于应对风险的多项服务，政府对未来多样性的预期以及所具有的风险性后果的认知以及由此作出的规避、预防和缓解等行动，而这本身要求政府通过改变自身予以回应，这种改变除了范围上的不断扩张、角色上适时调整外，在形态上也理应作出相应的变革——这犹如现实中使用的椅子，决定其使用价值不仅在于制造椅子的材料，还在于椅子的形状和结构，形态与功能。在当下有关风险社会治理的文献中，对政府的职责、价值指向等问题的论述已相当充分，有关国家“社会角色”的辩论也异常激烈，但关于风险应对中的政府模式问题，尚未得到学界足够的关注。基于此，本章从政府“形态”的角度切入，对政府在风险应对过程中理应具有何种模式做一尝试性论述。

第一节　弹性政府：理论述要

作为一个学术概念，“弹性国家”由美国著名政治学家、行政学家 B. 盖伊·彼得斯博士在《政府未来的治理模式》一书中提出。在该书中，彼得斯博士总结了 20 世纪 80 年代以来的“新公共管理”运动和政府改造实践，认为“市场式政府、参与式政府、弹性化政府和解制型政府”是改善当代政府治理的四种模式，其中市场式政府强调政府管理市场化，参与式国家主张对政府管理有更多的参与，弹性化政府认为政府需要更多的

① 杨春福：《风险社会的法理解读》，《法制与社会发展》2011 年第 6 期。

灵活性，解制型政府则提出减少政府内部规则。彼得斯并没有对“弹性政府”下一个明确的定义，只是认为就“基本层面而言，弹性化政府是指政府有应变能力，能够有效回应新的挑战”，“更准确的理解认为，弹性化是指政府及其机构有能力根据环境的变化制定相应的政策，而不是用固定的方式回应新的挑战”。[①] 笔者认为，所谓弹性政府，是指政治组织和体制能够根据社会情势的变化，及时回应社会需求和社会需要，以提高组织效能、效率、适应性和创新的能力为目标，通过变革组织目标、组织结构、组织形式、责任机制、激励机制、权力结构以及组织文化等来实现的一种新的政府治理模式。

较之于其他的政府模式，弹性政府的首要特点是灵活性，亦即对政府永久性的有效克服。在“弹性政府”理论看来，永久性政府的弊端是显而易见的，恒久不变的政府结构构成了有效治理的主要障碍。弹性政府对政府永久性的克服主要通过组织设置来实现：第一，就组织机构设置目的而言，弹性政府以解决的具体危机和问题为导向，打破了原来正式编制式的组织设计原则，提高政府的适应性。比如人员设置上的弹性任用与薪酬制，公务员编制弹性化、弹性运用临时人员和弹性退休制度，等等。再如组织的运行常以任务编组的方式，制定具体工作的期限，任务完成后即可解散原有组织，解散和裁并给组织以危机感，进而增加其创新动力。第二，弹性政府更加重视现代科技的最新成果来构建组织，尤其是对现代网络技术成果的依托，在彼得斯看来，借助于现代科技运行的“虚拟性组织”是弹性政府理论在组织设置上的典型表现。所谓虚拟组织“是指那些运用现代信息、网络科技，而将异地而处的一群人连接起来，共同完成某一目标的新型组织结构”[②]。虚拟组织进一步打破了旧有组织结构的疆界，也打破组织内垂直与水平结构，转而以极富弹性的方式，使相关行为者或团体建立连接、沟通与合作之模式，例如通常所说的“电子化政府”。[③] 同时，弹性化政府还为非政府组织在社会生活中发挥功用提供了

---

① ［美］B. 盖伊·彼得斯：《未来政府的治理模式》，吴爱明等译，中国人民大学出版社2001年版，第87页。

② ［美］B. 盖伊·彼得斯：《未来政府的治理模式》，吴爱明等译，中国人民大学出版社2001年版，第96页。

③ 参见容志、胡象明《信息、弹性与治理：弹性政府的理论与实践》，《兰州学刊》2009年第2期。

足够的空间，非营利组织具有创新、非营利、服务等特质，被视为政府与企业之外的第三部门，进而思考哪些服务、财货或政策执行，可由非营利组织替代之……再加上目前政府与民间合产的趋势，提供了政府在输送服务上有多样化的选择管道，使弹性化政府具有实践上的可能性。[①] 第三，政府组织设置的微型化。弹性政府"将过去由一个大部门执行某种职能转而由几个较小的组织去做，这些组织有的被称为'执行机构'，有的被称为'特别运作机构'"[②]。政府机构灵活性与政府机构的构成有着密切的关联，"船小好调头"，期待一个庞大臃肿的政府机构迅速、灵活地作出反应是不可想象的，庞大臃肿常常意味着人浮于事，办事效率低下，对周围环境变化反应迟钝。因此，在保证计划、决策、执行、协调和控制能够有效进行的情况下，构建一个最为简洁、轻便的政府，是弹性政府在组织方面的重要要求。

弹性政府另一基本属性是政府应当具有充分的自主性。所谓自主性，又叫"'自我统治'，在通用的政治语言中，亦指实行自我管理的国家，或国家内部享有很大程度的独立和主动性的机构"[③]。它意味着政府能够超越存在于社会中各种利益主体，在管理社会经济活动中具有充分的主动性和独立性，能够动员并有效整合不同的利益资源，可以抑制市场自组织扩张带来的影响，系统地表达和推进自身的目标，而不为各种集团、利益主体所挟持，进而实现有效的社会控制。诺贝尔经济学奖得主斯蒂格利茨曾提出了著名的"政府俘获理论"，认为政府中可能由于各种利益集团的俘获而使其行为动机和目标偏离公共性。亨廷顿也曾言："缺乏自主性的政治组织和政治程序就是腐败的"[④]，在此意义上，政府自主性不仅是弹性政府进行治理的必要条件，也是对政治行动中偏离社会公共利益行为进行纠正的重要路径。同时，政府自主性还隐含着稳定性、要求政治系统保

① 容志、胡象明：《信息、弹性与治理：弹性政府的理论与实践》，《兰州学刊》2009年第2期。

② ［美］B. 盖伊·彼得斯：《未来政府的治理模式》，吴爱明等译，中国人民大学出版社2001年版，第92页。

③ ［英］戴维·米勒、韦农·波格丹诺主编：《布莱克维尔政治学百科全书》，邓正来等译，中国政法大学出版社2002年版，第48页。

④ ［美］塞缪尔·P. 亨廷顿：《变化社会中的政治秩序》，王冠华等译，生活·读书·新知三联书店1989年版，第20页。

持动态的有序性和连续性等要求。弹性政府的核心在于灵活，但这不意味着弹性政府拒斥稳定。事实上，现实中所有的弹性运动，本身就是以“稳定”为前提的——一个具有弹性的物品，其在外力作用下固然会发生形变，但当外力撤去后会恢复原状，恢复原状的原因就在于一个具有稳定性的“原点”存在，此乃“弹性”的本真含义。与之同理，在弹性政府理论看来，灵活和稳定是弹性政府两个并行不悖的主题，“灵活”以“稳定”为前提和基础，失去稳定的灵活不再是灵活，而是混乱。“政府组织内部的结构、过程和人员构成方面就应该保持一定的灵活性，这种灵活性并不是无序的，而是对环境变化的一种快速反应，这种灵活性就是政府‘弹性’的由来。”①

弹性政府的第三个特征是效率。“从改造政府的目的来看，弹性化政府与市场化，法令松绑的趋势一致，均以效率极大化为判断改革绩效之主要标准。”② 前文关于弹性政府中组织设置的要求，本身就隐含了效率的含义——无论是临时性雇员、临时性组织，还是虚拟组织，它们“确实是一个省钱和提高组织弹性的方法。至少从效率的观点来看，实在是没有理由保留一群只在工作高峰时段或紧急时期才需要的员工”③。不证自明的是，和永久性政府组织可能导致的僵化和臃肿相比，富有弹性、主张不断撤销现有组织、简洁、灵活的政府组织无疑是节约和高效的。不仅如此，弹性政府还主张“实验”方法的运用。“将弹性化政府制度化会使实验方法的采用更受政治家们的欢迎。如果政治家或行政官员能肯定，他们所拟定的计划不需要设置一个永久性的机构去执行，而这个机构又可轻而易举地被裁撤，那么在这种情况下采用实验的方法就更为可取。”④ 笔者认为，“实验”的方便就是我们常言的政策“试点”和“试行”，由于其是对现行制度和行为的一种“边际性”修正，其范围有限，能将错误成本缩小到一定范围之内，而且还可加快政策的立、改、废周期，无疑是节约成本的重要路径。

---

① 林水波、陈志伟：《弹性化政府的设计与评估》，《人文及社会科学集刊》2003 年第 2 期。

② 林水波、陈志伟：《弹性化政府的设计与评估》，《人文及社会科学集刊》2003 年第 2 期。

③ ［美］B. 盖伊·彼得斯：《未来政府的治理模式》，吴爱明等译，中国人民大学出版社 2001 年版，第 93 页。

④ ［美］B. 盖伊·彼得斯：《未来政府的治理模式》，吴爱明等译，中国人民大学出版社 2001 年版，第 101 页。

第二节　风险规制中弹性政府的功能优势

前文已论，事物的模式、结构与功能有着密切的关联，基于社会需要基础之上的政府模式与政府功能之间的互动关系，构成了我们选择何种政府模式的前提。在不同的社会条件下，政府模式因功能需求的变化应该表现出不同的形态，风险社会的现实决定了政府模式应该作出某种调整，而这种调整事实上构成了政府能否成功治理风险的关键。

笔者认为，弹性政府在风险社会治理中较之于其他政府模式之所以具有功能优势，首先是由风险本身的属性决定的。风险具有不确定性，“如果说过去人们对自然的利用是顺应自然的规律和现成功能的话，那么从原子时代开始，人们已经可以通过技术来逼迫自然释放其所包含的各种潜能。这种对自然的逼迫性索取，既为人类生活带来许多便利和福祉，同时也带来许多的不确定性和潜在危险”①。这种不确定性常以风险的突发性、不可预测性、显现的时间滞后性和超常规性等方式呈现，而现实中的人类由于政治的、经济的、自然的环境波动，相关资讯的欠缺，以及知识和技术的不足，使得风险难以准确预测，或者预测与环境变动状态存在时间差，当风险发生时，制度和组织都可能处于一种“缺场”的状态。弹性政府因其具有的灵活性，能够迅速弥补制度和组织的缺位，保证风险治理中政府的积极和主动——无论如何，积极、主动应对是风险治理的当然选择。“我们不能消极地对待风险，风险总是要规避的。而积极的冒险精神正是一个充满活力的经济和充满创新的社会中最积极的因素。生活在全球化的时代里意味着我们要面对更多的、各种各样的风险。我们在支持科学创新或者其他种类的变革中，可能应该表现得更为积极些，而不能过于谨慎。毕竟，‘风险’一词的词根在古葡萄牙语中的意思是‘敢于’。”② 更为重要的是，弹性政府组织“以要解决的问题为导向”，“微型化”等设

① 韩震：《关于不确定性与风险社会的沉思——从日本“3·11”大地震中的福岛核电站事故谈起》，《哲学研究》2011年第5期。

② ［英］安东尼·吉登斯：《失控的世界》，周红云译，江西人民出版社2001年版，第32页。

置原则都能够保证其在应对风险的过程中迅速调集人力、物力、财力，采取紧急有效的措施直接面对要解决的风险，将风险的损失降低到最小的程度。“弹性化的人事管理可以使政府快速而有效地对所面临的危机或迅速增加的服务需求作出反应。”[①] 另外，弹性政府对“虚拟组织”重视可以保证风险应对中信息的及时、充分、互享和公开，减少风险应对中的偏差，增加决策和执行行为的有效性。而且还能避免公众将风险的不确定性和威胁性因素转变为诸如恐慌、害怕和焦急等情感性反应，避免社会的动荡和不稳，而这恰恰是政府治理风险中应着力避免的问题之一。还有，弹性政府对民间组织、非政府部门的功用的充分肯认，可以保证风险治理中的多元参与，增加治理成效。事实上，民间组织在风险应对中的作用不仅在理论上可以证成，在实践中也有大量的事例可佐证，2008 年汶川地震发生后民间力量在抗震救灾中发挥的巨大作用，就可以给我们清晰而强悍的证明，自然无须笔者再做论证。

同时，风险应对中的巨额负担和灾难性后果的恢复费用决定了政府必须具有足够的自主性。诚如前文所论，政府的自主性是弹性政府的题中之义，政府的“事权”需要“财权”的支持，在现代社会，“国家财政是社会风险的最终承担着，财政天生就是承担公共风险的”[②]。我国《预算法》第 40 条也明确规定，“各级政府预算应当按照本级政府预算支出额的 1%至 3%设置预备费用，用于当年预算执行中的自然灾害开支及其他难以预见的特殊开支”。实践中，比如汶川地震发生的当天，我国中央财政按照应急拨款程序紧急下拨了自然灾害生活救助应急资金 2 亿元，用于受灾群众的紧急转移安置。随后公布的《汶川地震灾后恢复重建总体规划》中规定，除了财政政策和税收优惠政策对灾区予以支持外，还直接安排3000 亿元的基金用于灾区的恢复重建。除了直接的财政支持外，中央政府的财政动员能力也很重要，地震发生后，北京、上海、江苏、浙江等发达省份积极开展全程式的对口援助工作，为灾区重建提供了大量的资金支持，使灾后重建有了更充分的资金保障。再如为了应对 2007 年年底爆发于美国的并迅速波及我国的金融危机，我国中央政府出台 4 万亿元的经济

---

① ［美］B. 盖伊·彼得斯：《未来政府的治理模式》，吴爱明等译，中国人民大学出版社2001 年版，第 97 页。

② 刘尚希：《论公共风险》，《财政研究》1999 年第 9 期。

投资计划来刺激经济，预防经济的下滑，这一切都需要政府足够的财力支撑。可见，拥有足够的经济资源和政治资源，或者拥有足够的资源动员能力，对于政府有效应对风险是必不可少的。

另外，弹性政府的“试验”性方法对于社会风险的低成本治理至关重要。风险的发生具有不确定性，风险的应对和治理亦是。有学者论证了不确定性的三种类型，分别是状态的不确定性、效应的不确定性和回应的不确定性，其中“回应的不确定性”是“组织采取某项策略或行为后，无法确知该方案的结果与效用，因而所产生的不确定性”①。在笔者看来，和人类在预测风险发生时理性有限一样，在社会风险治理的过程中，政府同样不是全知全能，“一着不慎、满盘皆输”的情形并不是不会发生，应对风险同样也是一个不断试错的过程，有时候美好的期待会变成一厢情愿的空想，风险治理行动本身有可能就隐含着更大的风险。因此，在风险治理的过程中，政府应该时刻明确自身的能力边界，风险的应对除了应当符合历史和现实需要之外，还应该考虑可能产生的各种后果，还要具备在正交易成本的前提下如何进行政策选择和法律决策的智慧。当没有足够的把握拥有这些智慧的时候，弹性政府所主张的“实验性”做法在风险治理中便具有充分的效率价值，应得到普遍的遵循。

第三节　弹性政府弊病克服的基本方略

由于社会情势的不断变革，政府改革是一个持续不断的过程，只要政府存在，这一过程就永远不会停止。弹性政府作为风险应对中的有效政府模式固然具有重要的价值，但这并不意味着弹性政府模式要对其他政府模式进行全面的替代——即便在应对风险中，其他政府模式也并非全无解释力。事实上，其他政府模式和弹性政府模式可以是并行不悖的存在，正如《政府未来的治理模式》一书的译者所言，彼得斯提出的“四种模式不完全兼容，也不完全矛盾；可单独进行，也可结合进行。同时，新模式也并

① 林水波、陈志伟：《弹性化政府的设计与评估》，《公共管理评论》（台湾），2003年，第5页。

不完全否定传统行政模式”[1]。对此，我们要有明确的认识。

另外，假定弹性政府模式是一种完美的模式同样是一种错误的观念。彼得斯就明确指出了弹性政府可能产生弊病：短暂性可损害公务员制度的稳定性和责任感以及他们追求卓越的动机，代表弱势群体的组织可能最容易被裁撤，等等。弹性政府本身的弊病在风险应对过程中同样存在，因此，寻求克服弹性政府弊病的路径和措施，是弹性政府在风险治理中获致正当性的关键所在。

在笔者看来，对弹性政府弊病的克服不外乎两种路径，第一是重塑信仰，加强道德的引导和激励，道德作为人类社会生活不可或缺的一种重要价值规范，它寄意的是真善美的境界，关注的是人性的提炼与升华。道德是一种已被内化的规范，它激发的是人的理性，因此运行时是低成本甚至无成本的，道德倡导人性中的正直、廉洁、仁义，这种与责任关联的直觉是一种强有力的力量，对于弹性政府中作为主体的公务员责任感的培养、“公共人”的形塑无疑具有重要的价值，而且道德对于弹性政府在风险治理中主动性的提升、回应性的增强也具有关键意义。第二是法律制度的规范和约束。“法律制度的价值和意义就在于规范和追寻技术上可以管理的哪怕是可能性很小或影响范围很小的风险和灾难的每一个细节。”[2] 弹性政府的“弹性”固然有着“灵活性”“主动性”等意蕴，但其同样可演变成“随意”甚至“肆意”的政府行动，因此通过法律制度对弹性政府的行为方式予以规范，同样具有关键意义，强制性规范是保证弹性政府的行动符合社会公平与正义的实质之所在，而程序性规范对于保证弹性政府“弹性”行为的方向、方式、范围无疑具有更关键的意义，法律中的责任规范对于“弹性”行为的审查、纠错以及相应的惩罚机制等，都是弹性政府模式下政府行为规范运行不可缺少的要素。

---

① 参见［美］B. 盖伊·彼得斯《未来政府的治理模式》，吴爱明等译，中国人民大学出版社 2001 年版。

② ［德］乌尔里希·贝克：《从工业社会到风险社会——关于人类生存、社会结构和生态启蒙等问题的思考》（上篇），王武龙编译，《马克思主义与现实》2003 年第 3 期。

第五章

论公共规制的有效性及实现
——以市场主体的行动为中心

作为现代市场经济发展的必要手段，公共规制是在市场自发运行无法取得最优解的情形下，由政府在市场能力不及的范围内替代市场作出的行动安排，它以对市场失灵的有效克服、以符合公共精神的方式进行资源再分配，减少或消灭社会隶属，反映集体抱负等为基本目标。[①] 然而，公共规制的有效性能否实现，不仅在于制度提供者是否能够在事实判断和价值判断的基础上提供契合市场需要的制度安排，还在于规制受体（即市场主体，具体指受到公共规制制度影响和约束的所有个人、组织和企业）的行动能否产生制度所期待的改变。由于公共规制只能通过市场主体的行为改变来起作用，公共规制制度的运行实效更多地取决于市场主体的预期及预期支配下的行为选择，那么将市场主体及其行动作为规制中的关键因素，便具有充分的正当性。

随着国家规制职能重要性的日益显现，学术界已有大量的文献对其进行了研讨。在法学界，将公共规制行为置于法治国家的框架下，为其寻求规范建议以实现公共规制的“规则之治”，一直是法学界努力的目标和研究热点。但一个明显的缺憾是，当下法学界对公共规制法律制度的研究，更多采取的是“制度”塑造“行为”的“制度中心主义”分析策略，尽管也有文献分析了制度提供者的能力不足、理性有限等问题，但对它们的

---

① 参见［美］凯斯·R. 桑斯坦《权利革命之后：重塑规制国》，钟瑞华译，中国人民大学出版社 2008 年版，第 53—67 页。

克服依然从制度提供者自身来进行，秉持的依然是一种精英主义立场。对作为公共规制中重要“行动者”的市场主体缺乏足够的关注，或给予了关注，但因研究对象的限制而无法涵盖公共规制中市场主体的一般行为，从而导致了系统性研究的不足。公共规制理论不仅需要构建“理想的图景”，更需要研究“过程性行动”，“制度借助角色扮演的个人经历来展现”①，市场主体在政府的公共规制面前绝不是无能为力的，他们对公共规制制度的理解以及采取的相应行动在一定程度上改变着规制制度本身。缺乏对规制受体行为研究的公共规制理论是不完整的，这种不完整性不仅影响着理论本身的解释力，更为重要的是，基于这种不完整理论形成的规制实践，并不一定产生制度所期待的结果。那么，设身处地地考察市场主体的行动，将其作为一个重要变量纳入规制制度的设计当中，对于提高规制质量，保证规制制度的有效性，无疑具有重要意义。

本章正是对上述问题的一个理论回应。本章认为，应当对公共规制过程中市场主体的参与能力和主体地位予以充分的肯认，并将公共规制看作由规制主体和规制受体共同参与的、具有输入和产出功能的动态互动过程，而不仅仅将其看作一个“需要—供给”的单线逻辑循环，更不认为即便是以市场失灵的克服为依据提供的制度供给，就一定能自动契合现实中市场主体的需求并获得市场主体的遵从。本章以规制制度中市场主体的行为为逻辑起点，先对市场主体在公共规制过程中影响规制有效性的行为进行了类型化分析，力求从市场主体的角度展现规制行为运行的真实情形，强调可观察的规制效果，然后对决定市场主体行动的约束和激励因素进行了探讨，最后以市场主体的可接受性为导向，提出了一个更符合有效性要求的公共规制制度的制定框架。

第一节　市场主体的行为逻辑与公共规制的有效性

在市场场域，市场主体通过一定的活动来收集、筛选、衡量和组织各类经济信息，以现有的各种制度规范（正式的和非正式的）为基础，结

① Berger & Luckmann, *The Social Construction of Reality*. The Penguin Press, 1967, p. 91.

合个人的需要进行角色扮演，作出决策以寻求最大化收益。从市场主体与制度的关系来看，市场主体作为行动者“既是社会规范的执行者，又是实施这些规范所必需的实践经验的载体，同时还能对社会规范和行动环境作出新的、有时甚至是出乎意料的个人解释，更为普遍的是，单个行动者能够改变行动环境，并在重建社会规范、社会制度，创造新的技术和工艺过程中展示这种变革能力”①。由于制度牵涉行动者个人的感情色彩以及主体给予制度的主观含义，具有普遍约束力的制度在实践中就很难得到整体划一的遵从，不遵从的情形必然存在。但是，有效的法律只能根据行动中的法律来建构，市场主体的不遵从行动必然会影响规制制度的有效性，② 迄今为止的任何法学流派，都不否认法的有效性与人的行为之间的关联，即便是主张法的有效性来源于“理性体系、道德原则”的自然法学派，也不否认行为对于法律的关键意义——如果法可以与人的行为无关，法可以不涉及人的“当为”领域，那么讨论法的正义/不正义（有效/无效）也就失去了前提。按照实用工具主义法学的观点，“规则、法律为实现目标的工具，且仅仅是工具；且仅仅在作为实现目标的工具的范

① ［瑞典］汤姆·R. 伯恩斯：《经济与社会变迁的结构化——行动者、制度与环境》，周长城等译，社会科学文献出版社 2010 年版，第 3 页。

② 作为法理学的一个核心命题，不同的法学流派对法的有效性问题有着不同的认识，自然法学派认为法的有效性是一种伦理正当的有效性，只有“内容正确、道德原则、合乎理性”的法才会对人的行为产生拘束力并因此有效；实证主义法学派认为法的有效性出自法律本身，在于法律是一种社会事实，有效的法律不是“理性体系”，也不是“道德原则的演绎推理”，而应依靠人自身行动之理由赋予行动规则以有效性。可见，正如佩策尼克所言，“‘法的有效性’的定义在西方法哲学上是通过区分‘有效性’在不同的日常法语言使用规则中完成的，有什么样的语言使用规则就会有什么样的关于‘法的有效性’定义”（参见 A. Peczenik，*On law and Reason*，Kluwer Academic Publisher，1989，p. 216），笔者更愿意接受对法的有效性的这种理解：“人们观察到当代法同时具有各种各样的测度是否有效的标准：渊源取向、内容取向、程序取向、可接受性取向、实际效果取向或它们的综合运用”（参见 A. Aarnio，*Reason and Authority*，The united kingdom at the university Press，1997，p. 168），而不只是偏执一端的僵化理解。我国学者郑永流教授就认为，法的有效性可从社会学、伦理学、法律教义学三个维度进行理解：社会学的有效性是指法被规范义务人实际遵守这一事实，伦理学意义上法的有效性强调的是规范内容的正确性，法律教义学上法的有效性关注的是法的形式合理性（参见郑永流《法的有效性与有效的法——分析框架的建构和经验实证的描述》，《法制与社会发展》2002 年第 2 期）。

围内才有意义”[①]，同时，由于工具的效果可分为实际效果和预期效果，工具是否具有实效要看实际效果与预期效果符合不符合，[②] 那么，以是否达到规制制度的预期目标为标准对市场主体的“遵从和不遵从”行为进行划分，市场主体的行为可分为符合制度预期的行为和不符合制度预期的行为。其中，符合制度预期的行为（本章分析的仅是制度的有效性问题，不区分制度本身的“善”“恶”）由于产生了制度所期待的规制后果，此时，市场主体的行为与立法者的规则“相互一致，按同一方向作用”，制度运行不仅有效，而且“如行云流水、结局圆满”，[③] 从制度有效性的角度便没有分析的必要。与之相反，不遵从行为是对规制制度目标的背反，它影响到规制的有效性，因此对不遵从行为的分析构成了本章分析的重点，本章将现实中典型的不遵从行为归纳为以下几类。

一　直接违法

市场主体选择直接违法[④]（本章所论“违法行为”仅是对市场主体行为的事实判断，并不包含对行为的道德评判，也不认为市场主体的不遵从所导致的制度低效对社会的影响一定是负面的，事实上，市场主体的不遵从常常是制度变革的直接推动力量）是现实中引起公共规制有效性消减的最主要表现。市场主体的直接违法即可从自然法学派的“恶法非法”中找到存在的理由，也可从实证法学派关于法律遵守的论说中找到存在的依

① 柯华庆：《法律：工具、实用与实效（代译序）》，载［美］罗伯特·S. 萨默斯《美国实用工具主义法学》，柯华庆译，中国法制出版社 2010 年版，第 3 页。

② 袁刚、孙家祥、任丙强编：《民治主义与现代社会——杜威在华讲演集》，北京大学出版社 2004 年版，第 338 页。

③ 参见［日］青木昌彦《比较制度分析》，周黎安译，上海远东出版社 2001 年版，第 1 页。

④ 面对国家的公共规制，市场主体的“直接违法”行为会因国家的制裁行动而变得有效，但笔者认为，国家的制裁不可能总是准确、无误、及时和没有遗漏地发生，而且制裁本身也不一定具有必然的正当性，按照哈特的说法，“人们可能采取溯及既往的手段而废除了不公正的法律”。更为重要的是，基于自愿的有效和基于制裁的有效在本质上是不一样的，“行为有效率高于制裁有效率，能说明规范更有效一些”，郑永流教授曾就我国国家法的实施现状进行实证研究，发现我国的正式法律制度存在“自愿遵守国家法的行为有效率在下降，而制裁有效率更不容乐观”的现状，并得出国家法“有效性不强”的结论（参见郑永流《法的有效性与有效的法——分析框架的建构和经验实证的描述》，《法制与社会发展》2002 年第 2 期）。

据。“恶法非法”作为自然法的基本观念，在法律中注入了道德要素，对于自然法学派来说，法律代表正义是理所当然、无须证明的，能够成为法律的规范本身就意味着其具备了道德上的正当性。当市场主体认为国家的规制制度不能代表基本的正义时，他们会基于自己的良知而拒绝服从。这种观念因社会契约论而得到进一步强化，按照社会契约论的逻辑，包括公共规制在内的所有社会管理行为，其正当性来源于公民的同意，“即公民只有义务遵守在自己所授权限之内制定的法律，如果政府在公民共同赋予的权限内活动，公民就有服从政府及其所制定的法律的义务；否则，公民就有权拒绝服从”①。当公共规制制度不是建立在社会主体基本的合意基础之上，市场主体选择不遵从便具有正当理由。而且，市场主体选择直接违法的理由不仅基于规制制度本身，还可能延展至国家的一般行为，有位叫梭罗的美国公民，因抗议美国对墨西哥的侵略战争，以及美国南方各州的蓄奴制度和印第安人所遭受的悲惨待遇，公然拒绝向美国政府纳税。② 在实证主义法学流派看来，“法律是法律，但它太过邪恶了以至于不能被遵守”③。“法是否要加以遵守的问题上，法并不是决定性的关键，而无论政府体系有如何崇高的威严和权威光环，它的命令最终仍必须接受道德的检验。”④ 可见，当市场主体坚守良知和信仰的动机超过了因违反法律和规则带来的不利益所产生的恐惧时，市场主体会拒绝遵守在他们看来“不正义”或“过于邪恶”的法律和规则。拒绝的形式既可能是公然的，也可以是隐蔽的，但只要有不遵从情形的存在，规制制度的有效性就必然会降低。

基于功利主义考量的不遵从规制制度是市场主体选择直接违法的另一理由，对此法律经济学已做了大量的分析。面对国家的公共规制，市场主体可能基于自身利益最大化的算计而选择不遵守。有报道称，北京有一家电厂，在编制年度预算中，将每年的环境违法罚款也纳入其中，将环境违法“规范化”。长期超标排放，按照法律规定，对这类常见的超标排污行

① 丁以升、李清春：《公民为什么遵守法律（上）——评析西方学者关于公民守法理由的理论》，《法学评论》2003 年第 6 期。

② 参见丁以升、李清春《公民为什么遵守法律（下）——评析西方学者关于公民守法理由的理论》，《法学评论》2004 年第 1 期。

③ ［英］哈特：《法理学与哲学论文集》，支振锋译，法律出版社 2005 年版，第 84 页。

④ ［英］哈特：《法律的概念》，许家馨、李冠宜译，法律出版社 2006 年版，第 193 页。

为，环保局处罚上限为1万元人民币。而这家电厂年初就做了12万元的罚款预算，将环境保护机关的罚款列入企业运营成本，以准备环保局一年来罚12次。[①] 此时，市场主体的不服从与规则的正义无关，他们仅是基于对自身利益最大化的追求而选择不遵从相应的法律和规则，但其和基于信仰和正义感产生的不遵从一样，都无法保证规制制度有效性的充分实现。

二 制度规避

罗马法谚谓："从事法律所禁止者，系违反法律；虽不违反法律之文字，但迂回法律趣旨者，乃脱法行为。"[②] 由于制度的适用与时间、空间以及主体等因素相关，当适用者基于特定目的，改变时间、空间或主体身份等制度适用的条件，使制度的功能无法充分发挥时，制度规避现象便会产生。

在公共规制制度运行的过程中，市场主体通过改变身份来达到规避制度的目的在日常生活中极为常见。较之于传统私法强调的主体地位平等，公共规制制度更加强调主体的"身份"特征，"身份"不仅可能成为确定公共产品差异性分配的重要依据，还可成为确认权利取得资格的重要标准。比如近年来国家房地产市场调控中的"限购令"制度，其措施之一是通过对购房人群、购房套数的限制来取消部分主体参与商品房买卖法律关系的资格，减少投资性和投机性购房行为，遏制高房价。如北京市规定：购买二套房家庭的首付比例达到购房款的60%，贷款利率不低于基准利率的1.1倍（首套房的首付比例为20%，贷款利率为基准利率的0.7倍，以一套价值100万的房子为例，两套房仅利息就要差五六十万元。于是一些购房者通过"假离婚"来改变二套房房主的身份，以获取较低的首付比例和较低的贷款利率。也许该楼市新政的调控效果尚未呈现，但规制受体通过身份改变来实现制度规避已成为部分购房者理所当然的选择。由于不遵从行为"是指明显地背离了与人们的社会地位相关的规范的行为。同一种行为可以被认为是越轨性的，也可以被认为是遵从性的，这依

① 齐晔、董红卫：《守法的困境：企业为什么选择环境违法?》，《清华法治论衡》2010年第1期。

② 王泽鉴：《民法总则》，中国政法大学出版社2001年版，第284页。

赖于做出这种行为的人的社会地位”[①]，也就是说，即便是同一样态的行为，行为主体可通过身份的改变来实现其由不合法形态向合法形态的转变，不同的主体身份意味着享有的权利和承担义务的不同，当这种身份改变成就时，制度对于规避者不再具有约束力，制度的预期效果落空，制度运行的低效或无效由此发生。

行为主体还可以通过直接退出，或改变地点、时间联结点的方式来实现制度规避。2010 年，Google 公司退出中国大陆市场，其原因我们在所不问，但 Google 公司不再受中国互联网监管制度的规制，中国的互联网监管法律制度对 Google 公司不再有效却是不争的事实。2007 年新《劳动合同法》颁布前夕，深圳华为公司为了规避无固定期限劳动合同条款，要求 7000 多名工作满 8 年的老员工向公司提出请辞，几乎同时，沃尔玛中国区将近 1200 名员工突然辞退，占到该企业全球裁员人数的 50%。[②] 意在借助制度进路使劳动合同制度安排刚性化、遏制劳动合同短期化、保护劳动者职业稳定的无固定期限劳动合同条款，因规制受体的规避行为并未取得预期的效果，这些都是市场主体通过制度规避消解制度有效性的典型例证。

三　制度套利

如果说制度规避是行为人对制度适用中产生的剥夺、侵损和限制通过行动予以阻碍，逃避应承担的制度成本的话，制度套利则是行为人基于现实理性，利用制度漏洞形成的套利空间，对原本不属于自己的利益的追逐、侵蚀和占有，以及由此形成的个体的最优选择与社会的最优选择不一致的情形。制度套利的典型形态有两种：一是制度引发的道德风险，二是行为人的短期行为。

“当代理人的行动不可证实时，或者当合约关系启动后代理人得到了

---

① ［美］罗伯特·K. 默顿：《社会研究与社会政策》，林聚任等译，生活·读书·新知三联书店 2001 年版，第 80 页。

② 详见丘慧慧《应对新〈劳动合同法〉，华为万名员工自选去留》，《21 世纪经济报道》2007 年 10 月 29 日；陈欢《沃尔玛中国突击裁员 1200 名员工》，《21 世纪经济报道》2007 年 12 月 8 日。

私人信息时，道德风险问题就存在了。”[①] 应飞虎教授在研究权利倾斜性配置不当的影响时分析了行为人的道德风险问题，认为在“禁止执行司法解释”（指2004年10月最高法院颁布的《关于人民法院民事执行中查封、扣押、冻结财产的规定》第6条的规定，“对被执行人及其所扶养家属生活所必需的居住房屋，人民法院可以查封，但不得拍卖、变卖或者抵债”）的实施过程中，可能使那些“有还款能力、但还款意志摇摆不定的人”变得不诚信，拒绝还款；还可能使“借款时始既无还款能力也无还款意愿的人，通过禁止执行司法解释来获利”。[②] 道德风险在本质上是代理成本的一种特殊形式，由于主体身份的可改变性和行为人主观动机的难以证实性，现实中涉及差异性利益分配的制度，都可能会给制度性套利留有空间。差异性利益分配制度的设计初衷，是通过对符合一定条件的特定主体的权益给予特殊保护，以达到实质公平和分配正义，但如果当受益的范围因行为人的套利行为而扩大时，制度的功能便发生了变异，其有效性也就难以完整实现。

另一个制度套利的典型表现是行为人的短期行为。制度的“激励机制会受到权利结构的影响，行为也因此发生变化”[③]。著名的“囚徒困境”阐述了一个简单而又重要的道理：在一次性博弈中，追求自身利益最大化而不问其他主体的收益是行为主体的最优策略，如果制度无法给行为人一个稳定的预期，借助于现有制度的短期套利行为便在所难免。经济学中的“专用性投资”理论最能说明短期行为的存在缘由，“专用性”是指耐用性实物资本或人力资本投入某一特定的交易关系从而被锁定的程度，一旦要打破既有关系或制度规则，专用性资产将付出巨大的转置和退出成本，产生“套住”效应，[④]“有恒产者有恒心”，不具备稳定预期的制度必然会给行为人的短期行为形成激励，现实中的资源掠夺性开发、矿产资源开发中安全设备投资不足引发的矿难频发便是行为人利用现行制度“及时”

---

① ［英］因内思·马克-斯达德勒、J. 大卫·佩雷斯-卡斯特里罗：《信息经济学：激励与合约》，管毅平译，上海财经大学出版社2004年版，第4页。

② 参见应飞虎《权利倾斜性配置研究》，《中国社会科学》2006年第3期。

③ ［德］弗鲁博顿、芮切特：《新制度经济学：一个交易费用范式》，姜建强、罗长远译，上海人民出版社2006年版，第95页。

④ 参见刘燕《“机会主义行为”内容与表现形式的理论解析》，《经济问题探索》2006年第5期。

套利的明显例证，“谁又愿意在租住别人的房屋中添置家具呢？那些……矿主更是感觉‘朝不保夕’，更不愿意增加安全设备投入，以免到头来为他人做‘嫁衣’”[①]，任何制度设计的原初动机都不可能是为市场主体的套利行为提供支持，但如果某制度为套利提供了存在的空间并被市场主体利用的时候，制度的原初意图便难以完整实现。

四　共谋行为

经济学中，共谋行为指少数几个生产和销售者通过协商定价、瓜分市场，对市场实施排他性控制的经济行为。周雪光针对我国一些基层上下级政府在执行来自上级部门特别是中央政府的各种指令政策时，采取“上有政策、下有对策”等手段，来应付这些政策所要求的各种检查和监督，导致实际执行过程偏离政策初衷的现象，将“共谋行为”引入政治社会学的研究中。[②] 本章借用“共谋行为”的概念，将其界定为公共规制中各类市场主体（具体指规制受体和受保护主体）之间相互配合，采取各种策略应对国家的公共规制制度，从而消解规制制度有效性的行为。

有一件发生在我国西北某农村地区的真实事例，可作为制度规制主体与制度意欲保护的主体之间达成共谋以对抗国家正式制度的例证。由于水质（或其他？）的原因，有一种叫“大骨节病”的疾病在该地区五六十岁的人群中多有发生，发病者的主要症状是关节变形、肥大并伴有严重的疼痛，正规医疗机构开具的药物不仅疗效甚微，而且价格昂贵。有一种通过非正常渠道从外地来的药物价格便宜，且能迅速减缓疼痛，成为当地患者治疗该病的首选，但据笔者亲眼所见，该药品无生产厂家、无批号、无生产日期和有效日期，属典型的“三无药品”。由于使用者多，引起了当地管理部门的注意，但在进行查处时，尽管明确告知“三无药品”对人体可能带来的危害，但使用者依然不愿意承认使用过该药物并将该药物藏匿，当地药监局因管理权限所限无法到外地执法，只好作罢。谁都不否认国家查处“三无药品”规制行为的良好动机以及对于使用者身体健康的重要意义，但由于销售者和消费者的共谋行为，使得以保护患者健康权、

---

① 周其仁：《治理矿难的经济分析》，《经济观察报》2005 年 11 月 21 日。

② 参见周雪光《基层政府间的“共谋现象”——一个政府行为的制度逻辑》，《社会学研究》2008 年第 6 期。

生命权为宗旨的《药品管理法》遭遇到了失败。

事实上，充斥于当下社会中的“外汇黑市”“药品黑市”“论文黑市”“办证黑市”“网络黑市”，流行于各行各业的“潜规则”“一家愿打一家愿挨”现象，都是“共谋行为”的表现。市场主体的行为举措受到所处境况的制约和塑造，“共谋现象”出现的原因也许并不一定全在“共谋”本身，有时也与国家制度的合理程度相关，当规制制度附加给市场主体从事正规经济活动的成本过于高昂，或“法律体制的差别待遇和不稳定性”频繁出现的时候，市场主体便不具备从事正规经济活动的动力或能力，市场主体“对遵守法律规定的代价，以及为此得到的相关权利进行成本评估后，即会做出适合他们自己的选择”①。当规制制度意欲保护的对象和意欲惩罚的对象按照他们的共同“利益”联合起来，采取应付、欺骗、蒙蔽的方式来对抗正式的规制制度或钻规制制度的空子的时候，制度就这样被“闭合”了，规制制度的良好初衷也由此折损。

五 集体抗争

“当法律机制无法合理地分配正义的时候，当不正当的行为得不到及时公正矫正的时候，人们自然会通过其他途径寻求自认为应得而未得或被无端剥夺了的利益。”② 在现代市场经济发展中，随着国家的经济规制职能的进一步扩张，由国家的经济规制行为引发的利益变动、社会分化现象在我国也急剧发生。在社会转型过程中，由于利益分配中部分市场主体的“相对剥夺感”加深，以及公共规制中规制机关不规范行为的存在，使得某些明确的或潜在的集体认同被激活，具有相同境遇的市场主体以“集体抗争”的方式来表达所在阶层的利益诉求，在我国社会转型时期已成为一个突出的问题。

面对国家的公共规制制度，市场主体通过集体抗争行动表达利益诉求的行为，既可能以制度化的形式呈现，也可能以非制度化的形式呈现。市场主体制度化的抗争形式，指某种行为方式被不特定的多数市场主体广泛接受并共同参与的行为，其具有自发性、稳定性和再发性等特征。罗伯

---

① ［秘鲁］赫尔南多·德·索托：《另一条道路：一位经济学家对法学家、立法者和政府的明智忠告》，于海生译，华夏出版社2007年版，第158页以下。

② 贺卫方：《运行正义的方式》，生活·读书·新知三联书店2002年版，第119页。

特·K. 默顿认为，当一个团体面对现实危机，要求采取与长期存在的规范不同的目标取向或适应性行为的时候，或者当新提出的规范（最明显的是新的立法）与长期存在的社会习惯和情感发生矛盾的时候，对制度性规范的“制度化的抗拒”便会发生，这些较大规模的抗拒行为反映了规范与广泛的社会需要之间的不协调。① 而市场主体的非制度化集体抗争，是指偶尔的、公共的，通过“群体事件”“社会泄愤”等形式表现出来的表达集体诉求的抗争方式。当经济领域多个个体的利益受到制度性或非制度性的盘剥时，个体行为会转变成群体性的维权运动。较之于单个个体对规制制度的对抗，基于共同责任与内部信任网络的集体抗争有利于提高抗争所需的各类资源，也能提升行动的话语塑造能力和行动的整合能力，而这种话语塑造能力和整合能力又反过来会动员更广泛的市场主体参与，吸引社会精英阶层、广大公众、媒体对其提供支持，扩张抗争者的议价空间。现实中，集体抗争中的市场主体会运用各种抗性策略甚至暴力手段，给规制者更大的压力，逼迫其作出行为改变，从而影响规制制度的过程和结果。尽管集体抗争是推动规制制度变革的重要路径，但从制度有效性的角度讲，只要市场主体针对某项规制制度有集体抗争的行为样态，现有规制制度的有效性一定会受到影响。

第二节　激励与约束：公共规制中市场主体行为的决定因素

根据交往行为理论的基本观点，行为模式的差异性决定行为据以发生的权利在属性上的差别，② 而“权利永远不能超出社会的经济结构以及由经济结构所制约的社会的文化发展”③。国家规制经济的模式、市场主体的权利及其实现程度，无不与市场主体行为密切相关，在决定市场主体行动逻辑的所有要素中，规制制度的强制力固然重要，但正如弗里霍夫所

① 参见［美］罗伯特·K. 默顿《社会研究与社会政策》，林聚任等译，生活·读书·新知三联书店2001年版，第86页。

② 参见［德］尤尔根·哈贝马斯《交往行为理论：行为合理化与社会合理化》，曹卫东译，世纪出版集团、上海人民出版社2004年版，第83页。

③ 《马克思恩格斯全集》第19卷，人民出版社1963年版，第22页。

言，“警察权是必不可少的，但永远是不够的，如果大多数公民决定采用暴力，正如历史上多次发生的那样，那么警察权就无能为力了。制度的真正生命力依然来自内部，是良心造就了我们所有的公民”[①]。另外，经济利益的确是市场主体行动策略的重要指引，但绝不是唯一的指引，市场主体的行为在更多情况下还会受到社会规范（前文所论的短期行为）、道德规范（比如前文所论的基于制度正义性不足的直接违法）和自身理性有限的制约，制度运行中市场主体的“经济人”假设也有着适用的限度。正是这些因素对市场主体行为的综合影响，才使得规制制度遭遇了规制效果与其所追求的目的并不完全重合的自我挫败。公共规制制度的强制力在何种情形下才能起作用？市场主体对经济利益的追求和哪些因素存在勾连？换言之，在国家的公共规制过程中，哪些因素对市场主体的行为构成了激励和约束？结合上文对市场主体行动类型的分析，本章认为，市场主体的贴现率、市场主体对制度的信任和理解，市场主体的自主性是决定市场主体行为的重要变量。

一　市场主体的贴现率

“按照现有行为科学的发展成果，所有的社会科学分支可以统一在一个共用的个体行为决策假设模型之上”[②]，按照古典经济学“经济人”的基本假设，市场主体追求个人利益的基本心理动机是经济行为展开的内在动力。但西蒙早就指出，人类认知能力、计算能力以及记忆能力并非无限，人的行动首先要受到自身能力的制约。随后的行为经济学继承了西蒙的理论路线，通过实验心理学的方法进一步论证了市场主体在进行市场决策时并非“效用最大化、稳定偏好、理性预期和信息的最优化处理”的“经济人”，而是具有“有限理性、有限意志力和有限自利”的“真实的人”。[③] 以自身利益最大化为行为特征固然是市场主体的最大共性，但这种带有普适性的判断很难适用于市场主体的所有行动，行为经济学认为，

---

① 转引自程竹汝《社会控制：关于司法与社会最一般关系的理论分析》，《文史哲》2003 年第 5 期。

② Herbert Gintis，“A Framework for the Unification of the Behavioral Sciences”，*Behavioral and Brain Sciences*，2007，30（1）.

③ 参见［美］凯斯·R. 桑斯坦《行为法律经济学》，涂永前等译，北京大学出版社 2006 年版，第 16 页。

“有限理性”的表现之一是“双曲贴线”，即“人们在小的赢利相对于大的赢利来得快的情况下会偏好小的赢利，在大小赢利的实现时间都很长且两个时间相近的情况下，人们才会偏好大的赢利”。另外，当人的“预期结果为正时会作出风险规避的选择”，他们“厌恶损失”，损失带给人的不快，要比得到同样的收益带来的愉快大得多，因此人会“宁愿不要所得也不要有所失”，[①] 也就是说，现实中人的决策理性并不是无限的，人倾向于认为较近的未来比较远的未来更有价值，在对未来收益和当下收益平衡时不可能是完全理性的，人的行为常常缺乏“未来的合理性”。

市场主体的这种对当下利益给予更多关注的心理状态以及由此引起的行为方式，会因政府规制制度的频繁变动得到进一步强化。对此可以用市场主体的贴现率来解释，所谓市场主体的贴现率，指他们未来收益的现值有多大。贴现率反映的是公众对社会的责任感和前瞻性，它是市场主体在经济行动中进行决策取舍的一个重要因素。由于并不是所有的经济行为都会在瞬间完成，跨期决策是经济行动中的常见现象，市场主体在经济决策前首先会对行为的成本收益进行分析，而未来收益的确定有赖于贴现率大小的设定。当贴现率为正时，市场主体的行动会较少关注未来的收益，也不去关注长期经济收益的条件，获取一切可能的现时收益，或从现有收益确保自己得到最大的份额，是高贴现率主体的最优策略，即便该行为对将来的产出和收成构成妨碍也在所不惜。制度不稳定以及产权保护的或然性，是导致市场主体贴现率上扬的最主要因素，它会使市场主体更愿意相信自己是生活在现成世界中的人，而不会将希望寄托于充满风险和不确定的未来。更高的贴现率意味着市场主体对政府制定的经济政策中所隐含的未来收益更难把握、更难认同，市场主体基于边际收益与边际成本比率的下降，会选择在他们看来的最满意解而非最优解。可见，如果国家的公共规制不能为市场主体提供关于未来收益的稳定预期，那些注重持续发展、维护未来利益的规制制度在执行中便障碍不断。前文提到的市场主体的“制度套利”正如源于人的这种心理状态以及不明确的产权保护措施和多变的制度安排。

① 参见徐国栋《人性论与市民法》，法律出版社 2006 年版，第 58 页以下。

二 市场主体对规制制度的理解程度

制度的重要功用是通过建构社会预期来影响人们的策略决策，实现这一任务的一个重要机制是信息提供。[①] 但仅有信息提供是不够的，公共规制对市场主体行为的规范以市场主体对公共规制的准确理解为前提。市场主体能否准确理解公共规制制度取决于两个因素：一是规制制度承载的信息是“可得”的，二是规制制度提供的信息是“可理解”的。如果这两个条件无法成就，市场主体即便具有遵守规制制度的良好愿望，也可能会因对规制制度的误解而作出偏离规制意图的行为。

制度信息的可得性，是指制度所承载的信息能够被市场主体捕获和占有的可能性。市场主体决策行为的顺利进行需要足够的信息支撑，随着公共规制范围的不断扩张，几乎没有一种经济行为与国家的正式规制制度（制度信息）无关，“组成生产函数的生产要素常常表现出一种当时的制度和经济安排”[②]。通过制度所展现的信息在所有与经济决策相关的信息中的地位和作用在现代经济生活中尤为关键。由于制度信息的获取不是无成本的，制度信息的可得性会受到时间、空间和物质条件的制约，资源的稀缺性决定了市场主体必须在搜寻和甄别制度信息与所耗费的成本之间进行权衡。现代科技固然延伸了人们获取制度信息的范围，节约了搜寻信息的时间，为制度信息的传播提供了便利，使制度信息的扩散性较少受时空的限制，但它所依赖的物质条件以及时间、精力的耗费都意味着其依然是一种成本为正的存在。市场主体对效率的追求与获取制度信息的激励之间存在根本的冲突，当市场主体对制度信息投资的预期收益大于预期成本的时候，理性的市场主体会放弃对制度信息的投资，此时我们说该制度信息对放弃者来说是不可得的。同时，制度信息的可得性还与制度提供的具体样式相关，由于制度信息的效用只有通过公开才能被市场主体所理解，而规制制度的公开方式、时间和范围同样会影响制度信息的可得性，如果公开的渠道因某种原因受堵——如制度信息在层级间传递时的故意拦截和筛

---

① 参见［美］杰克·奈特《制度与社会冲突》，周伟林译，上海人民出版社 2009 年版，第 50 页。

② ［英］马克斯·H. 布瓦索：《信息空间——认识组织、制度和文化的一种框架》，王寅通译，上海译文出版社 2000 年版，第 29 页。

选，与广大市场主体利益相关的信息仅为特定主体知悉，公布制度的时间安排限制（我国就曾发生过诸如财政部在 2007 年 5 月 30 日凌晨 1 点上调股票印花税，发改委于 2009 年 6 月 1 日凌晨 1 点上调油价，广州市政府于 2012 年 6 月 30 日 21 时发布《关于广州市试行中小客车总量调控管理的通告》，规定从 2012 年 7 月 1 日起对中小客车的总量调控计划等令人诡异的“半夜鸡叫”事件），等等，都会对制度信息的可得性产生重大影响，这必然会影响到市场主体在公共规制中的策略与行动。

另外还有制度信息的可理解性。按照香农和韦弗的论述，任何传播和接受系统都存在三类问题：“A 级问题：一个特定信息如何准确地进行传播（技术问题）？B 级问题：信息如何确切地传达意想的意思（语意的问题）？C 级问题：接收到的含义如何以希望的方式有效地影响行动（有效性问题）？”① 规制制度的可理解性与规制制度的语意表达相关，也同规制信息的传播技术相关。众所周知，制度的规范性要求意味着规制制度应当通过文本（书面语言）来展现自己，语言是规制制度传播和理解的手段，但也可能构成传播和理解的障碍。就制度的形成过程而言，制度是对复杂现实抽象处理的产物，是制定者针对具体的社会经济情势，通过高度抽象的方式而形成的，逻辑严谨、充分简洁是制度语言的基本要求，在抽象过程中产生数据损失在所难免，“思想在语言中死去”。当这些高度压缩的制度规范需要现实中的主体予以解码并加以遵守和适用的时候，知识背景、时空限制和个人认知都有可能造成理解的困难，理解的困难必然增加遵从的障碍。“当制度和角色被放置于一个其意义能被理解的世界时，它们就获得了合法化。但当行动者赋予的制度现实自身意义不明确时，制度秩序就会受到威胁”②，另外，制度信息的有效传播和充分理解要求制度提供者、传播者和接受者应该具有大致相同的知识背景和情感体验，但规制制度的建构有时不是在经验、实证的基础上进行的，而是在提供者的主观臆想中形成的，所谓“拍脑袋决策”即是如此。如果制度提供者、传播者和接受者缺乏共同的知识背景，制度供给者提供的制度也可能会出现

① ［英］马克斯·H. 布瓦索：《信息空间——认识组织、制度和文化的一种框架》，王寅通译，上海译文出版社 2000 年版，第 136 页。

② Berger & Luckmann, *The Social Construction of Reality*, The Penguin Press, 1967, p. 121.

类似于“何不食肉糜”般的荒诞，[①] 当一个不可理解的规制制度出现时，要求市场主体按照制度本意去遵从，显然过于苛刻。

三 市场主体对规制制度的信任及程度

制度理解是制度信任的基础，缺乏理解的信任可能是盲从，但制度信任与制度理解不能等同，制度理解是主体在信息充分的基础上排除激情、成见和偏爱后对制度本质的把握，是对制度真实性和客观性的评价和确认。而制度信任则是主体基于制度运行的过程及效果生成的相对稳定的心理预期，它与制度的可信赖性相关。制度信任作为一种重要的社会整合力量，是在主体对制度的认识、评价和判断的基础上生成的，它以集体化的赞成性评价为外在表现，是公民选择遵从规制制度的内在驱动。

信任是减少复杂性的重要机制之一，复杂性的简化以信任为前提，[②] 心理状态会以一种精神力量影响人的行为，不同的心理状态会导致不同的行动方式，在公共规制制度运行的过程中，对规制制度的信任与否是决定市场主体选择遵从与不遵从的重要因素。制度信任的形成过程，是人们在对制度的价值追求、运行历史和运行绩效考察的基础上形成的固定判断，“判断力一般是把特殊包含在普遍之下来思维的机能，如果那普遍的（法则、原理、规律）给定了，那么把特殊的归纳在它下面的判断力就是规定着的”[③]。获得信任的规制制度意味着“给定”的“普遍的法则”（规制制度）得到了市场主体稳定的、一致的赞成性评价，当一个制度被绝大多数主体认为是正义、理性和符合公共精神的时候，其获得公众的信服和普遍遵从也就理所当然，制度信任首先意味着制度的合理性和正当性得到了证明。与之相反，一个缺乏普遍共识的制度规范无法唤起人们的信任感，“如果一个法律给人们带来的是不便，甚至是损害，或者是给大多数人带来不便和损害，那么……很难为人们所自觉遵守，更不可能进入他们的心灵和身体，成为他们的信仰”[④]。制度信任能够让市场主体的

---

① 据《晋书·惠帝纪》记载，惠帝闻“时天下荒饥，百姓饿死”时，帝曰“何不食肉糜?”参见（唐）房玄龄等撰《晋书》第1册，中华书局1974年版，第108页。

② 参见［德］尼克拉斯·卢曼《信任：一个社会复杂性的简化机制》，瞿铁鹏、李强译，上海人民出版社2005年版，第75页。

③ ［德］康德：《判断力批判》，宗白华译，商务印书馆2000年版，第17页。

④ 苏力：《制度是如何形成的》，中山大学出版社1999年版，第247页。

行为按照制度所预定的模式进行而不至于“形同虚设”，也可让市场主体在行动之前无须对制度进行权衡、猜测和怀疑，更不会在制度适用中选择规避、套利、直接违法或集体反抗。一个获得充分信任的制度在运行中甚至会自我执行，会将制度对人的要求转化为一种普遍而稳定的习惯而无须强制力的约束，人们会“不假思索”地选择遵从获得充分信任的制度。更为重要的是，市场主体基于对规制制度的信任还能与规制者形成合作，“信任总是与合作联系在一起的，信任不仅能够为合作制组织的生成提供基本的资源，而且会在组织内部以及整个社会中生成一种合作的秩序。基于信任的合作秩序是不需要强制力去加以维护的，甚至也与那种互惠秩序有着根本性的不同”①。从最终意义上讲，现代国家的公共规制就是寻求市场与国家平衡的最佳结合点，促成国家与市场的互动，形成所谓“发达的市场和强大的国家”，市场与国家的和谐与联动才是政府规制的最终目标，也是现代市场经济发展的最理想状态。由此可见，作为市场主体对规制制度的遵从与合作，与市场主体对规制制度的信任相关，规制的制度的信任及程度是决定市场主体行动类型的又一重要变量。

四 市场主体的自主性

自主性是指行为主体按照自己意愿行事的能力，市场主体的自主性是市场主体面对国家的公共规制制度，在进行经济活动时自我支配、自我管理和自我决策的可能及程度。市场主体的自主性与市场主体所享有的各种法定权利的数量相关，也和市场主体所拥有的各类行动资源的多寡相关，“在缺少行动资源的情况下，即使最清楚的理解和偏好，也不能使实践发生改变”②。权利和资源决定着市场主体的议价能力，当市场主体享有更多的权利、拥有更充足的资源时，他们会有更多的资本依赖而与国家的规制行为讨价还价，或直接选择不遵从对抗国家的规制制度和规制措施。

市场主体所享有的各种法定权利及其实现程度是衡量市场主体自主性的最主要因素。市场主体所享有的权利越多，意味着市场主体的自主性越充分。比如在当下学术界关于农民抗争行为的研究文献中，学者们归结出

① 张康之：《论组织管理中的信任与合作》，《浙江学刊》2007 年第 2 期。

② Fritz W. Scharpf, *Games Real Actors Play: Actor-centered Institutionalism In Policy Research*, Westview Press, 1997, p. 51.

的“依法抗争”“以法抗争”便属于农民依照法律和政策所赋予的权利对抗政府行为的理论证明。[①]“依法抗争”和“以法抗争”发生在法律和政策认可的领域，其所依托的资源正是国家颁布的正式法律和政策赋予农民的各项权利。在公共规制运行中，法律与政策所赋予市场主体的权利边界构成了对抗行动发生的范围，法律赋予市场主体的职业自由权、营业自由权、经济平等权，获得救助权等，都可能成为市场主体对抗、要求政府得为或不得为一定行为的依据。市场主体以法律所赋予的各种权利作为依据，选择不遵从与非正义规制制度，或者不遵从与规制制度规定不一致的具体规制行为，会随着权利意识的进一步觉醒而更加普遍。

另外，市场主体所拥有的各类政治资源、经济资源和舆论资源是决定市场主体自主性的又一因素。世界银行经济学家乔尔·赫尔曼、杰林特·琼斯、丹尼尔·考夫曼在分析转型国家的政府俘获、腐败与企业影响力的关系时认为，企业参与行政腐败、政府俘获或其他影响行为的决定因素包括企业的“规模、出身、市场力量、可求助的官僚以及财产和契约权利”，[②]笔者认为，这些政治经济因素同样可作为公共规制中决定市场主体自主性的重要变量：市场主体经济规模的大小意味着其所占有经济资源的多少，拥有更多经济资源的市场主体更有机会和可能对政府的规制行为施加更多的影响，特别是对于地方政府来说，当地大型企业所拥有的对地方 GDP 的贡献能力和纳税能力，会形成或强化其不受制于地方政府规制的资本，会使其“有恃无恐”地对抗或改变地方政府的规制行为。尤其是在“上级政府通过考察下一级政府辖区的经济发展（尤其是 GDP）的相对绩效来晋升地方官员，而且这个机制在实证研究中已经被证明在被中国政府确实使用着”[③]的情形之下。另外，部分市场主体可能会因历史、出身以及人脉的原因，或者所从事产业的独特品格，使得其占有更多的政治资源，它们或拥有更多机会寻找到政府的庇护，或更有机会将资源投入政治组织，使政府作出有利于自己的规制政策和行动，或拥有早于其他市

① 参见吴长青《从“策略”到“伦理”：对“依法抗争”的批评性讨论》，《社会》2010 年第 2 期。

② 参见［美］乔尔·赫尔曼、杰林特·琼斯、丹尼尔·考夫曼《转轨国家的政府俘获、腐败以及企业影响》，周军华译，《经济社会体制比较》2009 年第 1 期。

③ Li，Hongbin and Li An Zhou，“Political Turnover and Economic Performance：the Incentive Role of Personnel Control in China”，*Journal of Public Economics*，2005（89）.

场主体得到有关信息的特权，这些因素都会使其在选择遵从或不遵从政府规制时更具自主性，我国市场规制法律制度对行政垄断的无能为力便是明显的例证。最后还有舆论资源，舆论是公众整体意识和社会情绪的公开表露，它反映的是社会全体成员或大多数人的共同信念和道德精神。“传媒是政治的战场”，在公共领域，当国家的规制行为与普通大众的集体直觉和道德情感不相符合时，现代传媒的便利条件常能使其迅速变成社会的热点议题，市场主体的行动选择会因得到舆论的强大支持而获得更多的自主性，舆论资源不仅能使市场主体摆脱“对抗国家”的伦理困境，还会以巨大的监督力量影响甚至改变公共规制的运行方向和最终结果，舆论的力量对于市场主体自主性的塑造可见一斑，它会成为影响市场主体行动的重要变量。

第三节　提升有效性：建立市场主体可接受的公共规制

按照行动者中心主义模式的解释，社会存在于可以被理解为具有明显意图的行动者相互行动的结果，而这些相互行动是可以构建的，行为的结果是受到相互行动所产生的制度环境的影响而形成的，① 制度的形成是人相互行为的结果，作为规制制度“消费者”的市场主体，在与制度供给者相互行动过程中，不可能不关注自身的利益和需要，也不会处于绝对单向的被支配地位，市场主体的需要和接受才是推动规制制度产生、发展和变化的深层次动因。只有契合大多数市场主体基本需要的公共规制制度，才能对市场主体产生恒久持续的影响，并最终转化为市场主体普遍而稳定的行动。一个不以市场主体需要为基本诉求的规制制度，即便“有巨大的强制力量与有效的监控措施，统治者也不能实现完全服从，除非每个角落都有警察，每张床下都有探员，否则偷懒和欺骗的空间永远存在”②。“行

① Fritz W Scharpf, *Games Real Actors Play: Actor-centered Institutionalism In Policy Research*, Westview Press, 1997, p. 51.

② ［美］玛格丽特·利瓦伊：《统治与岁入》，周军华译，格致出版社、上海人民出版社2010年版，第51页。

政管理的历史充满了计划最终落空的记录，这些计划在开始似乎很有前途，也很受欢迎。这一失败史的原因之一就在于这样一个事实：机构的顾客并不是在服务窗口排队等候的人，而是立法机关或其他创办和资助机构的实体"①，任何形式的规制行动都必须要进入受其影响的个体和社会群体已然存在的生活世界当中，有效的规制制度应该是市场主体需求导向的，只有充分肯认市场主体的利益，强调所有参与者主体地位的规制制度，才能显示出规制制度最为真实的存在理由。

当然，制度的有效性和制度的正当性并不等同，一个获得遵从的制度并不一定就意味着是正当、合理的制度，但不被市场主体遵从的规制制度无论如何正当与合理，也无法产生制度预期的效果，获得普遍的遵从才是制度产生预期效果的关键环节。早在数千年前，希腊先哲亚里士多德谈及法治的要义时就指出，"已制定的法律获得了普遍的服从，而大家服从的法律又应该本身是制定得良好的法律"。退一步讲，即便市场主体的不遵从行为是推动制度变革的重要力量，但无论如何，我们都不能认为一个不被市场主体所遵从，或寄希望于市场主体的不遵从来推动其改变的公共规制是值得肯定的追求。因此，建立市场主体可接受的公共规制制度，是提高规制质量、增加规制有效性的必由之路。具体说来，在市场主体的需求背景下，规制制度应从重视激励型制度、赢得市场主体对规制的信任和服从，增加市场主体对规制制度的理解和接受，提升规制制度的稳定性等方面来进行变革和完善。

一 重视激励型规制

对压制、约束的排斥和厌恶是人的天性，市场主体的行为并不会因为规制制度的颁布而发生整齐划一的改变，也不会因为制度的强制力而获得普遍服从。如果制度期待的经济秩序和经济状态既可以通过激励型制度来实现，也可通过压制型制度来实现，那么选择激励型制度更容易为主体所认同、接受和服从。制度的强制功能固然在一定程度上能通过主体产生恐惧来实现行为控制，但通过制度的激励功能所实现的符合制度期待的行为改变同样不该被制度制定者所忽略，对此学界已有大量精准的认识和论

① ［美］戴维·约翰·法默尔：《公共行政的语言——官僚制、现代性和后现代性》，吴琼译，中国人民大学出版社 2005 年版，第 315 页。

述："如果我们不去妄想社会秩序的维系可以仅仅依赖于强权或严刑峻法，那么我们就一定会承认法治社会中的法律只能诱导而不可能强制人们选择社会所希望的行动。"① "一项有效的法律规则，必须满足激励相容约束——也就是说，法律的可实施性必须以个人追求效用最大化为前提，法律只能'诱导'而不能'强制'个人行为。"② "服从法律更多的是一个利益刺激的问题，而不是敬重和尊重的问题。"③ 在公共规制领域，制度的利益矫正功能和利益分配功能体现得更为充分，由于压制型制度所具有的制度刚性、令行禁止、适用简便和效果直接等特点，使其更容易被规制者所偏爱，但压制型规制的直接后果是"国民不再处于对话、被说服和受尊重的境况，其权利要求的正统性更易于遭到否认"④。"哪里有压迫，哪里就有反抗"，高强度的压制会引起高强度的反弹。在公共规制领域，过多的压制型规制意味着权力型规制的统领地位，规制者更容易过分强调国家意志而忽视市场主体的利益诉求，更愿意通过对市场主体的单向支配实现规制目标，更多注重国家所认同的规制手段、规制目标和规制工具而忽视与市场主体的互动，市场主体客体化，市场主体的主体地位被忽视。由此形成的规制制度和规制方式也就难以与公众达成共识，规制结果与规制目标背离的风险时刻存在。按照威廉·葛德文的观点，对压制手段的过分依赖本身就是政府不自信的表现，是规制者可利用资源贫乏的结果，"强制本身就包括一种对于自己的软弱无力的默认，对我使用强制手段的人，如果能用说理使我就范，毫无疑问，他是一定会采用说理的"⑤，过度的强制会引起"痛苦的感觉和厌恶的情绪，造成的是粗暴地使人们的思想脱离我们希望他们深刻认识的真理"⑥，当这种厌恶情绪无限蔓延的时候，还有可能造成市场主体反抗规制行动的"思维定式"，规制者即便作出有

---

① 付子堂：《法律功能论》，中国政法大学出版社 1999 年版，第 68 页。

② 张维迎、邓峰：《信息、激励与连带责任——对中国古代连坐、保甲制度的法和经济学解释》，《中国社会科学》2000 年第 3 期。

③ [美] 理查德·A. 波斯纳：《法理学问题》，苏力译，中国政法大学出版社 1994 年版，第 297 页。

④ 参见 [美] 诺内特、塞尔兹尼克《转变中的法律与社会：迈向回应型法》，张志铭译，中国政法大学出版社 1994 年版，第 34 页以下。

⑤ [英] 威廉·葛德文：《政治正义论》，何慕李译，商务印书馆 1980 年版，第 531 页。

⑥ [英] 威廉·葛德文：《政治正义论》，何慕李译，商务印书馆 1980 年版，第 531 页。

益于市场主体的规制行动，也会引发市场主体的否定性评价，很难获得市场主体的回应、支持与合作，当下我国在一定范围内存在的“仇官”现象便是明证。

退一步讲，即便市场主体有遵从规制制度的意愿，但由于压制型规制是借助于外力对市场主体原本进行的经济行动的一种强行改变，这种改变要求市场主体重新进行经济决策，或调适、改变原本进行的经济活动，由此产生的守法成本对于市场主体来说难以避免，当规制的受众异常广泛的时候，守法成本无疑是异常巨大的，比如全国性的资本投资转移，它甚至会影响到一国整体的经济效率和发展前景。而激励型规制制度常常是通过利益诱导的方式，承认国家利益之外的其他合法利益，注重规制制度的复合利益设置，强调建立富有弹性的规制机制，以实现社会合作为基本目标。从运行的状态来看，激励性规制更加注重对市场主体能动性的依托，通过改变行为主体的效用函数，借助人满足自身需求的理性来实现规则所期待的社会效果。这种规制方式不仅对市场主体和整个社会都是一笔成本的有效节约，而且也能提高规制质量，是增加规制制度有效性的重要路径。

二 提升公共规制的经济绩效和公平相容性

通过公共规制的经济绩效和公平相容，赢得市场主体的信任和服从。国家的公共规制能否赢得市场主体的信任，第一个因素是规制的经济绩效，“信任是遵循经济学和算术学的逻辑的，即信任起始于对被信任者的承诺所做的评估”，政治官员和机构的绩效决定了他们的合法性，较差的经济表现会导致更大的不信任，[①] 具有良好经济绩效的制度能增加人们对制度的信任和预期。“发展才是硬道理”，“以经济建设为中心”，这些耳熟能详的话语都体现了经济绩效对于政权合法性的关键意义，一个无助于经济总量的增加和社会福利的提升的规制制度终究是无法取得人们的信任的。在制度经济学看来，制度绩效对于制度的正当性具有决定性的意义：“制度分析的目标就是比较经济绩效”，“我们可以把能够从交易中有效地

① 参见熊美娟《政治信任研究的理论综述》，《公共行政评论》2010 年第 6 期。

增加收益的制度看成是有效的”，[①] 能够赢得人们信任的制度首先应该是功利的，它“倾向于给利益有关者带来实惠、好处、快乐、利益或幸福，或者倾向于防止利益有关者遭受损害、痛苦、祸患或不幸，如果利益有关者是一般的共同体，那就是共同体的幸福，如果是一个具体的个人，那就是这个人的幸福”，我们应当以此为标准来“赞成或非难任何一项行动”。[②] “如果规制成本很小的话，一种相对微小的风险有可能要求规制；如果规制成本巨大，那即使风险是巨大的，可能最好的办法也是对其不加以规制。一种合力的规制体系并不孤立地考虑风险的大小，而是将风险与排除风险的成本比较进行考虑。”[③] 因此，在公共规制的过程中，规制者要有成本意识，要时刻考虑回答“政府计划和干预的成本是什么？我们如何才能以最小的成本利用这些优势？”[④] 这样的问题。唯有如此，市场主体对规制制度的信任才可能具有经济绩效基础。

影响对规制制度信任的第二个因素是规制制度的公平相容性。“不患寡而患不均，不患贫而患不安”，一个能赢得人们普遍信任的制度应该是“功利”的、不应该是“寡”和“贫”的，但如果社会财富的积累相对充足，“不均”和“不安”便成为引发市场主体对规制不满和不信任的重要原因。有人在研究农民反抗现象时认为，“贫困本身不是农民反叛的原因，只有当农民的生存道德和社会公正感受到侵犯时，他们才会奋起反抗，甚至铤而走险。而农民的社会公正感及其对剥削的认知和感受，植根于他们具体的生活境遇，同生存策略和生存权的维护密切相关”[⑤]。公平观注重的是对自己和他人努力程度比较基础上的得失衡量，是市场主体对社会公正的认知和感受，它植根于市场主体的具体生活境遇，同市场主体的发展机会密切相关。一个市场主体的生存道德、社会公正感和发展机会

① ［美］道格拉斯·C. 诺斯：《交易费用政治学》，中国人民大学出版社 2011 年版，第 16 页。

② ［英］边沁：《道德与立法原理导论》，时殷弘译，商务印书馆 2000 年版，第 58 页。

③ ［美］凯斯·R. 桑斯坦：《权利革命之后：重塑规制国》，钟瑞华译，中国人民大学出版社 2008 年版，第 233 页。

④ ［美］约瑟夫·E. 斯蒂格利茨：《政府失灵和市场失灵：经济发展战略中的两难选择》，吴先明译，《社会科学战线》1998 年第 2 期。

⑤ ［美］詹姆斯·斯科特：《弱者的武器》，郑广怀、张敏等译，译林出版社 2007 年版，第 43 页。

受到严重侵犯的制度，是难以赢得市场主体的信任和普遍服从的，公平相容构成了市场主体信任和服从规制的硬约束。因此，要赢得市场主体的信任和服从，规制的制度安排还应该保障最低限度的平等，维护竞争的公平，矫正不合理的收益分配，实现实质正义，最大限度地保证规制制度的公平相容性。

三　强化规制制度的可理解性

实现更充分的地方分权和地方经济自治，并注重制度解释语言的日常生活导向，便于市场主体对规制制度的理解。前文已论，影响市场主体制度理解因素有两个：一是制度信息的可得性，二是制度信息的可理解性。从规制制度制定和实施的技术维度来看，能最大限度满足这两个条件的公共规制应符合以下要求。

首先，在保证国家整体规制政策统一、协调等系统理性的前提下，实现更充分的地方分权和地方经济自治，赋予地方政府更多的经济规制权。作为一种制度安排，从形式上讲，地方分权和地方自治是将“政治、财政和行政权转移给政府的下属地方单位”①，它是现代宪制制度运行的必然结果，是一种民主治理的技艺和方法。从市场主体对制度理解的角度来看，更充分的地方分权和经济自治是克服规制过程中信息失真的重要机制。制度信息从规制制度制定者到规制制度接受者的过程是信息传递的过程，传递过程必然产生的信息流失和噪声干扰会影响到市场主体对制度的准确理解。因此，规制制度安排也应该以最适合的方式，来保证市场主体能以最低资源消耗弄懂规制制度，“在（信息）传递的过程中，信号可能因外来的因素而有所扭曲——发生添加或减少，使得有效的传递成为问题，于是我们就说线路中有杂音，我们要么修改线路本身，要么修改将信息用代码改变为信号的方法，或改变我们在线路上发送信息的速度”②。公共规制中，地方政府拥有更多的经济规制权意味着信息在编码和解码过程中传递时间的缩短，制度信息的流失和各种噪声干扰的机会因传播时间的限制而降低，制度信息得到更大程度的保真，对于市场主体来说制度信

① 世界银行：《1999/2000 年世界发展报告》，中国财政经济出版社 2000 年版，第 102 页。

② ［英］马克斯·H. 布瓦索：《信息空间——认识组织、制度和文化的一种框架》，王寅通译，上海译文出版社 2000 年版，第 49 页。

息的可理解性也由此增加。因此，我们必须坚持公共规制中的“辅助性原则”：“下级政府能够独立承担的任务，任由下级政府承担，若下级政府无法承担，则由上级政府提供辅助。”① 另外，诚如前文所论，拥有共同的背景知识和情感体验可以降低理解的难度，如果规制权在政府层级间的配置级别过高，其制定出的规制制度就越可能远离市场主体所能理解的“编码常规”，“要将对话维持下去，只有属于一个社区的对话参加者整体上接受判断他们自己断言的同样的教育和传统才行，一个作出响应的邂逅者是以知识的共同天空为前提的”②，地方政府更有条件与所辖区域的市场主体拥有“知识的共同天空”，他们对辖区情况的复杂性和丰富性，以及辖区市场主体的制度需求有着更直观的认知和更真切的体验，因此通过更充分的地方自治赋予地方政府更多的经济规制权能，让政府的规制行动更有可能表达所在辖区域内市场主体的群体偏好，方便市场主体对制度信息进行加工，减少信息理解成本，其规制行动也可能更契合市场主体的需要，进而增加市场主体对规制行为的信任和服从。

不仅如此，因地方经济自治和分权形成的地方政府之间相互比较、相互竞争状态，还是增加公共规制中市场主体自主性的重要路径。充分的地方分权和自治可以在全国范围形成一个制度的“市场”，可选择的“制度”类似于市场上的“产品”，不同的“产品”能满足不同市场主体的偏好，会对市场主体形成不同的吸引力，市场主体可根据各个辖区不同的制度来选择自己生活或投资的地区。在相应规则的约束下，这种市场主体“用脚投票”的自由选择权会对地方政府行为的激励和约束作用，“在无法直接影响法律的情况下，人们可以通过选择从实行对自己不利的法律制度的州搬迁到对自己有利的法律的州的方式来影响法律”，“传统的法学和政治学观点认为，法律制度作为国家提供的一种公共产品，各法域中的公民和组织只能被动地服从法律，对这种公共产品只能‘捆绑式’消费，而不能选择性消费。而事实却证明，很多法律制度是可以被选择适用的”③。地方分权和经济自治为市场主体提供了选择的余地并由此给地方

① 陈新民：《德国公法学基础理论》，山东人民出版社 2001 年版，第 189 页。

② ［英］马克斯·H. 布瓦索：《信息空间——认识组织、制度和文化的一种框架》，王寅通译，上海译文出版社 2000 年版，第 117 页。

③ 刘双舟：《法律市场视野中的制度竞争与立法行为选择》，《政法论坛》2010 年第 3 期。

政府形成压力，会促使地方制定出更多维护市场主体权益、降低市场主体经济活动的成本、增强盈利预期的地方法规和政策文件，以此吸引资金、企业、项目和人才到所在辖区。地方分权和经济自治“不仅可以分担治理的责任，而且有收益，在某些情况下，就会导致各地制度的相互吸收和相互影响，甚至取代——有效率的制度取代无效或低效的制度”[①]，可见，充分的地方分权和经济自治不仅能让规制制度在制定和适用中最大限度地保真，从而保证市场主体的正确理解和掌握，其激发的地方创新积极性和市场主体的自主性对于撼动旧制度，促进政府职能的转变也会起到重要的作用。

其次，规制制度解释语言的日常生活导向。文本只有在特定的情景下才有意义，由于“在某种重要的意义上，法律规则从来没有清晰过”[②]，所以“任何法律规范都需要解释”[③]。和所有的法律制度一样，规制制度凭借高度的概括性和抽象性来保证更为广泛的适用性，它来源于现实情境中的事件和行为，但又不直接指涉具体情境的个别行为和特定事件，制度形成过程中的信息扬弃在所难免，这种“扬弃”使得最终形成的制度话语与现实情形有着或多或少的分离，规制制度的指称不可能和社会现实是一一对应的关系。这种以抽象的概念、术语展现自身、追求表述精致、逻辑严密的规制制度无疑会增加市场主体理解的难度。而且，有些知识抽象和概括难度巨大，它们“只可意会，不可言传”，如果非要对其抽象和概括，则会与制度语言的概括性要求相冲突，正是这些因素使得“我们的概念从未成功地把握我们的感觉和将它们完全转化为可理解的术语……因此，我们只有放弃对事物的理解（即概念）才能理解事物”[④]，但是，市场主体在具体的经济行为中决定遵从规制制度时一定是以充分理解为要件的，而且他们能理解的知识必须是一种附着于具体的人、具体经济事件的情境化的知识，规制制度所隐含的知识需要市场主体转化为与自己的日常生活直接相关的知识才能为市场主体所适用。这种转化的过程需要规制制

① 苏力：《当代中国的中央与地方分权——重读毛泽东〈论十大关系〉第五节》，《中国社会科学》2004年第2期。

② Edward H. Levi, *An Introduction to Legal Reasoning*, University of Chicago Press, 1972, p. 4.

③ ［德］魏德士：《法理学》，丁晓春等译，法律出版社2005年版，第314页。

④ ［英］马克斯·H. 布瓦索：《信息空间——认识组织、制度和文化的一种框架》，王寅通译，上海译文出版社2000年版，第103页。

度的解释主体对规制制度进行以日常生活为导向的解释。

随着法律现代性知识的发展以及公共规制专业化的不断推进，公共规制的制度语言越发理性化、职业化和专业化，在关于规制制度解释的语言使用中，各种政策性评价和科学事实交织在一起，比如对公共卫生的规制解释必然要利用临床医学和传染病学的知识，对食品安全和环境保护工作的规制解释，也要仰仗于化学、气象、水利等各个学科的研究成果，[①] 规制制度的解释中出现了"压抑大众话语公众需求的姿态或趋势"，"精英话语的持续'霸权'"，容易引起规制解释的"民主性与正当性的潜在危机"，而"大众话语的释放是缓解这一潜在危机的有益契机"，在法律解释中释放大众话语，在一定意义上便是接近民主的理念，这种释放可使大众话语与精英话语保持有益的平衡，从而减弱民主与法治、正当与合法之间的紧张关系。[②] "法律是为大家制定的，只要法律调整的不是非常专门的内容，那么它就应该使用一种与一般的交际语言和日常语言差别不是太大的语言。"[③] 笔者认为，以日常生活为导向的规制制度解释，就是用生活化的语言将规制之所以发生的背景、前提、必要性等制度适用要素的进一步释明，明确规制制度的适用性，找到制度语言和大众语言之间的平衡点，用市场主体所熟悉的场景将规制信息转化为市场主体所熟悉的刺激，使规制制度立足于现实的人的日常生活世界，重新找回制度语言在真实世界的适用根基，增加市场主体对规制制度的理解度和接受度，使规制制度不再是"摆在那儿供历史性地理解"的物件，而是"变得具体地有效"的实用物。[④]

---

① 参见洪延青《藏匿于科学之后？规制、科学和同行评审间关系之初探》，《中外法学》2012 年第 3 期。

② 参见刘星《法律解释中的大众话语与精英话语——法律现代性引出的一个问题》，《比较法研究》1998 年第 1 期。

③ 参见［德］卡尔·拉伦茨《德国民法总论》，王晓晔等译，法律出版社 2003 年版，第 36 页以下。

④ Gadamer, Hans-Georg, *Truth and Method*, 2d. rev ed , New York. Cross Roads, 1984. p. 275.转引自郑戈《法律解释的社会建构》，http：//article. chinalawinfo. com/Article_ Detail. asp? ArticleID=28118，2012 年 5 月 6 日。

四 提升规制制度的稳定性品格

前文已论，市场主体贴现率是决定市场主体行为方式的一个重要变量，市场主体的贴现率与市场主体对未来收益的预期相关，能给市场主体稳定预期的规制制度应当具备稳定性品格。由于制度稳定性的影响，市场主体在作出经济决策之前，必须权衡他的付出是否会遭受到他人的占有、盗窃和抢夺，这里的“他人”不仅包括私人主体，还包括规制权行使者在内公权力主体，如果规制制度频繁变动，市场主体不得不时刻应付来自规制权对自己经济行为限制、改变甚至占有和掠夺，当这种变动达到一定的程度，市场主体会基于自己的收益率减少而放弃某些经济行为，或尽可能通过短期行为来保证自身收益的最大化。规制制度的稳定性对于市场主体的行为方式异常重要，是保证市场主体对未来预期的重要因素。从应然的角度讲，政府的公共规制，应致力于为整个经济与社会的发展创造条件，对市场自身缺陷带来的经济周期波动、经济结构失衡和社会分配不公等各种弊端、矛盾和冲突予以缓解和克服，保护市场主体的期待利益，增加市场的稳定性。如果以维护市场稳定性为目标的公共规制又增加了市场运行的或然性和不确定性，那其存在的合理性和必要性就很值得怀疑。

要实现公共规制的稳定性，首先是保证公共规制的法治化运行，法治化的公共规制意味着规制权的“去人称化”行使，它不随领导人的改变而改变、不随领导人意志的改变而改变，是一种“换谁都一样”的规制方式，其所具有的稳定性自然不言而喻。其实，法治化的规制不仅是增进规制稳定性品格的措施，还是增强前文所探讨的制度信任的手段。其次，规制的稳定性还要求严格控制规制权的范围和边界，规制权在运行中应时刻保持一种谨慎和克制的姿态，在没有充足理由的情况下，规制机关应倾向于不行使规制权，充足理由要求规制的理由不仅充分，而且必要，亦即当规制者作出规制时不仅要有作出该规制行动的“说明性理由”，还应该交代作出的“正当性理由”，因为说明性理由只是“表达了作出特定行动的因果条件”，比如最近一次的金融危机，其只是政府可以“救市”行动的一个“说明性理由”——金融危机的客观存在只是让政府有了作出“救市”行为的原因，但金融危机不能成为政府“救市”的“正当性理由”，因为市场本身有自我纠错的能力，而且理论界还有诸多反对政府“救市”行动的理论和学说，“并非在任何时候自由放任的不足都能够由政府的干涉弥补的，因为在任何特别的情况中，后者的不可避免的弊端都可能比私人企业的缺点更加糟糕”[①]。因此，要想金融危机成为政府“救市”的“正当化理由”，就必须论证，除了政府“救市”之外，市场自行克服缺乏规避危机的可能机会，或者成本过于高昂，反对政府“救市”的理论和学说至少在当下金融危机的克服中不正当、不合理。当且仅当政府出手“救市”金融危机的克服才是可能的，或具备充分的效率价值时，政府克服金融危机的“救市”行动才有了“正当化理由”。[②] 在所有的规制行动中，规制者必须要发现规制行动的“正当化过程”，具体是指那些“指向与我们意见相左的人的说服过程，或者是当我们犹豫不决时用来说服自己的过程，它假定了人们之间或者某人自身存在意见上的冲突，试图去说服他人或我们自己关于要求和判断得以建立其上的那些原则的合理性，由于它是被用来借助理由实现观念上的一致，所以正当化过程必然启动自能被讨论中的各方所共同接受的意见”[③]。规制正当性理由的寻求过程，也是不同主体之间就规制目标、规制工具和规制手段的“最大公约数”的发现过程，如果每项公共规制中都有该过程的充分展现，它必然会对规制的任意性构成制约，大大限制随意规制者的可欲范围。当随意性减少之时，规制的稳定性也必然增加，市场主体对规制也就会有一个更为稳定的预期，进而符合大多数市场主体对公共规制的要求和期待，这种基于场主体可接受的公共规制，在运行中才更有可能有高质量和高效率的规制产出。

① ［美］查尔斯·沃尔夫：《市场或政府》，谢旭译，中国发展出版社 1994 年版，第15 页。

② “说明性理由”和“正当性理由”的概念，受陈景辉先生《裁判可接受性概念之反省》一文的启发，参见陈景辉《裁判可接受性概念之反省》，《法学研究》2009 年第 4 期。

③ John Rawls, *A Theory of Justice*, Cambridge, Mass: The Belknap Press, 1971, pp. 580-581. 转引自陈景辉《裁判可接受性概念之反省》，《法学研究》2009 年第 4 期。

第六章

试验型规制制度的理论解释与规范适用

第一节 问题、现象和目标

在经济领域，无论是宏观经济领域中的经济危机、结构失衡和增长乏力，还是微观市场领域中的垄断、产品风险和外部性问题，都会使得现代市场变得越发脆弱、多变和不确定，市场风险成为现代社会中每个主体不可避免的境遇和没有例外的存在。与此同时，现代市场的复杂性意味着政府规制有突出的“决策于未知之中”的色彩——方法论、认识论、本体论是决定这种“不确定性”的主要因素,[①]“在不知道事实的情况下就确定能够满足未来所有案件之规则的能力，超越了任何立法者的智识力量”[②]。也就是说，在公共规制运行的过程中，无论规制者如何努力，其所拥有知识、信息的有限性，规制对象的技术性、专业性和不确定性，以及规制过程中规则、关系和目标的复杂性、变动性，都意味着随着各种市场失灵的不断出现，规制者也许永远都只能处于探索“如何规制”的努力当中。

---

① Vern R. Walker, “Risk Regulation and The ‘Faces’ of Uncertainty”, *Risk*: *Health*, *Safety & Environment*, 1998 (9), pp. 29-34.

② ［美］肯尼斯·卡尔普·戴维斯：《裁量正义》，毕洪海译，商务印书馆 2009 年版，第 39—40 页。

为弥补规制立法在信息、知识、绩效等方面的不充分和不确定，现代国家常常会采取一种试验主义、渐进主义的立法模式，通过规制制度的试验性供给和实施来应对不断出现的市场风险，探索更有效的规制方式和路径。比如，为谋求更合理的市场监管组织体系，我国于2013年开始在深圳、天津、浙江等地实施市场监管机构设置的改革试点，2018年3月，全国人大通过了国务院机构改革方案，原工商行政局、质检局、食药品监督局合并，新的市场监督管理局得以组建。再如我国金融管理体系的改革，2012年，我国首个金融综合改革试验区在温州设立，随后，以沿边金融综合改革、支持产业转型升级、普惠金融、绿色金融为内容的金融发展与管理改革试点，在广西、云南、泰州、宁波、兰州等地相继施行，不同的试点改革方案有不同的目标指向，也有着不同的具有试验性质的规制内容。

试验型规制制度不仅存在于宏观层面的市场管理体制改革中，微观市场监管领域内的试验型规制制度同样大量存在。比如在药品安全监管领域，2019年，以确保药品质量及供应、减轻患者负担为目的的药品集中采购和使用制度，在北京、上海、天津、重庆、沈阳、大连、厦门等城市试点实施《国家组织药品集中采购和使用试点方案》。在食品安全监管领域，2015年，国务院食品安全办、原食品药品监管总局、原保监会制定的《关于开展食品安全责任保险试点工作的指导意见》，针对食品安全风险等级较高的领域和行业，开始试点推行食品安全责任保险制度，它们均是试验型规制制度的典型例证。我国在税收、银行、证券、保险、电力市场、天然气价格，城市供水、房地产市场、政府采购等领域内的试验型规制制度，比比皆是，不知凡几。这一切都足以说明，在一个不确定的世界里，通过试验型的规制制度供给来完成规制制度的变革，已成为现实中规制制度创新的一种惯常做法和重要路径。

本章将上述这种以试验为特征的规制制度命名为“试验型规制制度”。事实上，针对单个市场领域或市场行为的试验型规制，学术界已有一定的研讨。① 但迄今为止，从一般意义上对试验型规制制度的规范梳理

① 具体可参见陈兵《我国地方反垄断执法的机理——从上海自贸区先行先试的视角》，《法学》2017年第10期；贾开《“实验主义治理理论”视角下互联网平台公司的反垄断规制：困境与破局》，《财经法学》2015年第5期；吴凌翔《试验性金融监管的基本原则及法律规制的合理性基础》，《上海金融》2017年第8期；等等。

和法理解释的研究却寥寥。在笔者看来，作为一个在不确定场域中探索新知识、积累新经验，且在现实中获得了广泛运用的规制制度变革方式，我们更应该从一般意义上对试验型规制制度存在的基础性法理问题进行探讨。法学应该引领法治实践，“将大量彼此不同，而且本身极度复杂的事件，以明了的方式予以归类，用清晰易辨的要素加以描述，并赋予其法律意义上‘相同’者同样的法律效果，是法学的任务所在”[①]。基于此，本章拟以法理学中的“本体论、价值论、规范论”等问题域为范畴，对试验型规制制度的法理问题进行研讨，以实现对试验型规制制度的系统认知和规范适用。本章研究的目标是：从本体论的角度，对试验型规制制度的存在方式进行考察，分析其存在的思想渊源，为增进对试验型规制制度的“共同理解”提供可能。从价值论的角度，廓清试验型规制制度与现实世界的功能联系，揭示其存在的价值基础，探讨其适用的范围边界。从规范论的角度，以试验型规制制度运行中的特有内容为对象，为其规范运行提供具体的、可操作的框架。笔者认为，上述内容的完成，对于拓展规制制度的基础理论，提升试验型规制制度适用的准确性和有效性，均具有重要意义。

第二节　试验型规制制度的本体论阐释：存在方式与思想渊源

从最简略的意义上讲，本体论关注的是事物“是什么”的问题，是对事实所做的解释或描述性揭示。其所体现的是某种精神独创性的哲学思维过程及其理论表现，关注的是存在物的本源、性质、规律等问题。[②]“在事物的进展中确立基本的东西，在知识的相对性中找出常存的东西，这过去是现在仍然是本体论的目的。”[③] 作为一个高度抽象的哲学概念，古今中外的思想家对本体论的问题进行了孜孜不倦、持之以恒的研究，相

① ［德］卡尔·拉伦兹：《法学方法论》，陈爱娥译，五南图书出版公司1996年版，第358页。

② 参见张文显《二十世纪西方法哲学思潮研究》，法律出版社2006年版，第256页。

③ ［德］R. 莫察克：《从黑格尔到卢卡奇的本体论问题》，阿劳译，《国外社会科学》1991年第2期。

关研究成果也是汗牛充栋、卷帙浩繁。但一般认为，事物的存在形态及思想来源，是本体论研究中两个最为重要的主题。就法律制度而言，对其存在形态的分析，可以从整体多样性中把握内在规律性，而要真正理解法律制度的存在基础，则需要在理论层面去追寻决定其存在的本源性思想。基于此，笔者拟从试验型规制制度的存在形态和思想来源两个方面，完成对试验型规制制度的本体论阐述。

一　试验型规制制度的实践形态及理解

试验型规制制度是在规制立法信息不充分的情况下，为提高规制制度应对市场失灵的有效性，通过规制制度在局部试点或暂时试行，为正式规制制度积累经验、提供信息而设置一种规制制度样态。《中共中央关于全面推进依法治国若干重大问题的决定》中提出："做到重大改革于法有据，立法应主动适应改革和经济社会发展需要，实践证明行之有效的，要及时上升为法律。实践条件还不成熟、需要先行先试的，要按照法定程序作出授权"，该规定可看作试验型规制制度在中央政策上的依据。我国《立法法》第9、10、74条规定，全国人大及其常委会可根据需要，授权国务院、经济特区所在地的省、市的人民代表大会及其常务委员会制定试验性行政法规，《立法法》第13条规定，全国人民代表大会及其常委会可以根据改革发展的需要，决定就行政管理等领域的特定事项，授权一定期限内在部分地方暂时调整或者暂时停止适用，这些规定可看作试验型规制制度在《立法法》上的存在依据。除此之外，国务院及其组成部门、有权的地方人大及其常委会、地方政府，在对规制法律进行细化和再规划的过程中，或者根据所在地区或所在行业的具体情况自主制定地方性、行业性规制制度的过程中，亦可制定具有试验性质的行政法规、部门规章、地方规章和规范性文件。经验地看，规制制度的"试点"和"试行"，是当下我国试验型规制制度存在的两种主要实践形态，以下具体论述之。

首先是以"试点"形式存在的试验型规制制度。它是就某个规制制度首先在一个区域试点或几个区域试点实施（前者通常称为"单独试验"，后者称为"多点试验"），然后根据试验实施过程中的经验性收益和反思性收益，决定其能否获得更普遍的适用，或者是否需要对其加以变革适用的一种制度形态。"试点"的内容既可能是规制制度的创制，也可能是对现有规制制度的中止、变通或调整。比如2019年10月全国人大常委会发布的《关于授权国务院在自由贸易试验区暂时调整适用有关法律规定的决定》中规定，自2019年12月起，自贸区内经营预包装食品的企业暂时无须再办理《食品经营许可证》，在市场管理局备案即可经营预包装食品，试验期为3年，该决定将预包装食品的经营许可由“审批”变为“备案”，就属于规制手段的试验性调整。

另外需说明的是，“试点”规制制度的“试点”场域，并不仅限于地域意义上空间范围，现实中还有基于某些实质条件由特定的主体或行业来承担试验职责，以完成制度试验的一种规制制度试验形态。比如前文提到的《关于开展食品安全责任保险试点工作的指导意见》中规定，食品生产加工环节的肉制品、食用油等经营企业；经营环节的集体用餐配送单位、学校食堂等经营单位；以及当地特有的、属于食品安全事故高发的行业和领域，由当地市场监管局、银保监局（原保险监管局）共同推行食品安全责任保险制度的试点工作，就是基于特定行业和主体而设定的规制制度试点。

其次是以“试行”形式存在的试验型规制制度。它是通过设定一定的期限来检验、测试规制制度的运行效果，然后决定是否可以将其上升为正式制度的一种试验型规制制度形态。和规制制度“试点”主要基于空间维度和行业维度来设置不同，[①] 规制制度的“试行”是基于时间维度而设置的一种规制制度试验方式。实践中，“试行”规制制度的存在样式和“试点”规制制度的存在样式并无不同，均包括行政法规、部门规章、地方规章和规范性文件，行政法规如2011年国务院颁布的《产品质量监督试行办法》，地方性法规如2019年的《河南省市政基础设施工程质量监督管理试行办法》，部门规章如2015年中国人民银行颁布的《大额存单管理暂行办法》，等等。

在笔者看来，无论是规制制度的“试点”，还是规制制度的“试行”，它们均为基于实践理性而设置的一种制度创新机制，是在容许试错的基础上，以“暂时的”“局部的”的方式为正式的规制积累经验、提供信息的

---

① 需要说明的是，按照我国《立法法》的要求，所有的授权试验立法都应当设置试验时间，第10条规定，“立法授权的时限不得超过5年”。以此为依据，实践中的试验型法律也通常会规定制度试验的时间，比如全国人大常委会在《关于授权国务院在自由贸易试验区暂时调整适用有关法律规定的决定》中规定部分法律暂时调整的时间为3年，但“试点”首先是一种空间上或行业上的存在，而不是以时间为依据设置的制度试验。

一种制度创新方式。规制制度的试验型供给既认同自由主义对立法者有限理性的预设，也不否认制度供给中建构和设计的关键意义。由于瞬间万变的市场所需要的规制制度并不全然是哈耶克视野中自发生成的“内部规则”——自发规则需要长时间的经验积累和不断重复才能形成，无法适应当今市场快速发展的状态和要求，“如果经济或其他社会实践在迅速地改变，习惯就常常跟不上步伐，并且成为进步的拖累”[①]。试验型规制制度的创制方案既肯定地方和基层在制度创新中的重要性，充分肯认地方和基层的积极性、自主性释放对于规制制度优化的关键意义，也重视规制制度供给中的顶层设计的重要性，吸纳了制度设计理论的相关思想，“将行政任务和行政安排看作艺术工作或人工制品”[②]，是在充分发挥“两个积极性”的要求下，通过顶层设计与基层创造的良好互动和相互结合完成的规制制度创制或更新。

另外，由于事物的清晰度常常需要通过与相近事物的对比来呈现，当下的学术研究中，有诸如“实验主义治理”“实验法学”“法学实验”“法律实验”等概念，如果上述“实验”指向的内容为政府规制，则构成了与本章所称的“试验型规制制度”相近的学术表达，为避免不必要的混乱或误用，将它们的具体内涵予以释明，明确它们与试验型规制制度的区别和联系，进而实现对试验型规制制度的准确理解，便很有必要。

“实验主义治理”是近年来在欧盟兴起的一个学术命题，这与欧盟成立后存在多中心且高度政治化的治理主体有关，也与不断出现的社会问题难以协调的社会背景有关。“实验主义治理”的基本内容包括：(1) 针对某个治理任务，由多个治理主体设定一个治理的目标框架和标准；(2) 赋予行动者自由裁量权，行动者在符合目标框架的情况下可自由实践；(3) 行动者须汇报具体的治理绩效，并需要和其他从事相同行动的主体的治理绩效相比较；(4) 根据绩效的比较结果对框架性目标和标准进行修正。[③] 由此可见，“实验主义治理”是由多个平等主体的参与来确定治理目标，并通过各个主体在自主实施基础上的相互学习、比较和修正

① ［美］理查德·A. 波斯纳：《法律、实用主义与民主》，李国庆等译，中国政法大学出版社 2005 年版，第 326 页。

② Ostrom, V., Artisanship and Artifact, Public Administration Review, 1980, 40 (4): 309.

③ Charles F. Sabel & Jonnathan Zeitlin. Learning from Difference: The New Architecture of Experimentalist Governance in the EU. European Law Journal, 2008, 14 (3): 273-274.

来实现治理行动的优化与协调的一种方法，与本章所论的试验型规制制度有一定的联系，但并不相同。

另外，法学界还有“实验法学”“法学实验”“法学中的实验方法”等概念。“实验法学”由美国学者弗兰克提起，[①] 按照实验法学研究代表人物比特尔的归纳，其大致内容是：在把握法律管控现象本质的基础上，对拟解决社会问题的法律和方法予以阐明，同时，通过观察和测量的方法确认法律实施对社会的影响，并对法律适用于其他类似情况时的可能结果进行判断，如果是无效的，则应该用新的方法来实现预先设想的结果，[②] 比如“模拟审判实践实验”“投票实验”等。其内容和我国法学界论及的“法学实验”[③]“法学中的实验方法”[④] 等概念大致相当，指的是在可控的条件下模拟法律场景，通过研究主体在法律场景中的行为，分析法学理论和法律现实之间的确定性联系和法律适用的一种方法。显而易见，是一种借鉴了自然科学中的实验方法，试图通过高度理性化的方式，在明确的理论预设、完备的实验要素和严格的因果检验情况下进行的一种法律制度分析。因此，即便“实验法学”“法学实验”“法学中的实验方法”指向的内容为政府规制，也与本章所称的“试验型规制制度”有本质的区别。

二 寻求“共同的理解”：试验型规制制度的思想来源

英国学者安东尼·吉登斯曾说，“从一定意义上讲，所有社会科学无疑都是解释学，因为它们能够描述任何情境‘某人正在做什么’，而这就意味着能够了解在行动者或行动者活动建构中他们自己知道并应用了什么”[⑤]，解释不仅是对现状的描述，更是对其思想来源、理论基础的追寻。在笔者看来，对试验型规制制度思想来源的探究，绝不是为了“攀附”

① See Jerome Frank, “Realism in Jurisprudence”, *American Law School Review*, 1934 (7): 1063-1069.

② See Frederick K. Beutel, “An Outline of the Nature and Methods of Experimental Jurisprudence”, *Columbia Law Review*, 1951, 51 (4): 415-438.

③ 参见朱全景《法学实验论纲》，《比较法研究》2013 年第 4 期。

④ 参见刘庄《法学中的实验方法》，《中国法律评论》2018 年第 6 期。

⑤ ［英］安东尼·吉登斯：《社会学方法的新规则——一种对解释社会学的建设性批判》，田佑中、刘江涛译，社会科学文献出版社 2003 年版，第 65 页。

某个理论，更不是没有必要的牵强附会，而是依赖理论的力量，以一种更清晰、确定和通约的方式来展现试验型规制制度的价值和意义，从而形成对试验型规制制度的“共同的理解”，为试验型规制制度提供一个坚实学术共识的过程。

当然，作为一个制度事实，支撑试验型规制制度存在的理论基础可以体现在多个不同的理论体系中，对其思想来源的探寻也会受制于分析角度、目的和旨趣等因素的影响。由于这些因素的多样性，因此对试验型规制制度思想来源的分析，从逻辑上来讲可能无限多样，经验理性理论、渐进主义理论、实用主义理论，以及前文提到的有限理性思想，等等，都可以构成或者部分构成试验型规制制度存在的思想来源。结合试验型规制制度最本真的属性和特点，笔者将实用主义思想、渐进主义制度变迁理论、“试错”理论作为试验型规制制度思想来源的“理想类型”。[1]

实用主义思想是试验型规制制度存在的第一个思想来源。作为一种行动哲学的方法论，实用主义强调的是理论对行为的指导作用和效果，而不是去建构一套永恒不移、包罗万象和能解释一切的规则。在实用主义代表人物詹姆斯看来，“实用主义的方法，不是什么特别的结果，只不过是一种确定方向的态度，这个态度不去看最先的事物、原则、‘范畴’和假定是必需的东西，而是去看最后的事物、收获、效果和事实”[2]。另一实用主义代表人物杜威也表达了相似的观点，在他看来，哲学应当关注的是不确定情形下的试验和变化，而不是对固定物、永恒物的追求，“我们必须在那些不断变化的事物的相互作用中寻找一些适合的认识对象和认识手段”[3]。这种实用主义思想反映在法学家对法律的认知和理解中，就是霍

① 之所以只是一种“理想类型”，是因为实用主义思想、制度经济学中的制度变迁理论、“试错”理论只是试验型规制制度最重要的思想来源，而不是其周延的思想来源，而且这些理论本身是相互关联的，比如经验理性和实用主义本身可认为是一脉相承的理论体系。另外还需说明的是，功利主义思想、效率理论作为试验型规制制度的价值支撑，也是试验型规制制度的思想来源之一，由于本章在“价值论”范畴中会对其进行专门的分析，此处笔者暂不讨论。

② ［美］威廉·詹姆斯：《实用主义》，陈羽纶、孙瑞禾译，商务印书馆1979年版，第31页。

③ ［美］杜威：《杜威文选》，涂永亮编译，社会科学文献出版社2006年版，第134页。

姆斯“法律的生命不是逻辑，而是经验”的表达，[①]以及波斯纳要求的“质疑抽象、蔑视确信、蔑视停步不前（静止的教条）思想倾向”在法律适用中的贯彻[②]。在笔者看来，试验型规制制度中的实用主义进路与政府规制面对对象的不确定有关，前文已论，政府规制面对的是一个高度复杂、情境依赖和不确定的世界，“它无法事先在想象中被充分认识，也无法在事后的规范中加以最后确定”[③]。亦即，在规制对象不断变化的情形下，我们不可能构造一个能一劳永逸解决市场失灵的规制方案，也不可能通过一成不变的规制法律去应对复杂多变的市场行为和市场环境，而只能采取实用主义的策略，在连续不断地试验中寻找最适宜、最有效的规制方案。在此意义上我们甚至可以说，试验型规制制度就是实用主义思想在政府规制领域内的贯彻和落实。

渐进主义制度变迁理论是试错型规制制度的第二个思想来源。渐进主义制度变迁理论认为，制度的变迁过程是一个渐进式反馈和不断调整的过程，是一个通过正在进行的解决措施中形成的一个持续的、探索性的过程，[④]和激进式的制度变革方案相比，试验式、渐进式制度变迁模式在时间、速度和次序选择上更加稳健和可控。试验型规制制度正是强调在规制制度相对稳定前提下对规制制度采取的一种边际调整和修正，如果经过试验的规制制度的有用性获得证成，那么来自上级政府或部门的推动，使之成为一个更普遍范围内适用的正式规制制度便具备了正当性。同时，按照制度变迁理论的分析，规制制度扩散不一定是强力推进的结果，当其他主体感知到经过试验的规制制度可以增加规制收益，就有动力去模仿、学习和接纳新的制度。有用的制度在运行过程中会“逐渐被更多的主体主动适用，从而形成一定数量（临界点）以上的大众，该规则就会变成一种传

① 参见［美］小奥利弗·温德尔·霍姆斯《普通法》，冉昊、姚中秋译，中国政法大学出版社2006年版，第1页。

② 参见［美］查理德·A. 波斯纳《法律、实用主义与民主》，凌斌、李国庆译，中国政法大学出版社2005年版，第54页。

③ ［德］尤尔根·哈贝马斯：《在事实和规范之间：关于法律和民主商谈国的理论》，童世骏译，生活·读书·新知三联书店2003年版，第533—534页。

④ 参见［美］尼古拉斯·麦考罗、斯蒂文·G. 曼德姆《经济学与法律——从波斯纳到后现代主义》，吴晓露等译，法律出版社2005年版，第152页。

统并被长期保持下去，结果是它将通行于整个共同体"①。而且，试验型规制制度可以实现跨行业的辐射和延展，某个行业的规制制度试验所积累的经验性收益对其他行业也会形成一定的启示。举例讲，一个在药品安全规制中有效的规则，也可能在食品安全规制中获得运用，其他行业可以基于试验型规制制度的收益驱动完成规制制度的移植和更新，新的制度由此在更广泛的范围内获得适用。

试验型规制制度的第三个思想来源是"试错"理论。在"试错"理论研究的集大成者波普尔看来，任何知识都始于问题、源于需要，"知识的增长图式"可用"$P_1 \rightarrow TT \rightarrow EE \rightarrow P_2$"来表示，其中$P_1$代表问题，TT代表各种尝试性的解决方法，EE代表对错误的排除，P_2代表新问题的产生。实践中，只有批判地讨论、寻找错误，严肃地并尽可能地清除错误才能更接近真理，因此错误这个概念本身就包含着作为我们可以少犯错误的标准的客观真理的观念。② 这种从试验中消除错误、获得知识的方法就是"试错法"，所有知识的增进都是一个永无止境的试错和再试错的过程。

"所有的变革都是一种对社会干预的试验"③，当某种新型的市场失灵情形出现，原有的规制制度不能有效应对，而我们又无法提供一个绝对正确的规制制度方案时，试验型规制制度的存在就成为必要，它以谋求和改善规制的有效性、提升规制质量为要求，以更科学、合理的方式解决市场失灵为目的。试验型规制制度的实施不是用已有的知识解决问题，而是在一个未知的世界中进行的探索和尝试。能否形成一个契合市场需要、有效克服市场失灵的规制制度，不仅在于合理的目标预设，还依赖于"试验"数量的多寡，依赖于"试验"形式的有效多样。当然，无论如何努力，"试验"都不可能"凡试必对"，我们需要避免的只是"昂贵"的试错和盲目的试错，并做到及时"止错"和"纠错"，而不是拒绝试错，"试错"理论构成了试验型规制制度存在的理论依据，也为试验型规制制度的现实施行提供了正当性支撑。

---

① ［德］柯武刚、史漫飞：《制度经济学：社会秩序与公共政策》，韩朝华译，商务印书馆2000年版，第35—36页。

② 参见［英］K. 波普尔《猜想与反驳——科学知识的增长》，傅季重等译，上海译文出版社1986年版，第329页。

③ Donald T. Campbel, "Reforms As Experiments", *American Psychologist*, 1969, 24 (4): 409-429.

第三节　试验型规制制度的价值论："试验"的有用性及适用边界

和所有的行为一样，试验型规制制度之所以有存在的必要，在于其和社会需求之间的功能联系，"有用性"构成了我们理解试验型规制制度存在必要性在认识论上的前提。此乃试验型规制制度的价值问题，一般认为，价值是客体对主体的积极作用，是指"客体的存在、作用以及它们的变化对于一定主体需要及其发展的某种适合、接近或一致"①。那么，如果认为试验型规制制度有存在的必要，我们就必须回答，试验型规制制度的价值是什么？它能否构成一种对现实有用的价值实现行为？

需要说明的是，笔者所探讨的是作为一种方法的"试验"的价值，是对试验型规制制度中"试验"这一行为和方法的价值分析，而不是对试验型规制制度实施结果的效用评价。换言之，笔者试图回答的问题是，与常规创制的规制制度相比，通过试验方法创制的规制制度对于社会的有用性和积极作用是什么？在哪些方面、多大程度上比常规创制的规制制度更有用？以及，作为方法的"试验"总是有价值的吗？如果不是，我们应按什么标准来确定其适用的边界和范围？

一　交易费用、成本可控性与试验型规制制度的效率价值

试验型规制制度的有用性首先表现为对规制立法中交易费用的节约。按照交易成本理论的分析逻辑，评价制度变迁好坏的一个重要依据是制度变迁的费用大小，以最少的成本投入形成与现实需求相契合且具备优良品质的制度供给，是制度变迁中应该追求的目标。在任何存在主体互动的场域，交易费用都是一个不可避免的存在，政治场域中的决策成本、参与成本、执行成本和管理成本，是政治领域交易成本的典型形态和主要构成。而且，和经济领域中的契约不同，政治契约很少发生在两个确定的缔约者之间，至少在契约关系的一边有多个当事人（投票者或游说团体），因

① 李德顺：《价值论》，中国人民大学出版社 1987 年版，第 13 页。

此，政治市场比经济市场更多地被交易成本困扰。[①]

在资源有限的情况下，立法者应充分考虑立法过程中可能发生的各种成本。按照立宪经济学的基本原理，规制制度的变迁是新的政治契约对原有政治契约的代替，规制制度的制定过程是一个新的政治契约的形成过程。而政治契约的达成有两种最极端情形——“一致同意规则”和“独裁”，“一致同意规则”要求一个制度应获得受该制度影响的全体成员的接受，如果“把在一个团体仅仅是部分成员中达成的契约型协议中的条款强加于他人，则会破坏整个结构的合法性”[②]。显然，这是一种成本高昂的制度供给方式，“立法机关若要详尽规定政策，就必须对专门而复杂的问题进行连续不断的、深入细致的调查、决定和修正。而这样一个任务需要集中国会在大多数情况下不能或不愿意集中的资源”[③]。在万千人互动的市场中，要通过协商来达成一个所有人同意的规制立法，会因为巨额的交易成本而无法完成。当然，“独裁”是权力的随意行使和不受制约，其可能造成的弊端甚至灾难性后果无须论证，自然不能成为规制立法中的一个可选路径。

也就是说，在规制立法的过程中，“一致同意规则”模式是一个难以实现的选择，而“独裁”模式又是一个应尽力避免的选择，于是，一种被称为“行政一致性同意”的立法模式就是值得追求的规制制度供给方案。所谓“行政一致性同意”，是在制度供给中一种过渡性的决策规则和思维方法，其区别于“一致同意原则”所预设的由全体公民同意的制度形成方案，也区别于“独裁”模式下专断的制度形成路径，是一种能更好地平衡立法成本和收益的制度生成模式。它采取“就事论事”、依据现实需要“走一步看一步”的方式来确定规则，试验主义立法是“行政一致性同意”模式的具体体现。试验主义立法模式主张选择中的渐进式方案和“次优原则”（“不求最好，只求更好”），是一种充满现实主义精神和

① 参见［美］阿维纳什·K. 迪克斯特《经济政策的制定：交易成本政治学的视角》，刘元春译，中国人民大学出版社 2004 年版，第 34 页。

② ［澳］杰佛瑞·布伦南、［美］詹姆斯·布坎南：《宪政经济学》，冯克利等译，中国社会科学出版社 2004 年版，第 31 页。

③ ［美］理查德·B. 斯图尔特：《美国行政法的重构》，沈岿译，商务印书馆 2002 年版，第 39 页。

实用主义逻辑的思维方法。[①] 在笔者看来，尽管现实中的几乎所有的立法都不可能以“一致同意规则”为立法模式，但较之于一般意义的立法模式，试验型立法的交易成本节约功能更为明显。试验型规制制度是通过渐进式、试验式的制度变革来完成的规制制度创新，和一般意义的规制立法模式相比，其所要求的立法共识无疑更少，立法启动的条件更为宽松，是一种借助于特有的交易费用节约机制而实现的立法快速启动。

除了在立法环节对交易费用的节约，试验型规制制度在实施层面也蕴含着充分的效率价值，其表现出的成本控制功能也是其效率价值的重要体现方式。

第一，在可能存在错误成本的情形下，试验型规制制度是降低实施中错误成本的有效方法。既然是“试验”，错误成本就有发生的可能，而试验型规制制度的价值恰恰在于，即便规制试验遭遇了失败，空间维度的“局部性”可以把错误成本控制在一定的范围内，避免错误成本在更大范围内发生、由更多主体承受这一情形的出现。同时，时间维度上的“暂时性”也意味着即便发生了错误，也只是“暂时”的错误，规制制度文本的“立、改、废”周期因“暂时”而加快，试行的规制制度更容易实现边际调整，其节约错误成本功能及其由此决定的效率价值清晰可见、不言自明。

事实上，关于试验型、渐进式制度变迁和激进型制度变迁两种模式在错误成本控制能力上的区别，学术界在对我国的改革开放过程和苏联经济改革中“休克疗法”模式的对比中已有大量的论证。众所周知，我国的改革开放过程具有显著的试验特征，采取的是渐进式的制度变迁模式，比如作为改革开放的重要实践形式之一，经济特区的设立固然是考量多种因素后做出的选择，但确保成本的可控应该是一个重要的缘由。较之于“一揽子计划”的激进式制度变迁模式，试验型制度变迁的影响范围毕竟有限，它可以降低市场震荡发生的概率，也能避免社会动荡的发生，其风险和成本要远低于在全国范围的制度变革所造成的失败影响。[②] 与之同理，

① 参见张建伟《“变法”模式与政治稳定性——中国经验及其法律经济学含义》，《中国社会科学》2003 年第 1 期。

② See Mei，Ciqi & Liu，Zhilin，“Experiment-based Policy Making or Conscious Policy Design? The Case of Urban Housing Reform in China”，*Policy Sciences*，2014，47（3）：321.

试验型规制制度之所以有存在必要，是因为在缺乏确定性的情形下，仓促地推行规制制度的全面实施或正式实施，极可能会产生无法预知的制度后果，甚至造成无法挽回的市场福利损失。试验型规制制度可以避免更广的时空范围内承担错误成本的可能性，其所具有的效率价值和理性精神因对实施中错误成本的控制而获得证明。

第二，试验型规制制度可为其他地区提供经验，从而使其他地区节约试错成本成为可能。和所有的制度试验过程一样，作为承担着尝试、探索职责的试验型规制制度的实施过程，“好比穿行在一条没有航标的河道上，水流湍急、暗礁密布、险象环生”①，其运行中的资源耗费和成本支出是一个难以避免的存在。如果某个地区的规制制度试验获得了有用的经验性信息和可复制的规制方案，对于其他地区而言，无疑可以直接拿来“为我所用”——尽管并非所有的制度知识都可以用于学习——福山曾言，制度知识可分为组织设计与管理层次的知识、制度设计层次的知识、合法化的基础层次的知识和社会与文化层次的知识，归属于第一类的知识，以及第二类和第三类的部分知识，可以通过制度学习实现在不同领域和主体间的转移。② 制度的学习和借鉴可以减少制度在自我创造中调研、论证、试验等方面的人力、物力投入，并在较短的时间内形成一个关于制度形式和内容的可行方案。③ 而且，“一项成功的改革试验，不仅可以证明改革方案的可行性，还可以为改革赢得社会共识，消除意见分歧、减小改革阻力”④。这对于规制制度的最终推广，同样是一种重要的成本节约机制。同时，对于规制制度试验过程中遭遇的失败、挫折，非试验区域可以将其作为引以为戒的教训，避免制度设计时的重蹈覆辙，这一切都是试验型规制制度效率价值的有力证明。

---

① 王绍光：《学习机制与适应能力：中国农村合作医疗体制变迁的启示》，《中国社会科学》2008 年第 6 期。

② See Francis Fukuyama, *State - building: Governance and World Order in the 21st Century*, Ithaca, N. Y.: Cornell University Press, 2004, pp. 23-32.

③ 参见靳文辉《制度竞争、制度互补和制度学习：地方政府制度创新路径》，《中国行政管理》2017 年第 4 期。

④ 杨登峰：《我国试验立法的本位回归——以试行法和暂行法为考察对象》，《法商研究》2017 年第 6 期。

二 试验型规制制度的适用空间：基于法律经济学的分析

上文中笔者对试验型规制制度具有的效率价值进行了论证，概而言之，摒弃规制立法中信息充分状态的苛责要求，以尽可能小的成本实现规制制度的供给和实施，是试验型规制制度在效率意义上的存在缘由。那么，这是否意味着所有的规制制度都应该采取试验的方法来完成自身的更替和创新？

答案显然是否定的。在经济学界，有关渐进式、试验式制度创制模式正当性的争议长久存在，肯认者固然为数不少，但反对者也不乏其人。杨小凯等学者就认为，仅从短期经济绩效来评价激进式制度变革的失败和渐进式制度变迁的成功缺乏合理性。[①] 还有学者在肯定“试验—推广”的制度创制模式优越性的同时，也指出了其可能存在的不足：局部性的制度试验及其推广依赖于国家的强制性和行政性手段，会导致不同领域和不同地区的隔离，会割裂市场机制的整体性，会人为地造成不同地区和不同经济部门之间竞争机会和市场环境的不平等、不均衡。[②] 在法学界，针对试点立法、试行立法的必要性问题，以及授权地方改革试验的法律性质、合法性等问题，同样有着不同的观点和激烈的争论。[③] 在现实世界，试验型规制制度固然获得了大量的适用，但并非所有的规制制度都经由“试验”型规制制度过渡而来，也是不争的事实。那么，我们如何来确定试验型规制制度的适用范围？进而保证其在现实适用的合理性和必要性？

笔者认为，试验型规制制度节约成本的功能只存在于特定的场域，超出适用边界不仅无法体现其效率价值，还可能造成规制制度的延迟实

---

① ［美］Jeffrey Sachs、杨小凯等《经济改革和宪政转轨》，《经济学》（季刊）2003 年第 4 期。

② 参见林毅夫等《论中国经济改革的渐进式道路》，《经济研究》1993 年第 9 期。

③ 参见杨登峰《我国试验立法的本位回归——以试行法和暂行法为考察对象》，《法商研究》2017 年第 6 期；杨登峰《行政改革试验授权制度的法理分析》，《中国社会科学》2018 年第 9 期；范进学《授权与解释：中国（上海）自由贸易试验区变法模式之分析》，《东方法学》2014 年第 2 期；刘志刚《暂时停止法律实施决定的正当性分析》，《苏州大学学报》（法学版）2015 年第 4 期；彭浩《授权地方改革试点决定的性质与功能探析》，《法制与社会发展》2018 年第 1 期；傅蔚冈、蒋红珍《上海自贸区设立与变法模式思考——以“暂停法律实施”的授权合法性为焦点》，《东方法学》2014 年第 1 期；等等。

施——比如试点型规制制度，对于试点之外的地区和行业无疑是一种延迟适用。从效率价值的角度讲，制度的延迟适用会产生延迟成本，这无论是对于未获得试验机会的地区、行业还是整个社会，都是一种收益减损。在笔者看来，决定是否适用试验型规制制度的关键因素是立法信息的充分程度和立法的时效要求，具体而言，规制制度的及时出台可以保证规制制度的时效性，但在规制立法信息不充分的情形下，又会增加规制制度错误发生的概率，影响规制制度的准确性，此时，如果没有迫切的规制立法需要，暂缓规制立法应当是更恰当的选择。但如果现实确有规制立法的需要，试验型规制制度就具备了存在的正当性，因为它既可避免对市场失灵放任自流或者政府规制无法可依局面的出现，也可避免因规制制度的正式出台、普遍适用而在更大范围内遭遇可能发生的错误成本。也就是说，规制制度的时效性和准确性是决定试验型规制制度存在必要性的两个核心变量，但问题的关键是，规制制度的时效性和准确性之间并非彼此孤立的存在，它们两者的关系可用下图来表示：

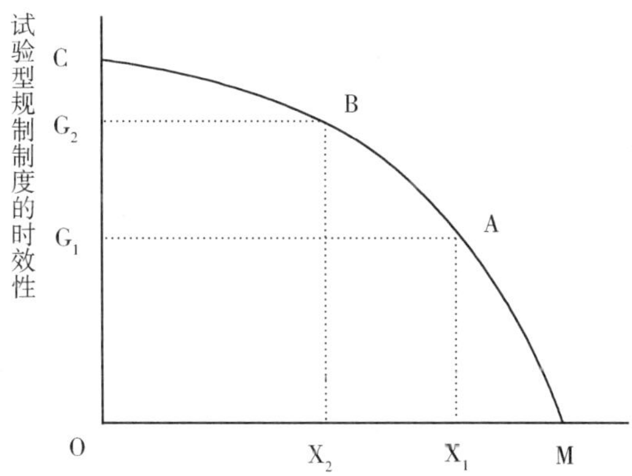

CM 曲线表达了规制制度在时效性和准确性之间的各种可能组合，横轴 OM 表示规制制度的准确性，纵轴 OC 表示规制制度的时效性，它们两者表现为此消彼长的关系：当准确性从 OX_2 提高到 OX_1 时，规制制度的时效性会从 OG_2 降到 OG_1，此时会牺牲 OG_2-OG_1 个单位的规制制度时效性。反之，如果立法的时效性从 OG_1 上升到 OG_2，意味着立法的准确性从 OX_1 下降至 OX_2，此时会牺牲 OX_1-OX_2 个单位的规制制度准确性。

具体来讲，当我们试图提高规制立法的时效性时，规制立法的准确性会降低——如果我们基于规制时效性的追求而快速出台规制制度，这固然能节约规制制度的立法成本，但规制立法偏差发生的概率必然会增高。与之相对，如果我们为提高规制立法的准确性而努力时，规制制度时效性不足的情形又会发生，如果为了极高的准确性而穷尽所有信息，这种信息搜寻的过程会因为资源的过度耗费而得不偿失，“市场情势或政治情势过于交错复杂或过于变幻莫测，以至于无法形成稳定的规则，或者制定意义明确的规则需要耗费大量资源，而这些资源能在其他地方获得更好的利用”①，而且，信息的搜寻会受到边际效益递减规律的支配，获得的信息越多，信息在启发选择方面就变得越没有价值。② 用经济学的术语来表达规制立法信息搜寻的应然状态，就是立法者为了一个规制立法而搜寻信息的努力，应该在位于其所采取的一个单位努力所付出的边际成本等于其所能获得的边际收益时停止，否则就是一个缺乏经济合理性的行为。一个高质量的规制制度应该是规制准确性和规制时效性之间平衡的结果，其不仅要避免因规制时效上的迟延而造成的市场失序、无法可依，也要避免因规制制度准确性不足而造成的仓促规制。规制立法应根据规制问题的严重程度、规制指向的范围、预设的目标等因素，并结合政府的规制能力，实现规制制度时效性和准确性之间的平衡。

现实中，不同的规制对象对规制制度的时效性和准确性有着不同的要求。比如，当一个突发的市场弊病出现且表现出严重的危害性时，规制的时效性就会凸显，能否及时对其加以纠正，是决定国家经济治理能力的关键。再如，与调整局部利益和个别行为的规制制度相比，对宏观经济的调控和规制应当加强对规制制度准确性的追求，因为其关乎一国经济的整体发展和运行，是对全局性的经济发展进行的规划、调节和控制，“一着不慎，满盘皆输”的意味极为明显。③ 那么，我们能否构造一个试验型规制制度适用范围的一般规则？

对此，法律经济学为我们提供了一个很好的分析思路。为了便于问题的说明，笔者将规制制度制定时的决定因素作如下假设和简化：假定现实

① ［美］理查德·B. 斯图尔特：《美国行政法的重构》，沈岿译，商务印书馆 2002 年版，第 45 页。

② 参见［美］布莱恩·琼斯《再思民主政治中的决策制定》，李丹阳译，北京大学出版社 2010 年版，第 33 页。

③ 参见靳文辉《宏观调控法律制度的经济学分析》，《中国软科学》2009 年第 5 期。

中有规制立法的需要，但不同的规制制度在时效性要求上有所不同，具体可分为紧急情形（时效性强）/不紧急情形（时效性弱）两种情形，在规制制度的准确性上，分为信息充分的立法/信息不充分的立法（准确性取决于信息的充分程度）两种情形，由此，我们可以有以下的组合及相应的制度形态：

	准确性（信息充分/不充分）	时效性（紧急/不紧急）	规制制度的形态
1	充分	强	传统型规制制度
2	充分	弱	传统型规制制度
3	不充分	强	试验型规制制度（试行）
4	不充分	弱	试验型规制制度（试点、试行）

第一、二种属于规制立法信息充分的情形。前文已论，试验型规制制度是对规制目标、对象、方法等信息缺乏充分认知情况下的一种选择，如果规制立法者占有的信息足够充分，自然没有试验型规制制度存在的必要。

第三种属于信息不充分、时效性强的情形。立法信息不充分是试验型规制制度存在的前提，而较强的时效性又要求规制制度应及时出台。在规制制度适用的场所，这种情形极为常见，比如金融领域中风险形态，风险一旦形成往往会迅速升级，并波及、蔓延至整个金融体系，如果不及时处置则可能危及整个金融市场秩序。正因为如此，我国曾为了应对互联网金融风险短期内突发的局面，一天之内密集出台了7部有关互联网金融的监管规则和整治法案，[①] 突发性市场风险对政府规制时效性的要求，可见一斑。此时，即便规制立法的信息不充分，也需要规制制度的及时出台来应对突发的市场风险。而且，现代市场的高度关联性使得突发性风险常常具有传导性、全局性的特点，一旦风险爆发就会波及整个行业，甚至向行业之外延展。由于空间维度上的“试点”规制立法只适用于特定地区或行

① 2016年10月13日，我国一天出台了7份针对互联网金融风险规制的规范性文件，分别是《互联网金融风险专项整治工作实施方案》《非银行支付机构风险专项整治工作实施方案》《通过互联网开展资产管理及跨界从事金融业务风险专项整治工作实施方案》《P2P网络借贷风险专项整治工作实施方案》《股权众筹风险专项整治工作实施方案》《互联网保险风险专项整治工作实施方案》《开展互联网金融广告及以投资理财名义从事金融活动风险专项整治工作实施方案》。

业，因此在这种情形下也不合时宜，只有“试行”的规制立法模式才能更好地契合这种情势下的规制需要。

第四种属于信息不充分、时效性弱的情形。时效性弱既不等于没有规制时效性，也区别于需要紧急出台规制立法的情势紧迫状态，属于通常所言的“实践条件还不成熟，但需要先行先试”之情形。“试点”和“试行”的规制试验方案既具备规制制度对现实的敏锐性，也可为正式规制制度的出台提供试验的空间，为规制制度的实施效果判断提供知识和经验。因此，在该种情形下，规制立法者可根据具体情况来选择适用试点式规制立法或试行式规制立法，它们均可为信息不充分、时效性弱情形下可供选择的试验型规制立法方案。

第四节　试验型规制制度的规范论：以规制制度试验特有内容的规范化为对象

试验型规制制度不仅需要设计“理想的图景”，更需要构造规范的“过程性行动”。试验型规制制度固然是通过“容错、试错”来实现规制制度的正确性，但“容错、试错”不意味着随心所欲，我们必须谨记，并非所有的规制制度都适合试验，而且试验本身也有优劣之分。如果缺乏对运行过程的规范约束，即便是出于良善动机的规制制度试验，也不一定能产出预期的效果。因此，从规范论的角度设计相应的约束框架，对试验型规制制度的运行过程予以规范要求，是试验型规制制度法理分析中一个必须完成的议题。

当然，试验型规制制度的规范化是一个异常宏大的议题，从不同的角度可归纳出诸多不同的研究内容：试验型规制制度的立法、实施和评估等不同阶段的制度规范，运行中的事前、事中、事后管控及合宪性审查，规制权力配置、监督和责任等内容的规范安排，以及规制实施中的规制主体与规制受体的关系构造、相互制衡及动态过程的规范塑造，都属于试验型规制制度规范化的内容构成。笔者认为，上述内容是包括试验型规制制度在内的所有规制制度规范化的内容，属于规制制度规范化的共通性要求，对此学界已有充分的研讨，实践中也有相应的制度设计，试验型规制制度在运行中自然应该严格遵从。

在笔者看来，要对试验型规制制度规范化问题进行分析，应当从“试验”这一特殊性入手，以试验型规制制度区别于一般意义上的规制制度的特殊内容为分析对象。按照我国《立法法》关于试验立法的规定并结合试验型规制制度的特殊性，笔者认为，立法环节的规制试验议题明确化、试验内容可推广性的规范落实，试验区域选择标准的规范确认，试验实施环节中实施情况报告制度的规范构造，既是试验型规制制度运行中的特有内容，也是保障试验型规制制度规范化的关键所在，本节的论述将围绕上述内容展开。

一 试验型规制立法环节的特殊要求及规范化

试验型规制的立法启动要解决的问题无非有两个：通过议题的选择解决“试什么”的问题，通过试点区域的确定解决“哪里试”的问题。在政府规制场域，尽管“试什么”的对象异常驳杂多样，但对立法议题目标明确化和内容可推广性的规范落实，是保证试验型规制制度具备“试验”品格、能够真正承担试验职责的关键所在。而对“哪里试”问题的规范约束，则意味着试验型规制立法和具体的情景知识获得了融合，试验的针对性因此而提升，它们一道构成了试验型规制制度立法环节规范化的特有内容和基本要求。

1. 试验型规制立法议题目标明确化和内容可推广性的规范要求

首先是试验型规制立法议题目标设置的明确化要求。所有立法都有特定的目的，但和一般意义上的立法相比，试验立法尤其要注重对目标确定性、针对性的强调——制度“试验”需要对制度运行结果予以考察或确认，缺乏目的的制度试验意味着对结果的考察或确认失去了评判的依据，“试验”也就失去了本来的意义。制度试验目标的明确化设定意味着制度的运行有了确定的预期、方向和愿景，关联着制度运行中的创新、变革和学习等过程，是试验型制度实施中资源调动和努力程度的重要权变因素。正因为如此，我国《立法法》在授权试验立法的规定中特别强调了授权目的的问题，第 10 条规定，“授权试验立法要有明确的授权目的”。有论者认为，明确性原则构成了授权试验立法的形式性要求，代议机关立法授权的目的指向必须清晰明确，如果法律语义含糊不清，立法授权没有边际或者授权内容模糊不清，则行政机关要么不知所措，要么无所不为，从而使人民权益面临风险。①

在笔者看来，试验型规制制度决策于未知的事实，意味着规制制度制定时固然不可能详尽地规定具体的实施方案，但在立法启动时设定明确的目标指向，既是可欲的，也是必需的。试验型规制制度以目标的设定为起点，以目标完成程度为评价依据，目标贯穿于规制制度试验的全过程。近年来，我国在试验型规制制度设计时，通常也会对试验的目的作出明确的要求，比如《国家组织药品集中采购和使用试点方案》中规定，该规制制度试验以“实现药价明显降低，减轻患者药费负担；降低企业交易成本，净化流通环境，改善行业生态；引导医疗机构规范用药，支持公立医院改革”为目标。笔者认为，试验型规制立法启动中试验目标的明确化，可为规制制度的试验实施提供确定的方向指引、具体任务和绩效要求，缺乏目标的试验型规制立法可能会造成试验过程的无所适从，诱发规制实施中的行为扭曲和行为替代，导致规制试验偏离预期的方向，有用的试验效果自然也就难以形成。

在制度逻辑和规则视角下，试验型规制立法目标的明确化，关键在于规制议题信息获取的规范化。规制立法产生于真实世界的需要，规制立法议题目标取决于对现实中“真问题”的识别与发现，因此，如何识别并选取现实中真正具有试验必要性的议题，是保证试验型规制议题明确化的关键所在，“正是‘问题’才激励我们去学习，去发展我们的知识，去试验，去观察”②。就制度构造而言，建立规范的立法议题收集制度，对包括危机事件、公众意见、专家建议、民众抗议和媒体曝光所呈现出的信息给予足够的重视和及时的了解，同时建立规制信息交流制度，为不同主体间的信息交流提供规范的通道，并以此为基础，准确识别规制体制、方法、程序、模式、工具在实施中存在的低效、无效状态，有针对性地确定规制制度的试验议题及目标，是规范要求下保证试验型规制立法议题目标明确化的关键内容。

其次是对于试点型规制立法议题可推广性的规范落实。“只有那些具

① 参见杨登峰《行政改革试验授权制度的法理分析》，《中国社会科学》2018年第9期。

② ［英］K. 波普尔：《猜想与反驳——科学知识的增长》，傅季重等译，上海译文出版社1986年版，第318页。

备推广可能性的制度和政策创新才能被称为试点”[①]，试点型规制制度的可推广性关联着规制制度的适用性，一项规制制度的可推广性越大，适用范围越广，则意味着其价值越大。前文已论，效率是试验型规制制度存在的价值基础，但其具有的立法成本节约功能是相对的，其并不意味着试验型规制立法中没有成本的发生，倘若一个试图通过试点实施的规制立法议题无法推广，便意味着其无法实现试验机制应有的回报递增，规制制度试点也就失去了其应有的价值和意义。

实践中，我国部分规制制度在试验启动时明确规定了试验内容应具备可复制、可推广的要求，比如《国务院办公厅关于同意山西、江苏、山东、广东省开展国家标准化综合改革试点工作的复函》中规定，该规制制度试验要为“全面深化标准化工作改革提供可复制、可推广的经验”。笔者认为，规制制度的试验能否形成可推广的制度经验，一个重要的基础在于规制立法启动时对立法议题推广可能性的准确评估和判断，立法者应充分考察试点型规制立法议题在内容上是否具备推广价值，评判其是否具备在更大空间范围内适用的可能性。制度设计中，可将试点型规制立法议题的可推广化评估作为强制性的制度安排，要求在设计立法草案时，对其可推广性进行评估和论证，并由试验立法的授权机关或其他有权机关对其予以审查，如果该试点型规制立法的可推广性无法通过审查，则不得进行规制立法试点工作的启动。这一制度化要求意味着一种刚性的义务约束，规制立法内容的可推广性由此获得保障，试点型规制制度立法启动的规范化，因试验议题的可推广化达致而得到进一步夯实。

2. 试点型规制立法启动中试验区域选择标准的规范设定[②]

对于以地区为依托的试点型规制制度而言，规制制度试验必须和具体的区域联系在一起，必须考虑具体区域的情景性知识。不同的地方有不同的基础和条件，在承担规制立法试验时，有着区别于其他区域的优势和功能。因此对试点型规制制度试验区域选取的标准进行归纳，并将其作为规制立法试点启动的一项规范要求，是试点型规制制度立法启动规范化的又

---

① 梅赐琪等：《政策试点的特征：基于〈人民日报〉1992—2003年试点报道的研究》，《公共行政评论》2015年第3期。

② 需要说明的是，试点型规制立法除了以地区为依据设置外，还可能基于特定的主体和行业来承担，选择哪些行业和主体为试点型规制制度的承担主体，应该以规制对象集中的领域、问题的典型性和严重程度为依据来确定，由于其较为清晰明了且容易判断，此处不再讨论。

一重要内容。当然，由于规制对象的复杂性和试点区域的多样性，我们很难构造一个完整细致、详尽无遗的试验区域选取标准，但复杂的世界更需要类型化的探索，它可以简化认知、明确原理、提供启示。基于类型化的要求，笔者认为，试点地区的经济结构和产业特点、资源禀赋和地理位置、经济发展基础和财政能力，是规范意义上确立规制制度试点区域选择标准的几个关键要素。

首先是地区的“经济结构和产业特点”。不同的地区会基于不同的传统、文化、习俗和观念，形成不同的商业习惯和经济生活方式，以及不同的经济结构和产业特点。规制制度试点应根据不同地区的经济结构和产业特点，赋予其在规制制度试点中的适当角色。比如前文提到的温州金融综合改革试验区，温州市承担着“通过体制机制创新，构建与经济社会发展相匹配的多元化金融体系”的试点改革任务，要求其依托自身金融发展的基础，为金融组织机构和投资渠道改革、金融产品创新、金融风险防范等规制制度建设探索可行的方案。显而易见，中央政府之所以要求温州市承担这一职责，与温州市的金融业尤其是民间金融高度发达直接相关，“温州民间金融市场具有超越于现行国家实定法的‘早熟’特征，诸如利率浮动试点、资金拆借市场、私人钱庄开办、民间集资借贷等现象均首先在温州开始”①。地方的经济结构和产业特点关联着市场失灵的种类、样态和特点，不以地区的经济结构和产业特点为依据的试点区域选择，极可能出现规制试验实施中无案例可适用的尴尬，自然也就无法获得规制制度试验的经验和收益。

其次是地区的“资源禀赋和地理位置”。资源、环境和地理位置对人类的经济活动、法律制度的影响是一个古老的学术话题。经济学中的地理决定论认为，地理因素是影响经济绩效的关键变量，其不仅会对地区内部的经济活动产生影响，还决定着地区在世界经济中的位置。② 孟德斯鸠认为，法律同政体、自然地理环境、宗教、风俗习惯等因素存在关联，这种

① 胡斌、夏立安：《地方司法“试错”的可能、路径与限制——基于地方司法回应民间金融创新的一种思考》，《浙江社会科学》2012 年第 5 期。

② See Jared M. Diamond, Guns, *Germs, and Steel*: *The Fates of Human Societies*, W. W. Norton & Company, 1999, p. 376.

关联性构成了“法的精神”。[①] 规制是公共机构对市场失灵情形的干预和纠正，其所包含的经济、法律要素意味着其不可避免地会与地区的资源条件、地理区位等因素相关联。因此，充分考虑试点区域的经济资源禀赋、地理位置和区位优势，将其作为一个重要因素来确定规制制度试点区域的选择，是保证规制制度试点实施获得经验信息的重要变量之一。举例讲，2013 年中国人民银行联合国家发改委、财政部等部委制定的《云南省广西壮族自治区建设沿边金融综合改革试验区总体方案》，之所以将广西和云南设置为沿边金融综合改革的试点区域，是因为它们更具备落实该项金融综合改革试验的基础和条件——无论如何，我们都无法想象将沿边金融发展和规制的改革试点交由一个内陆城市去执行的可行性。尽管这只是一个极为浅显的例证，但足以说明资源禀赋和地理位置因素在规制制度试点区域选择中的重要意义。

最后是地区的“经济发展基础和财政能力”。不是每一项规制制度试验都包含着利益和收益，规制制度试验实施中的人力、财力、物力和时间耗费，以及可能发生的错误成本，通常都由试点区域自行承担。而且，有些试验型规制制度本身会耗费地方财政资源，比如我国城市低保制度的改革试点，其“试点—推广”过程为：1993 年 6 月，上海市率先建立城市低保制度，1994 年，民政部在全国民政工作会议上肯定了上海的思路，并部署在东部沿海城市试点。[②] 众所周知，低保制度所需资金需要纳入地方财政预算，对于地方政府而言，这无疑是一项财政负担，也许这正是该改革试点首先在经济发达的上海和东部沿海城市进行的原因。在规制制度试验存在成本的情形下，选择经济发展程度较高、财政承受能力较强的区域，即便该规制制度试验需要支出相应的成本，或者规制制度试验中产生了错误成本，也不至于对当地财政造成严重的影响，这对于消除规制制度试验可能存在的负效应，无疑具有重要意义。

二　试验型规制制度实施环节的特有内容及规范路径

在试验型规制制度的运行过程中，对于承担规制制度试验的主体而

---

① 参见［法］孟德斯鸠《论法的精神》，张雁深译，商务印书馆 1995 年版，第 280—282 页。

② 参见朱旭峰、赵慧《政府间关系视角下的社会政策扩散——以城市低保制度为例（1993—1999）》，《中国社会科学》2016 年第 8 期。

言，赋予其必要的试验权力和试验自由是必要的，否则会窒息规制制度的创新空间，遏制规制制度试验中探索和尝试的积极性。但是，规制制度试验中试验权力的赋予也可能导致规制行为突破必要的界限，蜕变成为政府盘剥公众合法利益、践踏人权的工具，导致其在合宪性方面的风险。因此，对其运行的过程加以管控以消除可能形成的合法性隐患，便极为必要。同时，政府规制试验并非总能产生收益为正的效果，在遭遇试验失败的情形下，通过相应的纠错机制来“及时止损”，也是试验型规制制度运行规范化的当然要求。

因此，和一般意义上规制制度具有相对明确、具体的实施方案和操作规程不同，试验型规制制度较为宽泛的操作空间及可能发生的风险，要求必须加强对其运行过程的动态监测和及时反馈，并根据具体情况对试验型规制制度予以及时的预警、矫正、中止或重构，其规范化要求意味着必须加强对其运行中的过程管控。所谓过程管控，是区别于传统的“法律—制度”式管控的一种管控方式，“法律—制度”式管控着眼于正式的法律规范在制度运行评价中的功能，其关注的是制度运行的最终状态，是一种“只要……才会……”的思维模式，而过程性管控则强调制度运行的过程和环节，着重于对具体的、语境化的制度运行实效作出细致的回答，既关注规则体系，也关注层出不穷的经验事实，因此可以被理解为“实事求是”，“一切从实际出发”。[①]

我国《立法法》第 10 条规定，授权试验立法在实施过程中，被授权机关应当在授权期限届满的 6 个月以前，向授权机关报告授权决定实施的情况。报告制度由此构成了规制制度试验实施中特有的制度规范——之所以认为其是特有的制度规范，是因为《立法法》是“立法的法”，是“诸法之法”，[②] 按照我国《立法法》总则的规定，行政法规、地方性法规、国务院部门规章和地方政府规章的制定、修改和废止，要么适用《立法法》的规定，要么参照《立法法》的有关规定执行。在笔者看来，无论是全国人大及其常委会授权的规制制度试验，还是国务院及其部委、地方

① 参见喻中《从“法律—制度”范式到“行为—过程”范式：试论权力制约理论研究中的范式转换》，《中共中央党校学报》2006 年第 2 期。

② 参见余凌云《地方立法能力的适度释放——兼论“行政三法”的相关修改》，《清华法学》2019 年第 2 期。

人大、地方政府自主设定的规制制度试验，它们终究会有具体的实施主体，要求实施主体向授权机关或设定机关报告规制制度的试验实施情况，在理论上和实践上均不存在障碍，因此将报告制度作为所有试验型规制制度实施中特有的规范方式，既有依据，也合乎逻辑。下文中，笔者将从报告制度的形式规范化要求和实质规范化要求两个方面，对试验型规制制度实施中报告制度的规范构造予以分析。

从报告制度的形式规范性要求来看，试验型规制制度实施情况报告应包括经验性收益和反思性收益两方面的内容。经验性收益应根据试验型规制制度的具体内容来确定，既可以是对试验型规制制度实施效果的归纳，也可以是试验型规制制度对市场失灵克服有效性的评价，对规制绩效提升状态的分析，对规制主体、工具、方式妥当性的判断，以及对经过试验的规制制度在更广范围内实施必要性、可能性的分析。而反思性收益是指规制制度在试验实施过程中存在负效应的总结，以及对需要改进之处的归纳。比如，2018 年 10 月，国务院作出的《关于〈全国人民代表大会常务委员会关于授权国务院在部分地方开展药品上市许可持有人制度试点和有关问题的决定〉实施情况的报告》，由“具体开展的工作”“试点取得的成效”“制度性经验”“发现的问题”四部分构成，显而易见，“试点取得的成效”“制度性经验”属于经验性收益，“发现的问题”则属于反思性收益。

无论是经验性收益还是反思性收益，其对于规制制度的优化都具有重要的意义。有论者在论及授权地方改革试点的功能时指出，由于设置了报告制度，授权地方改革试点决定实际上扮演着法律条文淘汰机制的角色。比如 2015 年 12 月，国务院就 2012 年全国人大常委会在广东省开展的行政审批改革制度试点工作提交了实施情况报告，该报告依据行政审批的申请量、受理量、办结量、平均办理时间、行政负担费用以及省级行业组织总量等数据，归纳出了行政审批制度改革试点在行政效能和服务水平、政府职能转变、市场和社会活力释放等方面取得的成效。随后全国人大以该报告为依据，对《政府采购法》《广告法》《安全生产法》《大气污染防治法》中原有的相关条文予以淘汰，四部法律得以优化。[①] 笔者认为，规

① 参见彭浩《授权地方改革试点决定的性质与功能探析》，《法制与社会发展》2018 年第 1 期。

制制度的试验效果固然可以通过多个途径获得，但报告制度无疑是一个更便捷的通道，它为制度试验效果的判断、评估提供了可见、可知的素材，为制度的优化提供了最直接的依据。

从报告制度的实质规范性要求来看，试验型报告制度所呈现的内容应当是可见的、理性化的和可操作的信息，而不是务虚的、大而化之的信息。信息是一种符号表征，是一种行动资源，也是一种战略工具，更是一种思维方式，[①] 报告的形式可以多样，但报告内容所体现的信息应当能为试验型规制制度运行状态的有效测度和评估提供依据，才是其必备的内核。具体而言，可见性要求报告文本除了承担揭示和表达以外，还要求一系列与之密切相关的、关键的公开性，以及报告文本所呈现信息的清晰度、透明性、洞察力、识别性和理解性等特征。[②] 而理性化要求报告文本所呈现的信息是经过归纳和分析的信息，报告文本要对无关紧要的信息进行过滤，其不是全景式的扫描，而是对试验型规制制度运行效果的解读和评价，以及对利弊及其因果机制的认知、判断和分析。[③]

就可操作性而言，规范的报告制度要求在报告文本提供的信息应包含可执行的内容。我国《立法法》第 10 条规定，试验立法实施情况报告应对是否需要制定有关法律提出意见，其本身就意味着报告内容应具备可执行、可操作的要求。实践中，有机关在制作的试验型规制制度实施报告中，就提出了对相关法律法规进行修订和完善的针对性意见。比如，前文提到的国务院《关于〈全国人民代表大会常务委员会关于授权国务院在部分地方开展药品上市许可持有人制度试点和有关问题的决定〉实施情况的报告》中，国务院在对试点形成的制度性经验总结的基础上，起草了《药品管理法（修正草案）》，对《药品注册管理办法》进行了修改，制定了《药品生产场地变更简化注册审批管理规定》《药品上市许可持有人管理办法》《药品生产场地变更研究技术指导原则》等规范性文件，为我国药品管理、注册制度的变革，以及上市许可持有人制度的推广实施提供了相应的法律方案。该报告的可操作性、可执行性无疑异常明显，值得其

① 参见韩志明《国家治理的信息叙事：清晰性、清晰化与清晰度》，《学术月刊》2019 年第 9 期。

② 参见罗昕《算法媒体的生产逻辑与治理机制》，《人民论坛 · 学术前沿》2019 年第 1 期。

③ 参见韩志明《国家治理的信息叙事：清晰性、清晰化与清晰度》，《学术月刊》2019 年第 9 期。

他试验型规制制度实施效果报告制作时加以借鉴。

总之，试验型规制制度实施中的报告制度是对其实施过程的表达和展示，报告制度作为试验型规制制度实施过程管控的重要措施，可保障试验型规制制度过程规范化。报告制度的推行意味着试验型规制制度是可检验的、可反驳的和可推翻的，这无疑是一种压力机制，对于承担规制制度试验实施职责的主体而言，如何努力达到一个经得起检验、不至于被推翻的制度试验结果，无疑是值得追求的目标。报告制度正是利用这种自我监督机制，促使规制制度的试验实施主体不断探索，从而实现规制制度的创新或优化。同时，当下规制制度试验通常会采取在几个区域同时进行的"多点"试验模式，每一个试验主体都需要对规制制度试验情况向有权机关报告，这又是一种竞争机制，会在试验主体间形成可以横向比较的参照，会对行为主体在制度试验中的规范实施形成激励，报告制度的自我约束和激励功能由此显现。

桑斯坦曾言，规制制定法的拙劣是导致规制失败的重要原因，[①] 我们需要制定良好的规制制度。但现实中的规制制度，永远都无法形成一个简单明了的逻辑框架，我们也不可能企图一劳永逸地建立一系列的"好制度"来成就规制制度本身，"好制度"的建立"永远在路上"。所有的"法律体系建设都不可能毕其功于一役，无论在整体结构还是在局部和个别的意义上，都将回应转型社会的发展要求，针对社会生活关系不断生成、定型和变化的状况，作出相应的调整"[②]。尤其是在一个充满不确定的世界里，规制制度只能在"接受新东西和抛弃旧东西、反复试验和摸索的过程中演变"[③]。试验型规制所具有的效率性适应特征，对于规制制度的优化和调整具有重要价值，需要理论界认真对待，也需要实务界在对其边界准确把握的基础上加以运用。

---

① 参见［美］凯斯·R. 桑斯坦《权利革命之后：重塑规制国》，钟瑞华译，中国人民大学出版社 2008 年版，第 96—109 页。

② 张志铭：《转型中国的法律体系建构》，《中国法学》2009 年第 2 期。

③ ［美］米尔顿·弗里德曼、罗斯·弗里德曼：《自由选择》，胡骑等译，商务印书馆 1982 年版，第 30 页。

第七章

公共规制的回应型执行机制

第一节 问题和意义

百余年以来，与工业化、全球化、信息化的巨大成就相伴随的各种弊病和风险，蔓延于人类生活的各个领域。“生活在文明的火山口上”的现代人类越发脆弱，[①] 和传统社会个人通过家庭、地域和血缘等简单的身份认同来应对风险的方式不同，现代社会需要政府的积极作为来克服各种风险和灾难。作为国家未增强个体力量、克服私人自治的弊端，弥补市场缺陷的一种努力，公共规制在运行的过程中，一方面，随着信息技术的进步和公民的权利意识、参与意识的提高，公民对政府规制的期望日益增加，希望政府不断拓展规制的范围和空间，就诸如健康、环境、安全、经济稳定、社会福利等领域出现的所有低效、失范和不公，规制行动都应及时跟进；另一方面，由于市场弊病具有阶段性、不确定性、复杂性和变动性等特点，公共规制的范围、方式、手段和程度等都应根据具体的情势及时调整，公共规制必须灵敏、精准和快速地回应社会需求。无论是范围还是时效，公共规制应当更加灵活和主动，必须建立一个以“需求为中心”的运行结构。社会的需要和偏好决定公共规制的存在和具体形式，公共规制的回应能力是判定公共规制在政治、法律和道德层面合理性的重要依据，

① 参见［德］乌尔里希·贝克《风险社会》，何博闻译，译林出版社2004年版，第13页。

它事关公共规制的社会接受和政治认同，是公共规制的优劣和成败的关键环节。

法学界对法律回应性问题的研究已有时日，也取得了丰富的研究成果。美国学者诺内特和塞尔兹尼克从现实主义法学发展的角度出发，对法律运动的模式进行了类型化归纳，认为“回应型法”可增强法律的能动性、认知性、开放性和自我矫正的能力，代表着法律发展方向的规范模式和具体类型。① 其基本构思是“使实质正义与形式正义统合在一定的制度之内，通过缩减中间环节和扩大参与机会的方式，在维护普遍性规范和公共秩序的同时，按照法的固有逻辑去实现人的可变的价值期望”②。在我国，法学界对诸如回应型法律产生的缘由、存在的基础，以及回应型法应具备的品格、特征等问题，也有较充分的研究。这种以抽象理论配置为出发点的规范性研究固然也很重要，但对于回应型法律实现具体路径的探讨，尤其是法律实施过程中如何实现回应性的问题，现有研究则明显不足。在笔者看来，我们需要的不仅是口号式的宣示，更需要方法上的建构。

就公共规制而言，在回应性的实现过程中，立法本身所呈现的回应型特征固然重要，因为作为前提性的条件，立法可以为规制行动回应的方式、范围等提供必要的空间。但是，作为公共规制回应对象的社会偏好和诉求，本身是一个动态的范畴，是社会、习俗、政策、环境和制度等多种因素复合作用的结果。因此，即便公共规制立法制定具备了某些“品格”和“特征”——比如为保障回应性实现的开放性、过渡性、试验性等特征，也不意味着公共规制的回应性得到了一劳永逸的保证——由于立法机关常常关注的是特定利益主体（组织）类型化的利益诉求，而政府规制执行面对的则是具体的、个体的利益偏好，面对缺乏一致性、连贯性、稳定性和可预知性，规制对象的丰富性、复杂性的利益诉求，规制立法只能以抽象、模糊的形式存在，同时，公共规制的时效性要求，也意味着对公共规制回应性的期待只是依赖立法来实现，“显然超越了任何立法者的智

① 参见［美］诺内特、塞尔兹尼克《转变中的法律与社会：迈向回应型法》，张志铭译，中国政法大学出版社 1994 年版，第 81—128 页。

② ［美］诺内特、塞尔兹尼克：《转变中的法律与社会：迈向回应型法》，张志铭译，中国政法大学出版社 1994 年版，第 16 页。

识力量”[①]。而且，以法律形式存在的公共规制制度，还有稳定性的要求，它不应该，也不可能朝令夕改，对公共规制回应性的强调不能以规制制度的稳定性丧失为代价，否则不仅会影响到人们的行为预期和规制制度的约束功能，也会破坏作为制度存在的规制本身的价值。

一个完整的公共规制运行过程包括了规制决策、执行、评估和终结等若干阶段。较之于国家的规制立法，规制执法行动在资源、信息和时效等方面具有更明显的优势，执行是实现规制目标、体现规制价值更核心的环节，“作为政治实体的国家的行为，既存在于对表达其意志所必需的活动中，也存在于对执行其意志所必需的活动中”[②]。规制受体的偏好和需求会存在于整个公共规制的运行过程中，“如果某些利益群体的诉求（价值层面和利益层面）在制定阶段不能得以体现，这些诉求转而会进入执行阶段，继续通过影响施加压力、参与执行过程和咨询等方式体现其诉求和利益”[③]。

因此，公共规制的回应性绝不仅是一个停留在规制立法过程的事实和行动，它只能在持续的互动和过程中完成自身。实践中，规制执行机关根据具体的情势，选择合适的手段，将满足市场主体的诉求和偏好的这一目标，贯穿于包括公共规制执行的整个过程当中，是实现公共规制回应性理想必须依赖的手段。

加强对公共规制执行中回应性的研究具有重要的意义。第一，和公共规制立法只能回应类型化的利益诉求不同，公共规制执行中的回应性着眼于具体的、个别的偏好和诉求。[④] 如果说规制立法追求的是“一般正义”，

---

① ［美］肯尼斯·卡尔普·戴维斯：《裁量正义》，毕洪海译，商务印书馆2009年版，第39—40页。

② ［美］古德诺：《政治与行政》，王元译，华夏出版社1987年版，第5页。

③ 宋雄伟：《公共政策执行与整合式治理》，《中国社会科学报》2015年9月23日第7版。

④ 存在于现实中的个体诉求和偏好多种多样，它们有合法与非法、合理与不合理之分，公共规制执行中的回应对象，当然是规制受体合法正当、合乎情理的要求和偏好。另外，由于利益并非必然被现有制度所容纳，尤其是在当下我国，社会主体的利益期待正在经历着从“底线型”利益诉求向“增长型”利益诉求的转变，超出国家法规保护的底线标准之上的利益普遍存在，（参见蔡禾《从利益诉求的视角看社会管理创新》，《社会学研究》2012年第4期）因此，衡量市场主体所表达的偏好和诉求是否合理，不能仅仅根据现存的法律或政策为依据，市场主体为了促动规制行动向有利于自己的方向改变的偏好和诉求，并非必然不合理，规制主体应结合具体情势作出评判。

那么规制执行中的回应更关注“个体正义”。个体正义的实现，可以为政治社会奠定个体同意的普遍基础。第二，公共规制的回应性执行，意味着规制机关不会因“一刀切式”的规制而伤及无辜，也不会因市场主体的偏好过于微小而漠视，是公共规制从“传统规制”向“精准规制”转变的重要手段。① 第三，公共规制的回应性执行意味着公共规制运行的敏感度得以增加，规制行动会基于个体的需求作出及时、动态的调整，社会诉求可得到及时满足，避免了社会矛盾的叠加和非正常积聚，制度变迁的需求和制度变迁的滞后性矛盾得以修复，这对于畅通社会矛盾消解的通道，维护社会稳定尤其关键。第四，公共规制执行中的回应性，试图在既有规制制度框架下，寻求规制的具体措施与现存制度间的衔接方式和替代性方案，它既要遵守制度预设的规制权限，也要重视对社会需求的感知反应，它在观照公共规制稳定性的同时注重回应性，促成规制制度漏洞的局部修补，消解公共规制的灵活性和稳定性之间的内在紧张，缓解法律规范系统和社会实际之间的张力，这一切都是公共规制回应型执行的重要意义和价值。

当然，公共规制回应型执行本身是个异常宏大的命题，市场主体的偏好及其显示方式、传递渠道，规制主体对市场主体偏好的捕获、识别能力，都会对公共规制回应性执行产生重要的影响。规制主体和规制受体的对比格局、议价能力以及由此决定的两者之间商谈、沟通和对话的可能性，也决定着公共规制回应型执行的实现程度；执行的环境、技巧以及回应对象、规制手段和规制方式之间的适配和协调，更是决定公共规制回应型执行成败的关键变量。而且，执行中的技术条件、资源状况、目标群体、执行人员素质等非制度性因素也会对公共规制的执行产生重大的影响。为防止论证主题的过于分散，笔者将从以下几个方面展开论述：先对规制受体偏好的显示机制及其规范化进行分析，然后分析公共规制回应性执行的方式及规范行使。

---

① 参见王永强、管金平《精准规制：大数据时代市场规制法的新发展》，《法商研究》2014年第6期。

第二节　规制受体偏好的显示及机制建构

公共规制执行中回应性的实现，无疑和以下几个因素相关：第一，市场主体传达给规制者的信息应成为决定其行动目标、行为方式的重要参数，对于市场主体的偏好和需求，规制机关应及时了解和掌握，并以此为基础，保证规制对象、规制手段和规制方式之间的适配和协调。第二，市场主体有便利、高效的偏好表达的条件和机制，能够及时、有效地表达自己的偏好和诉求。事实上，这也是节约规制机构的搜寻成本，保证规制机构及时识别、回应市场主体诉求的重要因素。规制主体对于规制受体偏好的准确了解，是其能够有效回应规制受体偏好的前提和基础。规制主体根据偏好选择手段的行动能力和有所作为的努力，都取决于其在多大程度上能够获取规制受体的偏好信息。这些因素对于公共规制执行中回应性的实现都异常重要，它们共同构成了公共规制执行中回应性的微观基础。本部分中，笔者将围绕公共规制执行中市场主体偏好显示及其规范构造的问题展开论述。

一　规制受体诉求和偏好呈现方式的类型

在经济学领域，对主体偏好显示方式和机制的研究是一个历久弥新的话题。尽管其证明过程因高度抽象的数理推导和技术化倾向而异常繁复，相关理论亦是林林总总，但其原理却并不复杂：市场主体的选择行动就是其偏好显示的最好方式，“效用作为一种主观心理状态虽然观察不到，但我们可以观察消费者的行为；当消费者选择了某一消费品时，他的‘偏好’就被显示了。因此，经济学家可以通过消费行为来观测和推断消费者内在的行为规范”①。当然，这种新古典经济学的论说因建立的基础异常严格（比如效用最大化、偏好稳定、理性选择、完全信息、选择自由、价格充分弹性、纯经济预算约束）而遭遇了批判，但其依然有着相当充分的现实解释力，市场机制正是借助于市场主体所表现出来的偏好来调剂供

① Samuelson, “A Note on the Pure Theory of Consumer's Behavior”, *Economica*, New Sevies 1938, 5, pp.353-354.

需，完成自身运行。

另外，学术界对众多成员个人偏好加总的“社会选择”的问题，也备受关注和重视。“社会选择理论从其创始人之一孔多赛的孔多赛效应开始，就连续出现诸如奥尔森的集体行动困境、阿罗的社会选择不可能定理等关于社会选择自身困境的发现，阿马蒂亚·森于1970年所提出的自由悖论，更是以无可置辩的逻辑力量证明了基于理性选择理论的理性的社会选择的无法存在。”[①] 但随后阿马蒂亚·森提出的“价值限制理论”对其理论有所修正，认为当存在三种社会选择状态时，如果所有个人都认为其中的一种状态不是最优的，或者其中的一种状态不是次优的，或者其中的一种状态不是最差的，这本身就是社会选择表现。阿马蒂亚·森认为，如果对个人偏好施加一种价值限制条件，那么，阿罗不可能性定理就可以得到解决。[②] 而且，社会选择的形成过程中，其他主体还会基于“声誉和间接影响”“社会义务和道德命令”“直接福利影响”（比如来自其他主体异样的眼神）“传统规则”“感性认知”等因素，对个人选择加总成社会选择产生积极作用。[③] 韦伯也曾说，传统行为和情感行为也是两种重要的社会行动，这些因素都会促成社会选择的形成。[④] 哈贝马斯从主体互动的视角出发，认为通过主体间的协作、商谈和沟通，足以完成公众偏好的社会认同和整合，[⑤] 公众的偏好和需求并非不可生成。

本书所论的规制受体的偏好显示，和加总多数个体偏好而成的社会选择并不完全相同，它更关注的是规制制度执行过程中单个市场受体的偏好显示问题。本书认为，规制执行过程中规制受体的偏好显示，是指规制受体将自己具体的态度、情绪、想法和意见向规制机构表达出来的过程。它

① 李文祥：《从个人选择到社会选择的理论扩展——评阿马蒂亚·森〈理性与自由〉对理性选择研究的理论贡献》，《社会学研究》2008年第3期。

② 参见张恒龙、陈宪《社会选择理论研究综述》，《浙江大学学报》（人文社会科学版）2006年第2期。

③ 参见［印］阿玛蒂亚·森《理性与自由》，李风华译，中国人民大学出版社2006年版，第154页。转引自李文祥《从个人选择到社会选择的理论扩展——评阿马蒂亚·森〈理性与自由〉对理性选择研究的理论贡献》，《社会学研究》2008年第3期。

④ 参见［德］马克斯·韦伯《经济与社会》，林荣远译，商务印书馆1997年版，第56页。

⑤ 参见［德］尤尔根·哈贝马斯《交往行为理论》（第1卷），曹卫东译，上海人民出版社2004年版。

不仅包括语言行为，还包括通过行动所呈现的整个实践过程。我国《宪法》规定，“中华人民共和国公民对于任何国家机关和国家工作人员，有提出批评和建议的权利；对于任何国家机关和建立健全党和政府主导的维护群众权益机制，完善信访制度，完善人民调解、行政调解、司法调解联动的工作体系，畅通和规范群众诉求表达、利益协调、权益保障渠道。国家工作人员的违法失职行为，有向有关国家机关提出申诉、控告或者检举的权利，但是不得捏造或者歪曲事实进行诬告陷害”，该规定是我国公民表达自身偏好在宪法层面的教义学依据。

学术界有关市场主体（公民）通过承载自身诉求的行动来影响国家制度和政策的研究，也有学者对民意表达的类型进行了归纳，这些都可以成为我们归纳市场主体表达自己偏好的借鉴。比如有学者以我国企业的行为为例，提出了企业行为的种类：“直接参与策略、代言人策略、信息咨询策略、调动社会力量策略、政治关联策略、财务刺激策略和制度创新策略。”① 再如民意表达的归纳，有学者认为，如果从一般意义上讲，民意表达可分为“正式路径、民间路径、媒体路径与民调路径”等类型。② 本部分中，笔者将根据学界的总结及实践中的做法，把公共规制运行过程中规制受体表达自己偏好的常见方式归纳为以下几种。

第一种是规制主体作为发动者的偏好表达，比如座谈会和听证会等形式的意见表达。首先，座谈会一般情况下是十人或数十人参与，它会在一个主持人的引导下对某一主题展开讨论，有着明确的讨论主题、讨论指南和讨论顺序，由于参与者之间的相互激励和相互启发，一个人的意见会对其他人形成刺激，进而扩充个体的表达能力和话语水平，因此，较之于单独交流，座谈会能让规制受体更充分地展示自己的偏好，规制主体也由此获得更准确、更全面的信息。其次是听证会，“行政听证的本质是行政机关就影响行政相对人合法权利的行政行为如何作出，事前与行政相对人进行协商的行政过程”③。我国《行政许可法》规定：“举行听证时，审查该行政许可申请的工作人员应当提供审查意见的证据、理由，申请人、利害

① 田志龙、高勇强、卫武：《中国企业政治策略与行为研究》，《管理世界》2003 年第 12 期。

② 参见钱超《论民意表达》，博士学位论文，复旦大学，2008 年。

③ 章剑生：《作为协商性的行政听证——关于行政听证功能的另一种解读》，《浙江社会科学》2005 年第 4 期。

关系人可以提出证据，并进行申辩和质证。”在公共规制执行过程中，作为协商性的听证，意味着规制主体和规制受体间理性的合作姿态的形成，当然，从应然的角度来看，规制主体对于规制受体的利益诉求和偏好，应该给予实质性的尊重，体现市场主体偏好的意见和看法在具体的行政构成中需要有呈现的方式和通道。即便是遇到了分歧，“讨论者也不是不倚靠权威或其他扭曲的手段去令对方接受自己的见解，而是双方信守着有效声称的规则，用论证支持自己的论点，通过反复讨论达成共识”①。

第二种是通过规制主体的行动所展现的需求和偏好。最为典型的是上访。前文已论，公共规制已成为现代市场经济国家一种经常性的政府活动，在诸如促进社会就业，提供社会保障，克服市场不公，矫正分配扭曲等领域都应该有所作为，它意味着利益重新调整和分配，当原有的规制制度运行中存在失衡或不公，市场主体本该享有的利益或者预期利益无法获取，就会诱发市场主体的非制度性参与，有学者在分析最高人民法院访民时曾说：“解决问题的希望寄托于现实世界中的‘天’——中央。这个中央还不仅仅是或主要不是最高人民法院，而是中共中央。即使希望一时难以实现，至少也要来北京争取到表达的机会，让中央能够倾听他们的冤屈。表达本身也就成为支撑他们继续上访的动力。”② 另外，市场的进入和退出也是规制主体通过行动来表达偏好的方式。语境化、具体化的公共规制的实存状态，要求规制应尽量避免“一刀切”的方式进行，规制执法会因时间、地域和主体的不同而有所区别。对于市场主体而言，这种有区别的规制意味着一个类似于“市场”的消费场所得以形成，事实上，早在1956年，美国经济学家蒂布特就利用经济学原理，指出了选举行为之外的公民行为同样会对政府行为形成激励。在《地方支出的纯理论》一文中，他说，“在无法直接影响法律的情况下，有时人们可以通过选择从实行对自己不利的法律制度的州搬迁到对自己有利的法律的州的方式来影响法律”③。规制主体类似于提供“产品”的“厂商”，市场主体类似于选择“消费品”的消费者，面对政府的公共规制，规制受体不再是被

① 阮新邦：《批判诠释论与社会研究》，上海人民出版社1998年版，第36页。

② 侯猛：《最高法院访民的心态与表达》，《中外法学》2011年第3期。

③ 转引自刘双舟《法律市场视野中的制度竞争与立法行为选择》，《政法论坛》2010年第3期。

动地接受，他们有着一定的选择自由。在这个“市场”中，规制受体会根据自己的偏好和需求来选择“规制产品”，这种选择过程，无疑也就构成了规制受体偏好显现的过程。

第三种是游说、劝说等直接接触以及借助媒体来展现的偏好。游说、劝说是规制受体和规制主体直接面对面的磋商，表达自己的偏好和意见的方式。政府的规制行为是社会意志的体现，无论是规制制度的制定还是执行，都会影响到多个层面、不同主体的利益，政府的规制行为可以影响到规制受体的收益、产出等成本结构，规制受体有足够的动力去影响规制行动本身，以减少可能遭遇到的利益损失，增加自己的收益。但对于规制主体而言，游说、劝说等活动由此也就构成规制受体为实现自身利益，通过事实论据的陈述将自身的偏好、意志和需求传递给规制主体，并最终影响政府的规制行动的一种方式。此外是通过媒体表达，大众传媒不仅影响着制度的构建，还承载着重构细节、事实陈述、提供知识、制造舆论等功能。“传媒用一种可以预知的和模式化的方法塑造现实的影像，借以自己‘建构’社会结构和历史。而受众通过与传媒提供的符号化建构进行互动，形成自己关于社会现实及自身在其中位置的看法。”① 在自媒体时代，信息的产生主体、传播主体和传播方式都有巨大的改变，其特点是传播者的私人化、平民化、自主化与普泛化，传播方式的互动性、网络化和迅捷化。通过互联网论坛、博客、微博和微信等“自媒体”，一般公众能够与全球信息系统相通，随时提供和分享与他们自身相关的事实与观点。② 在政府规制的过程中，媒体承担着公共平台的角色，不仅是规制主体告知公众相关信息和观点的渠道，也是市场主体说服、规劝规制者的重要工具。它为公众展示自己的偏好开启了一个新的窗口，市场个体的遭遇和偏好会通过媒体的传播迅速转化为公众议题，成为大众关注的对象，这种无形的力量会对规制主体形成一种压力，使其对规制受体的偏好或诉求，给予充分的尊重和回应。

二 市场主体偏好表达方式的规范建构

从应然的角度讲，社会应该为规制受体提供灵敏、沟通快捷、运转高

① Dennis McQuail, *Theories of Mass Communication*, London: Sage Publications, 1994, p. 331.

② 参见郭春镇《公共人物理论视角下网络谣言的规制》，《法学研究》2015 年第 4 期。

效的利益表达机制，对于合理的利益诉求，规制受体应该有通畅的表达机会和途径。毋庸置疑，快捷高效的偏好呈现和利益表达需要制度化建构，制度是一套关于事件和行为的模式，能克服行为过程中的混乱和非理性，"制度减少了世界的复杂性，提供了一种简化识别负担的关键功能。制度使他人的反应更可预见，世界更加有序，从而使个人更容易与一个复杂而易变的世界打交道，也使个人更易于避免'超负荷识别'，当存在一般的、可认识的行为模式和条件模式时，经济主体就能更好地应付具体细节。制度帮助人们理解复杂而混乱的周围世界，因而在相当程度上保护了人们，使人们得以免于面对不愉快的意外和他们不能恰当处理的情形"①。在回应性规制的建构过程中，规制受体对自己利益诉求的规范表达，不仅可以节约自身表达成本，也是降低规制者了解、捕获和掌握规制受体偏好和诉求的方法。缺乏规范性约束的偏好表达意味着不确定和随意，规制者在回应规制受体诉求的时候不应该是"我的心思都由你来猜"。

上文中，笔者简要列举了规制受体在表达自己偏好和诉求的几种方式，在实践中，这些方式对于规制受体及时表达自己的偏好发挥着重要的作用。但是，这些诉求表达方式如果在运行中存在不规范的情形，也会产生诸多的负面后果，比如：听证会、座谈会流于形式，主体选择上的"听证专业户"，民意"被代表"，听证、座谈程序不公开，范围不广泛；市场主体上访中的"缠访""闹访"等无理上访，以及有学者归纳出的"偏执型上访"②；通过媒体对事实的扭曲、放大和篡改，等等，"谣言"经常没有"止于智者"。再如，利益表达中和规制主体直接接触时的各种寻租、权钱交易，以及和政府官员形成的各种利益关联，等等。都与公众在表达偏好时的规范缺位——法治化程度不足相关，对此我国学者已有较全面的总结。我国公民诉求表达的法治化不足，主要表现为"公众诉求表达机制没有法律界定，公众诉求表达机制没有法律设定的层次，公众诉求表达的诸多运行发生在法外，公众诉求表达认可倾向于法外权威"，由此导致的结果是"不利于建立公众与政府之间的理性关系，不利于形成化解社会矛盾的正当机制，不利于彰显法治政府的精神，不利于实现公众规范化

① ［德］柯武刚、史漫飞：《制度经济学：社会秩序与公共政策》，韩朝华译，商务印书馆2000年版，第142页。

② 参见陈柏峰《偏执型上访及其治理的机制》，《思想战线》2015年第6期。

的诉求表达”[①]。制度需要赋予规制受体表达的权利和自由，但如果不规范使用，同样贻害无穷。“我国公众诉求表达存在相对分散和不规范的情形，基于此，对公众诉求表达的多种路径进行有效整合已成为我国建设法治国家的重要内容之一。”需要“用相关的法律手段对公众诉求的诸形式进行整合，使诸种公众诉求表达的路径形成一种有序的机制，进而使这种机制既具有实在法上的依据又能够在法律规范的规制下良性运行”[②]。笔者认为，规制受体偏好和诉求表达的制度化建构，应从以下几方面来进行。

第一，从表达的途径来看，首先应通过制度来保障规制受体的偏好表达渠道。随着网络技术的发达，较之于过去，规制受体表达自己诉求的途径明显增多，微信、微博、电子邮箱、网络意见平台等都是非常便利且有效的规制受体偏好和诉求表达平台，对这些电子信息技术的充分利用，是健全规制受体利益偏好表达渠道的当然内容。因此，对诸如代码维护、数据库维护、日志管理、系统维护等内容的制度化建设，以及数据标准、内容标准、传输标准等标准的科学设定，同时对电子信息技术的办事程序、办事环节、办事手段的规范塑造，使这些科技化的信息表达平台有规程、有依据、有监督。其次，要充分利用传统的基层组织自治制度，基层民主制度，工会、行业协会制度等来完成利益诉求的表达。公共规制执行中规制受体的利益诉求常常以个别的、具体的利益来呈现，但这并不意味着利益表达只能由规制受体自己完成，发展各种类型的基层组织，完善基层民主，对于市规制受体表达自己的偏好和意见有着更为关键的意义——民间组织的嵌入可以实现社会公众与基层政府间的有效沟通，可以提高公众对政治主体、规范和程序的认同，使公众的利益诉求以理性的方式表达。[③] 同时，完善听证会、座谈会制度，改进信访制度，将听证会、座谈会的提起的主体、条件、听证座谈的程序、主持人的资格与条件，以及参与人选取的范围、方式、程序等内容用法律的形式固定下来。这种安排既保证规制受体有足够的途径来表达自己的诉求，也可为规制受体和规制主

① 张淑芳：《论公众诉求表达机制的法律建构》，《东方法学》2013 年第 4 期。

② 张淑芳：《论公众诉求表达机制的法律建构》，《东方法学》2013 年第 4 期。

③ 参见陈发桂《嵌入性治理：公众利益诉求理性表达的路径探析——以民间组织嵌入基层征地拆迁纠纷为视角》，《唯实》2011 年第 4 期。

体间展开多层次、多形式对话和交流提供更充分的机会。

第二，从主体的角度来看，应该通过制度化的程序和方式，培养理性的利益表达主体。公共规制运行中规制受体的偏好和诉求当然需要表达，但更需要理性地表达，混乱、无序和非理性，甚至极端、随意的情绪宣泄，尽管可能会迅速引起规制主体的关注，但终究不是值得追求的理想状态。理性的表达需要有理性的规制受体，理性的规制受体及理性化的利益诉求，才是公共规制回应性得以实现的基础性要素。在理论界，从是否理性化以及理性化的程度来区分，可以把利益诉求方式分为理智型的利益诉求方式和情绪型的利益诉求方式。所谓理智型的诉求表达方式，就是规制受体将自己的偏好和诉求，按照制度所规定的范围和方式，以正常的途径传递；所谓情绪型的诉求表达方式，是规制受体以宣泄情绪为基础进行的诉求表达或偏好展现，[①] 它不仅有可能破坏正常的市场秩序，还可能伤及无辜，增加社会管理成本。因此，加强法治、文化宣传和教育，培养规制受体表达自己诉求和偏好的积极意识，提高认知能力，明确自己的利益所在，增强对相关规范、程序的熟悉程度，普及利益表达的政治法律知识，提高利益诉求和偏好的表达质量，引导规制受体以理性的方式来表达自己的诉求和偏好，避免感情用事甚至违法表达，提高表达的有效性和合法性，这对于提升参与者争取自身利益的活动的动力和能力，异常关键。

第三，制度设计要考虑法律资源的公平分配问题。规制受体能否表达自己的诉求，与其占有的法律资源的多寡相关，法律资源是主体据以获得承认、取得利益的前提，也是表达利益和诉求的依据。经过 40 余年的发展，我国社会主义法律体系已基本建立，法律资源的产生和供给框架已基本形成。但我国法治进程中的法律资源分配依然不平衡，法律资源的分享与各主体的社会地位及社会实力同态，具有较高的社会地位及较强的社会实力的主体，分享和利用法律资源的能力就越强，占有的法律资源就越多；而社会地位相对较低，社会实力相对较弱的主体，分享和利用法律资源的能力也较弱，占有的法律资源也相对较少。因此，今后法治建设的工作重心，应该从创造法律资源公平配置向分享法律资源转变。[②] 另外，从

① 参见陈发桂《嵌入性治理：公众利益诉求理性表达的路径探析——以民间组织嵌入基层征地拆迁纠纷为视角》，《唯实》2011 年第 4 期。

② 顾培东：《中国法治进程中的法律资源分享问题》，《中国法学》2008 年第 3 期。

法律资源分配的角度讲，强化司法权对规制受体利益诉求表达的保障作用，对于规制受体利益诉求的充分表达也异常关键，对此学界已有充分的研讨且成为法律研习者的常识，笔者不再赘述。

第三节 公共规制执行中回应性实现的方式及规范行使

无论制度设计得如何完美，公共规制面对的只可能是各种具体情境、可能性和条件，它需要特定的主体去实施，也需要相关主体的配合。公共规制执行中的回应性是一个包含了输入和输出两个阶段的动态过程，上文论证规制受体的需求及表达固然处于基础性的地位——如果规制受体的利益和偏好无法得到表达，就意味着该利益诉求无法输入政治系统。但是，对利益诉求表达的重视并不意味着规制主体在公共规制回应性实现中的作用可以被忽略，公共规制的运行永远离不开规制主体拥有的公共权力及其行使。而且，“公民的要求和反馈，无论是数量还是内容，在输入的过程中都受到了政治系统的结构性调节”[①]。公共规制回应性的实现程度，依然取决于规制执行主体的认知及其选择的方法和工具本身的合理与否。“即便是在输入主义的参与式治理中，公民参与的效果也还是取决于政府及其官员如何进行有效的回应。”[②] 因此，从理论上勾勒出政府在公共规制执行中回应市场主体偏好的方法，对于公共规制回应性的充分实现，同样有着特殊的重要性。当然，现实中公共规制的执行方式类型繁多，手段多样，试图全方位地描述公共规制回应型执行中的所有方式，既不现实，也无必要，本节择取最为重要的几种执行方式，期待能以点带面，为公共规制回应性执行宏观思路的形成提供依据。

---

① ［美］戴维·伊斯顿：《政治生活的系统分析》，王浦劬主译，华夏出版社1998年版；转引自王家峰《国家治理的有效性与回应性：一个组织现实主义的视角》，《管理世界》2015年第2期。

② Friedman, Steven, “Participatory Governance and Citizen Action in Post-apartheid South Africa”, International Institute for Labor Studies, DP/164/2006.

一　公共规制回应性执行方式例举

（一）个案正义要求下的选择性执法

"选择性执法"是"根据情势需要，什么时候严格执行哪部法律，采取什么执法手段，什么时候放松哪部法律的执行，什么时候严格执行哪个具体的案件，采取什么执法手段，什么时候对哪个案件执行特别对待的视具体情况而定的执法方式。"① 关于"选择性执法"存在的合理性，学界并未达成一致的共识，有学者认为选择性执法能够基于特定对象和目标，选择有区别的执行方式，可以集中力量解决特定问题，节约社会成本，能对类似的违法者起到更强警戒作用，是满足实质正义的必要措施。② 但与之相反的观点比比皆是，比如有学者认为，选择性执法扰乱了人们预期并成为一个不稳定的根源，它会不断强化并扩大政府权力以及执法者的个人权威，这些因素反过来又方便并加剧选择性执法，阻碍了正在努力完善的法治进程。它是当下我国存在的行政政策替代法庭裁决、严打式的周期性、运动式执法等多种"怪"现象的基础。因此，选择性执法尽管在转轨时期的存在有其必然性，但在改革的目标、前景已经越来越清楚，建设社会主义法治国家已经成为共识，相应的配套制度也在逐步完善的情形下，选择性执法就应当减少。③

在笔者看来，学界对选择性执法的警惕不无道理，但由于法律制度的不完备性和社会情势的多变性，包括公共规制在内的法律制度，在实施过程中的自由裁量、选择执法本身都难以避免。"当状态有限且能够准确预见，即在确定性世界中，契约或法律等制度是完美的，不需要灵活性；当世界变化无端，不确定性极大时，灵活性的重要可能使任何事先的制度约束都成为障碍。现实中大部分情况介于两者之间。一方面是不确定世界，另一方面，很多情形也是可以事先预知，或者至少是有规律可循的，因此是可以在经验中加以总结并制度化的。但这种制度化在事后环境改变较大时又可能遭到挑战，这时制度的制定者和执行者面临两种选择：一种是废

① 戴治勇：《选择性执法》，《法学研究》2008 年第 4 期。

② 参见叶小兰《选择性执法的内在悖论与消解机制》，《甘肃政法学院学报》2011 年第 4 期。

③ 参见戴治勇《选择性执法》，《法学研究》2008 年第 4 期。

除旧制度，建立新制度；另一种是选择性执行旧制度，两种选择都是有成本的。当制度改变的成本过高（不仅包括制度废除、重新建立通过的成本，还包括它朝令夕改带来预期混乱的成本，人们对它是否过时的判断需要时间等），选择性执行旧制度就成为次优解。”① 从本源上讲，作为“视具体情况而定，具体问题具体对待”的“选择性执法”，其本身并不必然包含“不公平”的因素，诚如戴维斯所言，“选择性执法显然可能公平也可能不公平，这取决于如何选择”②。因此，现实中并非一定要对选择性执法给予绝对禁止，其重点在于对选择性执法的正确适用。

（二）情境化执法

美国法学家查尔斯·F. 塞伯和威廉·H. 西蒙创设了“情境化制度”这一概念，认为其是“应对政策解释与政策工程之不足的制度手段”，他们认为：“情境化制度是对无知或不确定性的应对，拥有主要权威的决策者遵从情境化制度而不直接作出决定，是因为三个劣势，他们不清楚适当的特定规定是什么；他们相信，从他们颁布决定到他们打算修正它时，适当的特定规范可能已发生变化了，或者他们相信，何谓适当的特定规范将随不同的地方环境——他们对此缺乏信息——而改变，日益加快的技术和经济变迁、全球化，以及日益强烈的调和国内和国际多样性的需求，都产生了这样的状况，而这样的状况催生了情境化制度。”③ 在笔者看来，上文中提到的“无知”和“不确定”，不仅存在于规则制定的过程中，在包括公共规制执行在内的规则执行中同样存在，而“决策者”需要面对的“三个劣势”，同样会集中到公共规制的执行决策层面。受该理论的启发，笔者提出公共规制中“情境化执法”这一概念，其大致含义可概括为：公共规制执行者应将环境作为重要变量纳入执法当中，应因地制宜地考虑各种具体情况，合理选择、识别和界定执行对象、执行范围、执行幅度、执行工具、执行方式等问题，通过将其置于具体的情景当中并根据环境的变化，调整认知并采取与之相适应的处理方法，是保证公共规制具有更充

---

① 戴治勇、杨晓维：《间接执法成本、间接损害与选择性执法》，《经济研究》2006年第9期。

② ［美］肯尼斯·卡尔普·戴维斯：《裁量正义》，毕洪海译，商务印书馆2009年版，第189页。

③ “Contextualizing Regimes：Institutionalization as a Response to the Limitsof Interpretation and Policy Engineering”，*Michigan Law Review*，Vol. 110，No. 7. May 2012.

分的执行实效和社会接受性的一种执行思路。

情境化执行是公共规制在执行中实现回应性的具体方法。首先，情境化执法意味着执行机关在确认并回应市场主体的偏好时，必须结合市场主体的具体境况来作出决策。“社会成员如果按照类别参数如性别、职业、宗教、住地、工作地来分类，被定义为群体，它从水平方向对社会位置进行区分；如果按等级参数来分类，如收入、财富、教育、权力等，被定义为地位，从垂直方向对社会位置进行区分。”① 处在特定社会组织结构中的市场主体，身份、社会地位、智力、体力、所得、财富、家庭、环境以及特定的遭遇，构成了其生活的社会条件，情境化执法要求将这些因素直接注入规制的过程予以考察。其次，情境化执法还需考虑具体的经济情势来选择回应市场主体的需要，即便是在国家能力范围内和国家行为边界区间内的市场主体偏好，政府在决定是否回应以及回应的方式、幅度等问题的选择上，还需根据具体的经济情势来判断和选择。

（三）项目制回应

作为一种组织形式和资源配置模式，中外学者对项目制的概念、属性和功能有着较详细的论述，比如美国项目管理协会认为：“项目制是指一种事本主义的动员或组织方式，即依照事情本身的内在逻辑出发，在限定时间和限定资源的约束条件下，利用特定的组织形式来完成一种具有明确预期目标（某一独特产品或服务）的一次性任务。”② 我国学者渠敬东认为，作为“一种国家治理体制的项目制”，“不单指某种项目的运行过程，也非单指项目管理的各类制度，而更是一种能够将国家从中央到地方的各层级关系以及社会各领域统合起来的治理模式。项目制不仅是一种体制，也是一种能够使体制积极运转起来的机制；同时，它更是一种思维模式，决定着国家、社会集团乃至具体的个人如何构建决策和行动的战略和策略”③。

首先，项目制是一种灵活、便利的规制样式，是由具有执行权的国家职能部门依据其所拥有的分配权，对资源按照市场主体的资格、需求、条

① ［美］彼特·布劳：《不平等与差异性》，王春光译，中国社会科学出版社 1991 年版，第 160 页。

② ［美］项目管理协会：《项目管理知识体系指南》，王勇、张斌译，电子工业出版社 2009 年版，转引自渠敬东《项目制：一种新的国家治理体制》，《中国社会科学》2012 年第 5 期。

③ 渠敬东：《项目制：一种新的国家治理体制》，《中国社会科学》2012 年第 5 期。

件和能力等因素进行的分配的过程，是“对集权框架和科层逻辑有所修正，从中加入更多各自的意图和利益，获得更多的自主权力”①。其次，项目制是一种有着特定目标并解决特定事项的规制方式，它遵循“一事一议”原则，有针对性地对市场主体的需求予以资金配套，它是一种利益增量方式，前文已论，公共规制的回应性，是对市场主体特定偏好的满足过程，常常是市场主体在现有制度基础上“增长型”的利益诉求，项目制正是为“增长型”的利益诉求提供了通道，它通过专项财政转移支付的方式，将资源分配到广泛的社会领域。

二 公共规制回应性执行的规范化路径

无论是选择性执法，还是情境化执法，抑或是项目制执行，在本质上都属于公共规制执行者自由裁量权的运用。众所周知，自由裁量权可能带来的风险是不容否认的，“除非我们对行政行为指定严格要求，专业——现代政府的强项——可以成为裁量权没有实际界限之统治的怪物。就和腐败一样，绝对自由裁量权标志着自由的终结之开始”②。随着现代政府功能的进一步扩张，行政执行领域中自由裁量权适用的范围更大，种类更多，大量的自由裁量权使得行政权受到的原则和规则的制约更少。其所引发的各种弊病——诸如各种类型的寻租和裙带关系造成的不公正，基于利益交换、身份庇护引起的不公平，以及权力、资本、信息和技术的各种糅合引发的各种垄断和专权，等等，都需要我们警惕和防范。学界关于执法者自由裁量权恣意行使的弊端及其预防的路径已有较充分的论证，下文根据已有研究成果并结合公共规制执行的特点，归纳出以下几个方面。

（一）执行公开

“公开是防止专断的保障措施”，建构裁量权最有效的工具有七个：公开计划、公开政策说明、公开规则、公开裁定、公开理由、公开先例以及公正的非正式程序。重复“公开”的理由非常强大：公开是专断的天

① 折晓叶、陈婴婴：《项目制的分级运作机制和治理逻辑——对“项目进村”案例的社会学分析》，《中国社会科学》2011 年第 4 期。

② New York v. United States，342 U. S. 882. 转引自张千帆《行政自由裁量权的法律控制——以美国行政法为视角》，《法律科学》2007 年第 3 期。

地，是对抗非正义的天然盟友。[①] 的确，不管是何种执法，如果执行者采取保密的方式进行，那就极有可能造成懈怠、专断、任意和目标偏离。边沁曾在论述司法公开时说："没有公开，其他所有制约才是都是不足的，相对于公开而言，其他所有制约措施的重要性都有所不如。"[②] 公共规制的执行同样存在认定、决策和裁判等过程，公开运行的重要程度绝不亚于司法权的运行过程，"只有依据事先已经知晓的规则并不偏不倚地予以适用，政府才被允许干预重大的私人利益"[③]。

（二）过程监督

按照我国学者喻中教授的研究，对权力的过程监督更关注现实中权力运行的实然状态，依赖的是经验分析而非规范分析，同时，行为监督注重研究动态的、真实的权力制约过程，将研究倾向科学化、语境化。[④] 在笔者看来，过程监督的重要意义在于监督的周延和完备问题，它是事前、事中和事后的全程监督，不仅可以对规制主体的不当作为给予及时救济，而且还会起到防患于未然的效果。就过程监督的主体而言，我国学界对诸如公众监督、司法机关的监督、权力机关的监督等已有充分的论述，因此本书仅就上级机关的监督做简要论述。按照韦伯的说法，作为理性的、技术的政治秩序构造方法，现代社会的行政体制类型应以"科层制"的模式呈现。科层制意味着专业化、等级化、制度约束和权利的非人格化，是建立于法理型支配类型上的组织形式和管理方式，其特征可概括为："在职能职位的基础上进行劳动分工；严格规定层级结构；运用规章制度明确划分权责；人际关系非人格化；工作程序系统化；以业务能力作为选拔提升的依据等。"[⑤] 其中"严格规定层级结构"意味着上下级之间的职权严格按照等级划定，下级必须接受上级的监督。韦伯说："官僚制有一套明确

---

① 参见［美］肯尼斯·卡尔普·戴维斯《裁量正义》，毕洪海译，商务印书馆2009年版，第109页。

② 边沁：《司法证据》第1卷，1827年，第524页，转引自［美］肯尼斯·卡尔普·戴维斯《裁量正义》，毕洪海译，商务印书馆2009年版，第125页。

③ ［美］斯图尔特：《美国行政法的重构》，沈岿译，商务印书馆2002年版，第42页。

④ 参见喻中《从"法律—制度范式"到"行为—过程范式"——试论权力制约理论研究中的范式转换》，《中共中央党校学报》2006年第2期。

⑤ ［美］莱茵哈特·本迪克斯：《马克斯·韦伯思想肖像》，刘北成等译，上海人民出版社2002年版，第460页。

制定的、官府间上下关系的制度。其间下级官府是在上级官府的监督之下。此一制度也提供被支配者，遵照既定程序，向相关上级申诉下级单位之决定的可能性。”① 戴维斯表达了同样的看法：“或许对裁量行为最重要的制约就是上级对下级通常的监督，监督包括预先的指示、随机抽样制约、下属将棘手问题提交给上级以及利害关系人向上级申诉。显然，充分的监督是可以预防专断行使裁量权的良好措施。”② 可见，以科层制为基础构造的上级监督，对于公共规制行为的约束异常重要，是公共规制回应性执行规范化的关键力量。

（三）强化责任

雷德里克·莫舍曾说：“在公共行政和私人部门行政的所有词汇中，责任一词是最为重要的。”③ 公共规制回应性执行的规范化离不开对规制违法行为的识别以及通过责任制度对其的保障。权力本身的属性及其运行的可能形态，以及责任制度具有的惩戒效用、预防功能，决定了责任制度在现代政治构造中的不可或缺。现代国家所谓的“透明政府”“责任政府”的口号和实践，都意味着“问责制”已成为政府制度的一个核心存在。如何保证规制权力合法行使，维护公共利益和履行公共责任等“善”的价值，防止沦为政府自利、与民争利和逃避公共责任等“恶”的工具，都需要给行政权力课以相应的行政责任并督促其落实。行政问责是保证行政权力扬“善”抑“恶”的有效机制，它能促进行政道德责任的弘扬、行政客观责任的履行和行政消极责任的追究，从而达到重塑公共行政价值、维护公共利益和担当公共责任的目的。④ 公共规制的回应性执行需要依据法律责任机制来规范自身的运行。“从根本上讲，（法律）责任是和社会政策、立法目的相联系的。责任来源于角色、职权、因果关系道义或者正义、精神状态、能力及法律规定。责任强调应为性，是义务和制裁之

① ［德］马克斯·韦伯：《支配社会学》，康乐、简惠美译，广西师范大学出版社 2004 年版，第 22 页。

② ［美］肯尼斯·卡尔普·戴维斯：《裁量正义》，毕洪海译，商务印书馆 2009 年版，第 125 页。

③ Mosher. F, *Democracy and Public Service*, New York: Oxford University Press, 1968, p. 7.

④ 参见伍洪杏、吕锡琛《行政问责：权力之善的助推器》，《湘潭大学学报》（社会科学版）2010 年第 5 期。

间的桥梁。”[①] 现实中，规制执法中的决策错误，不当行使、不充分行使等行为样式，都应通过相应的责任机制来预防和克服。

（四）道德约束

在保证一项法律制度被相关主体接受和遵从的问题上，强制性的制裁和监督只是一种辅助性保证。和所有的政府行为一样，公共规制的回应性执行过程中的规制执行，都是在规制主体道德水平影响下的行为选择，规制主体的道德意识，实施行为的道德选择，构成了影响规制主体行动决策和行动方式的重要因素。洛克曾说，“善和恶是人对利害的自然反应，人类按其本性，趋利避害，而规范和约束人的行为的，除了法律的强制之外，还有道德和良心”。他甚至认为，道德法是人类规范自己的主要法律，因为人可能对破坏神法遭到的惩罚不认真反省，对破坏国家的法律或者社会政治的法律，则设法逃避制裁，但如果人违背了道德法，就会遭遇普遍的憎恶和鄙弃，如此，他就很难挺着脖子、厚着脸皮活下去，这就是道德法（舆论法）的力量。[②] 库伯也曾说：“外部强加的义务只是责任的一个方面，与此并列的是内心的情感和信仰赋予的主观责任，主观责任来自对忠诚、良知、认同的信仰。推动行政人员行为的不是上级或法律的要求，而是信仰、价值观和被理解成禀性的个性特征等这样的一些内部力量。”[③] 在公共规制的回应性执行中，外在的监督难以时刻在场的情况下，强调规制主体的信念和道德，有助于形成一个更负责的规制主体，并产出更为合理、高效和规范的规制行动。

---

① 邓峰：《论经济法上的责任——公共责任与财务责任的融合》，《中国人民大学学报》2003 年第 3 期。

② 参见吕鹏《权力与道德——以制度伦理为视角的权力道德研究》，博士学位论文，吉林大学，2014 年，第 50 页。

③ ［美］特里·L. 库伯：《行政伦理学：实现行政责任的途径》，张秀琴译，中国人民大学出版社 2010 年版，第 84 页。

第八章

公共规制实施的利益机制

当市场失灵对市场主体的生产、经营或消费产生或潜在或真实的不利影响时，社会便会有希望通过公共规制来克服市场失灵的期待，公共规制中的社会需求由此形成。这种需求和期待，会以利益诉求的方式呈现出来，利益诉求构成了公共规制实施中发现市场弊病、了解社会需要的依据，对利益的调整和保障构成了公共规制存在的最深刻理由。

学术界常常从公权的角度出发，将一种可证成、可实现的公共利益的保障，作为公共规制保护的目标和内容。在笔者看来，公共规制在关注公共利益的同时，应该对私人利益给予足够的重视。公共规制指向的对象包括私人主体及行为，当然会对私人利益产生影响。私人是市场秩序建构的原发性力量，个人利益、个人自由和自发性的创造活动是推动经济发展的关键要素，市场机制在财富创造中之所以能取得巨大成功，与社会对上述要素的肯认和保障有着极大的关联。这种状态和要求在法律上的体现，就是将经济生活视为统治权力应该止步且以法律形式予以保障的私领域，公民在自我决策、自我判断基础上追逐利益的权利被确认为公民最重要的私权利。[①] 即便是公共利益，对其是否实现的判断依然要以现实中具体的人某种好处的获得为依据，如果公共规制所主张的公共利益无法使任何人获得某种好处，那么公共利益也就成为一个虚无缥缈和无法证明的虚假概念，公共利益的判断有着相应的私益准据。[②]

---

① 参见谢海定《中国法治经济建设的逻辑》，《法学研究》2017 年第 6 期。

② 参见关保英《行政法的私权文化和潜能》，山东人民出版社 2011 年版，第 311 页。

而且，如果我们从利益形态本身来观察即可发现，公共规制实施中所面对的利益通常是个别的、具体的利益，“当今中国的现实是，大多数人的利益诉求处在‘个体化诉求’的状态”①，它们并非总能被整合到一个利益系统中，也不一定总是一个可类型化的利益诉求，私人利益在公共规制中有着充分的存在空间。无论是公共利益还是私人利益，它们均构成了公共规制行动作用的对象和保护的内容，公共规制实施中可能采取的命令、控制、许诺、给付、激励、惩罚等措施，本质上是对利益识别和判断基础上的利益矫正或分配。无论是私人的、个体的，还是公共的、群体的，只要有相应的利益诉求被提起、被发现，就意味着一个规制需求被提起，一个规制行动需启动。权利的保护和利益的增进才是公共规制的本质所在，利益的保护构成了公共规制实施的目标、指向和依据，利益机制构成了公共规制实施的一个重要方式、手段和技术。因此，如何通过相应的机制构造和制度安排，依凭利益机制完成对市场失灵的识别和克服，是一个关联着公共规制目标能否实现的理论话题和实践问题。

学术界对利益机制没有统一、确定的界定，但一般认为，利益的表达机制、识别机制、分配机制、平衡机制、保障机制等是利益机制的基本构成。就公共规制实施中的利益机制而言，利益的表达固然可以为利益的识别提供便利，但利益的表达只是利益识别的一个前提性要素，只有经过规制机关识别、确认并获得规制机关落实、回应的利益才可能产生预期的规制效果，一个未被规制机关关注和确认的利益表达，不可能产生任何意义上的规制效果，充其量只是一种情绪的释放。另外，利益机制中的利益平衡要么是利益分配另一种称谓，要么是利益分配在结果上的要求，而利益保障则是对现有利益或利益分配结果的确认和维护，强调的是某种结果的维持或某种纠正方案的运用。据此，我们可以认为，利益的识别机制和利益的分配机制构成了公共规制实施中利益机制的两种主要类型，在公共规制实施的过程中，如何对现实中的利益诉求加以准确判断、选择，并在此基础上对实现规范的利益分配、落实和满足，构成了以利益机制为依据分析公共规制实施的两个核心问题。

因此，在对公共规制实施中利益机制具有的功能进行论证的基础上，对利益的识别机制、分配机制的构建进行分析，为公共规制的实施过程构

① 蔡禾：《从利益诉求的视角看社会管理创新》，《社会学研究》2012 年第 4 期。

造一套可操作的方案，笔者认为，上述内容的完成，对于提升公共规制实施的针对性和有效性，推进政府经济治理能力的现代化革新，均具有重要的指导意义。

第一节 公共规制回应“利益诉求”的法治意蕴

为应对国家治理中遭遇的各种挫折和失败，20 世纪后期以来，一场以革除传统官僚制弊端为目标，寻求更负责任、更有效率的国家治理改革运动在现代民主国家中展开。为实现此目的，现代民主政治开始从原始的古典形态那里寻找变革的灵感，将扩大公民的参与作为优化国家治理的关键举措。[①] 这场改革运动在公共规制领域的表现，是将公众的诉求和需要作为指引和牵制规制行动的重要力量。在此背景下，市场主体固然要受制于国家并需要按照国家的规制要求为特定行为，[②] 但规制不再只是政府单方意志的产物，市场主体的利益诉求及行动能在一定程度上影响甚至改变规制本身。在笔者看来，作为公共规制回应对象的利益诉求，绝不仅是一个经验意义上的描述性话语，更是一个法治意义上的重要命题。公共规制对利益诉求的重视，内含着规制知识发现的可能性、规制绩效提升等问题。从法学的角度观之，公共规制以利益诉求为回应对象，关联着规制正义的实现、规制民主的落实和规制制度的解释等若干法治议题。

一 “利益诉求”的公共规制回应与规制正义

公共规制正义的充分实现，不仅可避免市场领域中矛盾的叠加和积聚，还能为公共规制奠定社会接受和认同的微观根基。长期以来，学术界对正义实现的问题作出了艰苦卓绝的努力，有关正义及其实现的研究成果浩如烟海。但从正义的发展进程来看，一个明显的趋势是，“自 20 世纪 60 年代以来，正义理论走向了一条从抽象到具体，从理论到实践，从普

① 参见王家峰《国家治理的有效性与回应性：一个组织现实主义的视角》，《管理世界》2015 年第 2 期。

② 参见［英］安东尼·奥格斯《规制——法律形式与经济学理论》，骆梅英译，中国人民大学出版社 2008 年版，第 2 页。

遍到相对的道路"[①]。按照具体正义的理论逻辑，正义是一个相对、暂时的概念，需要在具体情势中予以确定，任何企图对固定的、绝对的、永恒正义的追求都可能是徒劳的，甚至有偏离正义本身的危险。具体正义是抽象正义的对象化，正义只有在具体案件适用中才有意义，也只有以现实生活中具体案件处理结果为根据，正义才能被感知、才能"看得见"。因此，在正义的实现过程中，我们必须回答"谁的正义?"这样的问题，[②]也需要从人的身份出发，从具体的生活样式和状态中来判断正义/不正义。[③]

以利益诉求为回应对象的公共规制，意味着公共规制中"具体正义"的实现具备了可能的空间和通道。众所周知，正义、权利和利益高度关联，"利益构成了权利的基础和前提"[④]，"权利之本质乃享受特定利益的法律上之力"[⑤]。利益是正义的实质表达和具体呈现，将正当利益转化为法律上的权利并保障实现，是法治背景下正义实现过程的最简约表达。公共规制实施中可能采取的命令、控制、许诺、给付、激励、惩罚等措施，本质上是对利益识别和判断基础上的利益矫正或分配。以干预和矫正市场为内容的公共规制，也应围绕利益保护这一终极价值展开，公共规制正义的实现以对利益的保护为核心内容，权利的保护和利益的增进才是公共规制的本质所在。[⑥]

既然发现利益并予以保障是规制正义实现的首要环节，那么，一个随之而来的问题是，公共规制意欲回应的利益诉求主要应由谁来提起？较之于其他制度类型，公共规制具有突出的"决策于未知之中"特点，方法

① 於兴中：《正义：从抽象到具体》，《清华法治论衡》2016年卷，清华大学出版社，第7页。

② 参见［美］阿拉斯戴尔·麦金太尔《谁的正义？何种合理性?》，万俊人等译，当代中国出版社1996年版。

③ 参见［印］阿马蒂亚·森《正义的理念》，王磊、李航译，中国人民大学出版社2013年版。

④ 吴从周：《概念法学、利益法学与价值法学：探索一部民法方法论的演变史》，中国法制出版社2011年版，第118页。

⑤ 郑玉波：《民法总则》，中国政法大学出版社2003年版，第61页。

⑥ 参见［美］凯斯·R. 桑斯坦《权利革命之后：重塑规制国》，钟瑞华译，中国人民大学出版社2008年版，第20—35页。

论、认识论甚至本体论等诸多因素是导致其“不确定性”的主要因素。[①] 这种不确定和现代市场系统中的多种利益相互叠加，以及政府行动中的时空限制和资源约束，都会使政府识别和发现利益诉求过程中存在严重的能力不足。因此，公共规制应当基于公民主体地位和政府有限理性的预设，将利益判断的权利交由公众自己行使，“个人是本身利益的最好的和唯一的裁判者”[②]，“行政法以个人具有自主人格为出发点，由利益主体自己决定其自然利益何在”[③]。利益诉求表达是一种重要的信息发现机制，通过它，规制机关对规制问题的理解和把握才具有可感知性和可验证性，公共规制运行中的主观判断、无知决策、目标偏离和政治冷漠等情形才能避免，公共规制运行正义的实现才会有明确的对象依据和目标依据。

同时，公共规制不仅要发现“利益”，更重要的是明确属于“谁”的利益，这才是公共规制实施中具体正义能否实现的关键。事实上，所有的政治行为意欲解决的都是“谁”的问题，“人们之所以要诉诸政治，也正是为了确定‘谁’的问题，而不是为了确定一种与‘谁’无关的解决方案”[④]。在一个多元主体构成的市场系统内，规制机关面对的利益诉求常常是具体的、个别的，它们并非总能被整合到一个利益系统中，也不一定总是一个可类型化的利益诉求，“当今中国的现实是，大多数人的利益诉求处在‘个体化诉求’的状态”[⑤]。对于特定的主体，究竟什么样的规制行动能对其产生所期望的好处，与其从事的行业、参与的活动和所处的环境等因素相关，甚至是情感、愿望、信念等主观因素的结果。比如公共规制中分配型法律制度，“这类法律通常是这样规定的，‘这有一个福利，如果你符合条件，请来领取’”[⑥]。问题的关键是，即便是一种“福利”，

① See Vern R. Walker, “Risk Regulation and The ‘Faces’ of Uncertainty”, *Risk: Health, Safety & Environment*, Vol. 9 1998, pp. 29-34.

② ［法］托克维尔：《论美国的民主》，董果良译，商务印书馆 2009 年版，第 72 页。

③ ［德］斯密特·阿斯曼：《秩序理念下的行政法体系重构》，林明锵等译，北京大学出版社，第 140 页。

④ 张乾友：《技术官僚型治理的生成与后果——对当代西方治理演进的考察与反思》，《甘肃行政学院学报》2019 年第 3 期。

⑤ 蔡禾：《从利益诉求的视角看社会管理创新》，《社会学研究》2012 年第 4 期。

⑥ ［美］罗伯特·S. 萨默斯：《美国实用工具主义法学》，柯华庆译，中国法制出版社 2010 年版，第 239 页。

也不是每一个主体都需要它，“双光眼镜也许对主体‘安’有利，但对主体‘本’却可能有害，尽管看清楚东西的益处对二者都是一样”①。利益的认定固然有其客观标准，但终究与利益主体的主观感知相关，能否对主体产生具体的好处，必须结合主体的愿望、要求和期待来评判。公共规制尽管不可能，也不应该对现实中的每一种利益诉求都予以满足，作为公共规制回应的对象，利益诉求的判断和选择标准笔者将在后文论及，但不容否认的是，如果不以市场主体的利益诉求为公共规制的回应对象，公共规制的错位和缺位的情形就难免会发生，“公众有需求，政府不回应”“政府买了单，公众不买账”的失败就无法避免，公共规制实施中的正义实现也会失去现实根基。

二　“利益诉求”的公共规制回应与规制民主

科学和民主被认为是公共规制的两条基本路径。对于前者而言，由于现代市场产品及行为都表现出了极强的专业性和技术性，由其引发的风险需要从科学的角度来判断和解释。比如现代金融市场，其本身是一个由多层次、多主体、多环节的资本、行为和技术叠加而成的复杂系统，所蕴含的风险异常繁杂多样，当政府启动金融风险规制时，需要对诸如金融风险发生的诱因和严重程度、风险可以或应该得到何种程度的控制、规制介入的时机和方式、规制工具的选择及组合等问题给予明确的判定。显而易见，这些问题所涉及的是“科学”意义上的知识，只有经过专门训练、拥有专业知识的人才能判断。申言之，作为规制对象的市场弊病需要依据科学知识来判断和解释，技术官僚在公共规制中应当扮演重要的角色，公共规制决策需要依赖专家理性来完成。

但是，仅以科学技术为依据并不能保证公共规制决策正当性的完整实现，这不仅是科学技术只是一个有限的决策工具，本身有着认识论上的局限性。② 更重要的是，公共规制是一个需要融合技术知识与价值知识才能成就自身正当性的政府行动，价值知识是政治、社会和文化等多种因素交

---

① ［美］丹尼尔·豪斯曼、迈克尔·麦克弗森：《偏好的满足与规范经济学》，陈真译，《江海学刊》2009 年第 4 期。

② 参见［澳］伊丽莎白·费雪《风险规制与行政宪政主义》，沈岿译，法律出版社 2012 年版，第 14—15 页。

错、互动和融合的结果，它无法通过专家理性来获得，而大众参与为我们获取价值知识提供了更直接的途径。[①] 亦即通过公众参与来获取规制价值知识，并在整合规制技术知识基础上的规制行动，才是保障公共规制正当性与合法性的必要路径。

作为一种民主实现的工具性机制，公众参与是公众通过制度化的讨论、协商、沟通和对话完成意见的表达和反馈以实现决策民主化的过程。"参与可以改进规则的信息基础从而提升决定的质量，并因而增加成功实施的可能性并且就规则在实践中效果提供重要的反馈。"[②] 将公众参与置于公共规制的框架中，就是通过开放性的制度安排，将市场主体吸收到规制事项的决策过程之中，为参与者充分表达自己的诉求、目标和关切提供机会，形成关于公共规制的共同理解和主张，从而提高公共规制决策合理性和正当性的过程。

但是，公众参与能否为公共规制决策提供正当性支撑，其重点不在于政府之外的主体在形式上是否获得了参与机会，而在于真正的利益主体或利益相关者是否获得了参与规制决策的准入允许。公众参与依托于直接民主理论构造自身，直接民主的思想基础是个人主义，促成直接民主形成的动力是利益主体对自身利益的重视。"每个人是自己的权利和利益的可靠的保卫者，因为人总是爱自己超过爱别人的，所以只有在每个人有权捍卫、支配自己的权利和利益，他自己的权益才能得到保证、免遭忽视。"[③] 公众参与的参与主体至少应该是利益相关者，而不是与所涉利益无关的"局外人"，否则，公众参与中的代表"被代表""被参与"的情形就难免会出现。

长期以来，尽管各种形式的公众参与在我国的政府决策中获得了广泛适用，但公众参与对政府决策民主的增进功能却较为有限。造成这种情形的原因之一，是参与主体与决策指向的利益缺乏关联。比如，作为价格规制中公众参与重要方式的价格听证，在参与主体选择中却屡屡出现"屡次

---

① 参见王锡锌、章永乐《专家、大众与知识的运用——行政规则制定过程的一个分析框架》，《中国社会科学》2003 年第 3 期。

② ［美］朱迪·弗里曼：《合作治理与新行政法》，毕洪海等译，商务印书馆 2010 年版，第 41 页。

③ 陈炳辉：《直接民主与间接民主——〈代议制政府〉的重新解读》，《现代哲学》2006 年第 1 期。

抽签、次次选中的‘专业听证户’”现象，听证代表只是相关部门需要的“群众演员”[①]。由于决策结果不会对听证代表的利益产生任何形式的增进和减损，于是“事不关己、高高挂起”的冷漠，或者因不关乎自己利益的默认和同意便常有发生。正因为如此，有学者曾深刻指出：“尽管政府在行政决策过程中对各种形式的听证会表现出持续的、高涨的‘热情’；另一方面，公众对听证会制度却表现出越来越明显的不信任，公共信任危机正逼近听证会制度。”[②] 因此，公共参与必须对利益主体准确识别并确保其实质性地参与到决策过程当中，一个缺失利益直接关联主体的参与不仅无法促成规制民主的生成，难以达成规制决策共识，还可能引起公众的厌倦和抵制，甚至危及民主本身的价值和尊严。

政府政策对公民偏好作出回应才是民主理论的核心。[③] “当下公共行政面临的核心问题，如何确保公共行政管理者能够代表并回应民众利益，否则民主制度便可能无以为继。”[④] 公众参与的目的是尊重并落实主体的利益和偏好，而不是制造平庸和服从。以利益诉求为回应对象的公共规制，要求以对利益诉求的准确掌握为前提，需要市场主体向规制机关传递充分的政策信息来创建良好的政民互动，其所具有的民主价值自不待言——任何利益诉求必然有相应利益主体和利益相关者，将具体的利益主体作为参与主体纳入规制决策过程之中，保证公共规制决策中的利益表达、呈现、释明有具体的承担者，是公共规制预设的回应对象是利益诉求者的当然要求，也是公众参与能否产生民主效用的关键所在。只有足够的动力和激励的利益相关者在公共规制决策中获得了参与机会，公众参与所具有的表达、交涉和协商功能才能获得释放，一个更妥当的利益共识才具备了形成的可能，需要政府回应的“利益”由此变成了可以共同感知、获得共识的利益。规制民主以及民主基础上的规制知识由此才能形成，规制决策的正当性才能得到保障。

---

① 梁好：《“听证专业户”使听证流于形式》，《光明日报》2011年7月19日。

② 王锡锌：《公共决策中的大众、专家与政府：以中国价格决策听证制度为个案的研究视角》，《中外法学》2006年第4期。

③ See Kenneth J. Arrow, *Social Choice and Individual Values*, John Wiley Sons, Ltd., Publication, 1963, p. 27.

④ ［美］戴维·H. 罗森布鲁姆、罗伯特·S. 克拉夫：《公共行政学：管理、政治和法律的途径》，张成福等译，中国人民大学出版社2002年版，第9页。

三 “利益诉求”的公共规制回应与规制解释

在公共规制的实施过程中，规制行动指向的事实和规制法律制度，构成了规制适用的对象和依据。规制立法一旦完成，规制法律文本会形成一个相对固定的系统，它不可能，也不应该朝令夕改，否则会影响到人们的行为预期和规制制度的约束功能。但是，诚如前文所论，规制所指向事实因丰富、复杂和多变而不确定，公共规制的制度话语和指向的事实之间总是存在某种程度的分离。而且，除了规制事实的不确定，决定规制正当性和合理性的规制价值知识也并非固定不变，需要根据经济情势、社会环境和具体问题调整。某种“市场弊病”是否构成规制的对象以及采取何种规制措施，必须结合具体的经济环境来判断，比如经营者之间签订的垄断协议，其作为典型的限制竞争行为理应受反垄断法的规制，但按照我国《反垄断法》的规定，如果经营者的协议在整体上有利于技术进步、经济发展和社会公共利益，尤其是对提高经济效益、降低成本、节约能源和应对经济不景气能产生积极影响时，则适用垄断协议豁免制度。公共规制价值知识的变动性由此可见，社会环境和经济情势的动态变化决定了规制价值知识调适和校正的必然性。

在规制法律文本确定的情况下，无论是规制事实知识的认定还是规制价值知识的调整，都应该通过规制解释来完成。当然，“在某种重要的意义上，法律规则从来没有清晰过”[①]，因此所有的法律规范都需要解释，[②] 但公共规制事实知识的不确定性和规制价值知识的变动性，使得公共规制实施中的规制解释尤其重要。在所有的法律解释方法中，利益法学的解释方法作为一种重要的解释方法，“利益法学的解释方法在法律解释方法论上的贡献在于：它使法律适用的重心由形式逻辑的单纯演绎，转变为根据法秩序的评价标准而展开的实质性利益权衡，可以说，如果没有利益法学埋下的暗杠，传统的法解释论将无法成功地转型而对复杂社会的治理需求作出有效的回应”[③]。在笔者看来，将利益诉求作为公共规制的回

---

① Edward H. Levi, *An Introduction to Legal Reasoning*, University of Chicago Press, 1972, p. 4.

② 参见［德］伯恩·魏德士《法理学》，丁小春、吴越译，法律出版社 2003 年版，第 314 页。

③ 劳东燕：《功能主义刑法解释论的方法与立场》，《政法论坛》2018 年第 2 期。

应对象，意味着利益法学的解释方法在公共规制解释中的地位获得确认，其对公共规制的影响至少包括以下几方面。

首先，按利益法学的立场来解释公共规制制度，可为规制价值知识的及时调整提供准则和依据。公共规制的内在要求，是构造一个能及时体现市场情势变化和有效满足市场主体期待的规制秩序，而利益法学的核心要义，是允许法律适用者可以根据具体的情势来识别利益，并对可能冲突的利益进行实质性权衡。在利益法学的解释立场下，对公共规制制度的解释不在于“逻辑优位”，更是“生活研究与生活价值优位”，法律适用的思维不仅是“公理式—演绎式的”，更是“价值式的—归纳式的”。[①] 在个别化利益诉求不断出现的情况下，规制法律背后的利益要求、利益结构和利益关系，以及公众对规制行为的感知、体验和评判，构成了规制价值知识调整的方向和依据。规制解释要从利益保护的角度来对规制行为进行判断和选择，唯有如此，一个契合社会需要和公众认同的规制秩序才有生成的可能。

其次，按照利益法学的法律解释原理，法律制度是文本、主体和语境之间互动的产物，法律适用承担着演进法律的任务，解释者要实质性地参与到法律文本意义的创造过程之中。[②] 公共规制要回应的利益诉求不可能仅会在立法之前出现，“如果某些利益群体的诉求（价值层面和利益层面）在制定阶段不能得以体现，这些诉求转而会进入执行阶段，继续通过影响施加压力、参与执行过程和咨询等方式体现其诉求和利益”[③]。在规制事实和规制价值知识可能变化的情况下，无论立法者如何努力，规制立法不可能覆盖所有的规制问题，也无法预先设定固定不变的价值结构，面对现实中会不断产生的利益诉求，规制者不能因为规制立法没有规定而不加回应。因此，规制实施就不仅是认知意义上的理解性活动，它要求规制机关应该依据规制所确立的利益保护目标和意欲促成的利益格局，来创造性地对规制制度予以解释，将规制解释作为一种重要的公共规制制度的供给方式运用于规制世界当中，最大限度地满足现实中规制行动的需要，以

① 参见吴从周《概念法学、利益法学与价值法学：探索一部民法方法论的演变史》，中国法制出版社 2011 年版，第 432 页。

② 参见劳东燕《功能主义刑法解释论的方法与立场》，《政法论坛》2018 年第 2 期。

③ 宋雄伟：《公共政策执行与整合式治理》，《中国社会科学报》2015 年 9 月 23 日第7 版。

此为基础回应现实中的利益诉求。

最后，以利益法学的解释方法为解释工具，是保障公共规制解释能始终围绕规制目标展开的重要方法。“目的是全部法律的缔造者”[①]，“法学的特殊性在于它主要研究规范性目的的实现，换言之它主要研究目的性问题，即各种解决方式的不同目的何者为重的问题”[②]。这种特殊性既体现在立法过程中，也体现在法律解释过程中。在“回应型法”理论看来，压制型法、自治型法和回应型法之所以不同，就在于它们在法律目的上的区别。[③] 按照本章的预设，公共规制以利益诉求为回应对象，市场主体合理利益诉求的满足构成了公共规制的目的，公共规制的目的指向和公共规制回应的利益因此而发生了关联。事实上，这种关联是目的法学和利益法学在公共规制领域的体现——利益法学和目的法学一脉相承，利益法学是目的法学在方法上的适用和展开。在笔者看来，以利益诉求的回应为依据统筹规制解释，意味着规制解释应该将规制文本、公众期待、社会经济环境、市场主体的特定需求等因素统合起来考虑公共规制的回应实施方案，规制实施中的灵活性和开放性获得保障。规制实施既要避免“一刀切式”的简单和任性而伤及无辜，也不能因市场主体的某种利益过于微小而被漠视，规制方案既要促进整体经济利益的增长，也要保证市场主体个别利益的增进，而这正是公共规制应当追求的目标和实质内容。

第二节　公共规制实施中利益机制的功能

为应对国家治理中遭遇的各种挫折和失败，20世纪后期以来，一场以革除传统官僚制弊端为目标，寻求更负责任、更有效率的国家治理改革运动在现代民主国家展开。为实现此目的，现代民主政治开始从原始的古

① Edgar Bodenheimer, *Jurisprudence: The Philosophy and Method of the Law*, Universal Law Publishing Co. Pvt. Ltd., 2006, p. 89.

② ［德］伯恩·魏德士：《法理学》，丁小春、吴越译，法律出版社2003年版，第133页。

③ 参见［美］诺内特、塞尔兹尼克《转变中的法律与社会：迈向回应型法》，张志铭译，中国政法大学出版社1994年版，第84—87页。

典形态那里寻找变革的灵感，将扩大公民的参与作为优化国家治理的关键举措。① 这场改革运动在公共规制领域的表现，是将公众的利益和需要作为指引和牵制规制行动的重要力量，在此背景下，市场主体固然要按照政府的规制要求为特定行为，但规制不再只是政府单方意志的产物，市场主体的利益及其诉求能在一定程度上影响甚至改变公共规制行为本身。公共规制实施中面对的各种利益诉求，绝不仅是一个经验意义上的描述性话语，更是一个法治意义上的重要议题，与利益诉求直接关联的利益机制，不仅是公共规制实施中知识发现的关键工具，也是纠正公共规制失败、增强公共规制实施规范性的重要手段，其所具有的功能决定了在公共规制实施的过程中应对其加以充分运用。

一　利益识别机制是发现市场失灵的有效手段

规制机关对市场失灵的准确认知是公共规制实施的逻辑前提。从知识类型的角度讲，对市场失灵的判断属于规制知识中的“事实知识”，是对某种经济现象或行为“是”或者“不是”市场失灵的判断。规制机关对市场失灵的主观认知应当与市场运行中呈现出的客观事实相一致，但是，规制者对规制事实知识的认知终究是一种人的行为，其不可避免地会受到规制者的意向、动机、态度、能力及其价值理念等因素的影响。和所有人类行为中的理性不足一样，规制者在市场失灵的识别中同样会遭遇理性有限的困境和约束，按照哈耶克的说法，有限理性至少会体现在以下两个方面：“一方面，个人理性在理解它自身运作的能力方面有着一种逻辑上的局限，这是因为它永远无法离开它自身而检视它自身的运作；另一方面，个人理性在认识社会生活的作用方面也存在着极大的限度，这是因为个人理性乃是一种植根于由行为规则构成的社会结构之中的系统，所以它无法脱离生成和发展它的传统和社会而达到这样一种地位。”② 规制者在识别和判断市场失灵时会受到各种形式的资源约束和时空限制，其在认知、感知能力上的无知、缺陷等理性不足的情形难以避免，规制者对市场失灵的

① 参见王家峰《国家治理的有效性与回应性：一个组织现实主义的视角》，《管理世界》2015 年第 2 期。

② ［英］哈耶克：《自由秩序原理》，邓正来译，生活·读书·新知三联书店 1997 年版，第 151 页。

识别存在能力上的边界。

同时，现代市场产品和行为的复杂性也极大地增加了市场失灵发现的难度，比如现代金融市场，其本身是一个由多层次、多主体、多环节的资本、行为和技术叠加而成的复杂系统，所蕴含的风险异常繁杂多样，当政府启动金融风险规制时，需要对诸如金融风险发生的诱因和严重程度，风险可以或应该得到何种程度的控制，公共规制介入的时机和方式、规制工具的选择及组合等问题给予明确的判定。现代市场环境中的市场失灵呈现出突出的复杂性、专业性、技术性、相互关联性和因果循环性等特征，规制者对市场失灵的识别难度会因上述特征而增加，公共规制实施中所需要的信息愈加不完备和不准确，规制者的认知结果与真实市场世界相分离的情形不可避免地存在。

正是由于规制者理性的不足和规制对象复杂性的相互叠加，使得公共规制中才会时常遭遇“在很多领域，国会所设计的规制策略与其试图纠正的特定市场失灵之间都没有关联性”的困境。① 因此，我们需要一套有效方案，来保障规制者对市场失灵判断和识别的有效性。利益识别机制是一种以利益为依据的问题发现方式，其要求以市场运行中呈现出的各种利益为依据来识别和判断市场失灵。市场失灵的表现形式固然种类多样，但任何一种形式的市场失灵都必然会和某种利益相联结，一个对任何利益都不产生影响的市场失灵是不存在的，当然也就没有规制的必要。比如市场中的经营者集中行为，其之所以会成为反垄断法的规制对象，并不在于“经营者集中”这一行为本身，而在于其对其他竞争者和消费者利益所产生的不利影响。我国《反垄断法》就明确规定，当一个经营者集中行为不会削弱其他主体的竞争力，也不会对消费者的利益造成减损时，该经营者集中行为就不应该成为反垄断法规制的对象。一个规范的利益识别机制的建立，可为规制者判断市场失灵是否存在提供指引，利益的识别过程构成了规制者捕获市场失灵种类、样态的关键方式，也构成了规制者判断市场失灵严重程度的依据。

笔者认为，规制者以利益为依据识别市场失灵，可为市场失灵情形判断的全面性提供保障。现代市场条件下的市场失灵，涉及的市场主体数量

---

① 参见［美］凯斯·R. 桑斯坦《权利革命之后：重塑规制国》，钟瑞华译，中国人民大学出版社 2008 年版，第 101 页。

众多，发生的领域、环节极为繁杂，不以利益为依据的市场失灵判断意味着规制者失去了一个有效的抓手，规制权力“百密一疏”的缺漏就难免会发生。如果市场失灵对市场主体享有或应该享有的利益产生了不当影响，受到影响的市场主体会比其他规制者在内的任何主体有着更真切的感受，其基于自身利益的维护而形成的动力更为持久，与之关联，通过利益诉求所展示的市场失灵也必然更为全面。市场主体主张的利益诉求，可为规制者判断市场失灵提供一个直观、可见的依据，规制者所确定的市场失灵会因此而具备可观察性和可验证性，公共规制实施中的主观判断、无知决策、目标偏离和政治冷漠等情形会因此而避免，公共规制实施才会具备明确的对象依据和目标依据。

二　利益分配机制是矫正规制失灵的重要工具

传统法治理念基于对政府权力控制的要求，对公共领域和私人领域进行了严格的区分，认为只有将政府权力限制在一个可以预见的范围内，并要求其以可预见的方式行使，才能实现对权力的有效驯服。在市场领域，该理念所预设的状态是，在自由竞争和独立价格的作用下，没有任何人能够取得足够的权力控制他人，市场作为一个自足自律的领域无须政府干预也能保证公正与自由。[①] 市民社会与政治国家应当截然有别，市民社会与政治国家的关系应当按照“对市场干预最少的政府是最好的政府”的规则来厘定。但是，市场机制并没有古典自由主义经济学想象的那样完美，其自发运行中的各种失灵情形不仅会导致市场的低效率，还伴随着各种形式的利益减损。为弥补市场自发运行的缺憾，现代市场要求政府以积极作为的样态介入经济事务中，通过对市场失灵的纠正来维护市场机能的正常发挥，保障市场机制的高效率，从而实现市场个体和整个社会的利益增进和福利提升。

但是，公共规制同样难以完美，现实中的公共规制即便不至于普遍失灵，但公共规制行为所采取的规制策略所造成的效果与其所追求的目的完全相反的自我挫败情形大量存在，[②] “在一些特别的情况中，政府干预不

① 参见刘艺《认真对待利益——利益的行政法意义》，《行政法学研究》2005 年第 1 期。

② 参见［美］凯斯·R. 桑斯坦《权利革命之后：重塑规制国》，钟瑞华译，中国人民大学出版社 2008 年版，第 83 页。

可避免的弊端都可能比私人企业的缺点更加糟糕”,[①] 此乃规制失灵的问题。按照桑斯坦的说法，规制失灵除了制定法方面的原因外，规制制度糟糕的实施状况也是导致规制失灵的原因。具体而言，第一，由于利益集团的压力、派系问题等因素的影响，规制者有着被俘获的可能，由此会导致规制制度对部分主体的利益并没有给予充分的保护，规制法所提供的保护成了干巴巴的语言和象征，无法产生实际的效果。第二，有些规制虽然以真实的市场失灵为靶子，但它们在实施过程中却造成了更严重的低效率，比如食品和药品管理部门出于对政治问责和政治成本的考虑，拒绝批准有益的食药品进入市场，如此造成的结果，一方面是严格的批准只能带来有限的健康收益，另一方面是规制机构的拒不批准和拖延导致的重大健康损失。第三，有些规制制度设定的再分配规则在实施过程中因遭遇扭曲而形成了完全相反的后果，比如最低工资法导致的失业加剧，过于严格的工作安全要求引发的失业、工资下降和物价上涨，等等。第四，尽管规制制度试图通过反映公共意志的民主过程来制定规制政策，但在实施中这些抱负常常受挫，为了促进民主目标而设计出来的制度被派系力量和行政部门的自私自利所摧毁。[②]

在笔者看来，上述从规制实施角度对规制失灵形态的归纳尽管形式多样，但它们包含着一个共同的内容——规制实施中利益保护的不充分和利益分配的不恰当，是导致规制失灵的根本原因。那么，一个顺理成章的结论是，为防范规制失灵的发生，我们就应当构造一个规范的利益分配机制，并将之作为纠正规制失灵的重要措施——当然，对公共规制失灵的矫正路径需要从多个角度进行——包括前文提到的利益识别机制，在某种意义上也是纠正规制失灵的方式之一，但毋庸置疑的是，利益的分配和落实与否才是公共规制行为能否产生预期效果的最终依据，也是评价公共规制是否产生失灵情形的根本性标准。

每一个公共规制行为的背后都关联着市场主体的权利和利益，一个能产生预期效果的公共规制实施必须以合理的利益分配为前提。利益分配机制以利益分配标准规则、利益分配程序规则、利益分配结果评价规则为基

① 参见［美］查尔斯·沃尔夫《市场与政府》，谢旭译，中国发展出版社 1994 年版，第 15 页。

② 参见［美］凯斯·R. 桑斯坦《权利革命之后：重塑规制国》，钟瑞华译，中国人民大学出版社 2008 年版，第 110—115 页。

本内容，它表现为一种制度化的规则系统，是为达到既定规制目标的行动约束机制，它能创造出相应的制度事实，形成权利、职责、义务、权威、允许等内容，并从认知、行为和规则等方面来影响行为的实施。[①] 利益分配机制的规范构造，对于规制制度功能的发挥和规制绩效的形成至关重要，它可以减少规制主体行为中的不确定性，防范机会主义，克服规制者的自利属性和被俘获可能。“正式制度的一个主要结果是机制”[②]，机制通过正式制度来完成自身的运行，利益分配机制的确定意味着规制行动中激励扭曲因此而减少，公共规制实施只能以一种稳定的程式展开。公共规制实施过程因制度化、程序化的利益分配机制的形成而促进了其规范化程度的提升，一个既可以促进整体经济利益的增长，也能保证市场主体个别利益的增进的公共规制，因此而具备了实现的可能。

第三节　公共规制识别“利益诉求”的规范方案

公共规制要求规制机关对市场主体的利益诉求及时掌握，并对其正当性予以评估，然后将其作为确定规制目标的重要参数，实现规制目标、规制手段和规制方式之间的协调和适配。但利益诉求的选取又是一个颇具难度的问题——利益诉求的识别和判断不仅需要思想，还需要道德，更需要技巧，从规制机关的角度讲，规制机关的认知能力、自身偏好和道德因素，都会对利益诉求的选择造成影响，任何一个要素的缺失都有可能导致利益诉求的判断失当。从利益诉求本身来讲，市场主体所表达的利益诉求极为多样，基于不同的判断标准，利益诉求的正当性会有不同的结论，“规范性领域的认识并不显现出像数学化自然科学那样的可信度，通常也不存在唯一正确的决定，当涉及‘风险决定’时尤其如此”[③]。而且，市场主体提起的利益诉求并非总是正确的，其既可能是有足够法律依据和

① 参见李文钊《论作为认知、行为与规范的制度》，《公共管理与政策评论》2017 年第 2 期。

② ［美］道格拉斯·C. 诺思：《制度、制度变迁与经济绩效》，杭行译，格致出版社、上海人民出版社 2016 年版，第 132 页。

③ ［德］阿图尔·考夫曼：《法律获取的程序——种理性分析》，雷磊译，中国政法大学出版社 2015 年版，第 37 页。

道德正当性支撑的合理需求，也可能只是某种激情的宣泄和一时冲动，还可能是偏见、自私、贪婪、妒忌心理状态支配下的谋利行为。公共规制不可能是对利益诉求不加区分的“有求必应”，更不可能“无条件地顺应人民群众的一切突发激情或一时冲动”①。事实上，即便是合理的利益诉求，规制机关资源和能力的有限性，也意味着不可能对其全部予以回应。

因此，如何建立一套有效的甄别和选择机制，对利益诉求予以判断并确认其正当性就极为重要。当下学术界主要从法律依据、道德合理性等角度来评判利益诉求的正当性，但在笔者看来，利益诉求的判断除了应依照现行法律及道德伦理来进行之外，还应该多个角度、多个层次来进行，其中，利益诉求的享有、表达主体、利益诉求发生的领域和指向的客体类型，以及利益诉求所处的时空位置，都是利益诉求判断机制构造中不可缺少的因素。笔者认为，只有这种主体、客体、时间和空间“四维一体”的识别方式，才可能保证规制机关对利益诉求的判断更为全面和完整，也才能为规制实施中利益判断正当性的实现提供一个更规范的操作框架。

一　利益主体、规制者的注意力和利益诉求的识别

前文已论，在公共规制的语境下，是否构成一个市场主体需要利益诉求应由市场主体自己来判断。但是，市场主体判断及表达利益诉求的过程，终究是一个“个人或群体作出宣称的活动”②，利益诉求指向的规制问题固然可能有客观的判定依据，但其“不能脱离对它们进行定义的个体和群体而存在”③。利益诉求被规制者选中是其获得回应的前提，但利益主体的认知能力、社会地位、经济基础、舆论能力，都是影响利益诉求被规制主体选中的重要因素。一个显见的事实是，现实中并不是所有的规制问题都能获得规制者的重视，理性的规制主体会基于增进政治收益和规避政治风险的考虑，策略性地选择市场主体意欲政府回应的利益诉

① ［美］汉密尔顿等：《联邦党人文集》，程逢如等译，商务印书馆1980年版，第364页。

② Malcolm Spector and John I. kitsuse, *Constructing Social Problems*, New York: Aldine de Gruyter, 1987, pp. 75-76.

③ ［美］威廉·N. 邓恩：《公共政策分析导论》，谢明译，中国人民大学出版社2002年版，第159—160页。

求，而决定政府策略性选择方案的诸要素中，利益主体无疑是其中一个重要因素。

利益主体之所以在规制机关利益诉求的选择中会发挥重要作用，在于不同的利益主体对规制者注意力的分配会产生影响。[①] 注意力是一种资源，“当各种信息进入我们的意识范围，我们关注其中特定的一条，然后决定是否采取行动”[②]。现代政治系统中的信息并不真正稀缺，而是富足有余，选择什么信息输入政策过程才是关键，真正稀缺的因素是注意力。[③] 实践中，由于“政府更多地回应那些被组织起来的利益”[④]，没有相应组织代表的利益常常因无法引起政府的注意而遭遇忽视的命运。有论者就曾指出，我国农民利益之所以存在被侵蚀的现象，与农民没有代表自己利益的组织直接相关。[⑤] 同时，社会中拥有资源和权力，或者更容易接近权力的精英阶层，更容易得到政府的注意和关注，其所代表和利益也常常被规制机关在利益诉求选择中优先考虑。

另外，利益诉求表达的方式也是规制机关分配注意力的重要因素。利益诉求的表达主体会基于特定的制度环境，并结合自身的身份属性，通过运用各种话语策略将自己的利益诉求展现于规制者面前，最终使与自己相关的规制问题获得规制者的关注和回应。实践中，利益主体通常会对自己的利益诉求进行包装和推销，在形成主导性话语优势和“社会意义”的基础之上，使得与其相关的社会问题能够成功地引起决策者的注意，从而

---

① 事实上，在公共政策研究中的“目标群体的社会建构理论”，正是从政策设计受体的角度对政策设计、目标群体社会建构和政治参与之间的关系所进行的分析。该理论认为，一方面，政策设计会受到该政策所针对目标群体的政治影响力和社会形象的影响，目标群体政治影响力的大小决定政策设计的核心因素；另一方面，目标群体配合的意愿和程度反过来又关系着政策执行的成败参见张勇杰《目标群体的社会建构如何转化为公共政策——一个政策议程嵌套的解释框架》，《甘肃行政学院学报》2019 年第 1 期。

② ［美］托马斯·达文波特、约翰·贝克：《注意力经济》，谢波峰等译，中信出版社 2004 年版，第 23 页。

③ 参见［美］布赖恩·琼斯《再思民主政治中的决策制定：注意力、选择和公共政策》，李丹阳译，北京大学出版社 2010 年版，第 17 页。

④ ［美］布赖恩·琼斯：《再思民主政治中的决策制定：注意力、选择和公共政策》，李丹阳译，北京大学出版社 2010 年版，第 16 页。

⑤ 参见李长健《论农民权益的经济法保护——以利益与利益机制为视角》，《中国法学》2005 年第 3 期。

成功地纳入规制议程。[①] 笔者认为，在规制者注意力有限的情况下，利益主体运用特定的策略并采取足以引起政府注意的利益表达方式固然无可厚非，但如果利益表达主体通过一些非常规的方式来制造引人注目的社会效应，使之成为公共事件，并将其作为获取不当利益的一种手段时，其正当性无疑就不复存在。比如某些利益主体采取的事情“闹大”策略，他们或者通过虚张声势甚至混淆视听的方式来博取社会关注，或者通过各种非制度化的表达制造轰动效应给政府施压，“个别人尝到了‘闹大’的甜头，以此从政府手中谋求不当利益，‘闹大’成为可变现的资源”[②]。如果规制机关在舆论和政治正确的裹挟下迫于压力对本不该回应的利益诉求也加以回应，则可能导致公共规制合理性的丧失，影响到社会的正义观和是非观，甚至制造出新的不公正和不平等。

因此，规制机关的利益诉求识别行为必须加强对利益主体的重视，并将其作为利益诉求判断的一个重要因素加以考虑。一方面，既然规制机关对组织表达的利益诉求，以及强势、精英主体表达的利益诉求会分配更多的注意力，而对于分散的个体以及弱势、底层主体表达的利益诉求通常会给予较少的重视，那么就应通过建立相应的约束机制和激励机制，保证规制机关对弱势主体利益的持续关注。具体而言，规制回应对象的清晰设计，规制任务的科学分工，规制责任制度、规制效果评估制度的建立，以及规制监督机制的优化，等等，都是实现规制机关注意力均衡分配的重要手段。事实上，对政府注意力合理分配的问题，学术界已结合具体对象进行过充分的研讨，[③] 无须本章再做赘述，但可以确定的是，只有通过上述制度的建立和完善，才能保证规制机关对未组织化的主体之利益诉求给予

---

① 参见张勇杰《目标群体的社会建构如何转化为公共政策——一个政策议程嵌套的解释框架》，《甘肃行政学院学报》2019 年第 1 期。

② 韩志明：《问题解决的信息机制及其效率》，《中国行政管理》2019 年第 4 期。

③ 代表性的文献有：［美］布赖恩·琼斯：《再思民主政治中的决策制定：注意力、选择和公共政策》，李丹阳译，北京大学出版社 2010 年版；庞明礼：《领导高度重视：一种科层运作的注意力分配方式》，《中国行政管理》2019 年第 4 期；陈晓运：《运动式治理的注意力触发机制探析——以北京空气污染治理为例》，《福建行政学院学报》2019 年第 4 期；陈晓运：《跨域治理何以可能：焦点事件、注意力分配与超常规执行》，《深圳大学学报》2019 年第 3 期；黄佳圳：《基层警员执法的注意力与时间分配研究》，《公共管理学报》2018 年第 4 期；练宏：《注意力分配——基于跨学科视角的理论述评》，《社会学研究》2015 年第 4 期；等等。

充分的关注，才能避免缺乏组织保障和弱势底层主体的利益被漠视情形的发生。

同时，对于市场主体的利益表达，也要区分其所指向利益的合理性和正当性，尤其不能不问缘由地赋予“弱势主体”以优越地位，认为只有对其提出的利益诉求无条件地满足才能彰显规制行为的道德合理性和政治正确性。规制机关在利益诉求的选择过程中，不仅要全面了解利益诉求表达主体的动机和目的，也要了解表达者的人格、认知、情感和情绪，还要了解表达者的经验性表达行为，防范利益诉求表达主体基于“会哭的孩子有奶吃”的预期支配下索取不当利益。

二　物品类型、规制职责与利益诉求的判断

在市场场域，市场主体的利益诉求主要体现在经济收益的大小，其更多地指向于财产性权利，“物品”构成了利益诉求的客体和对象。按照最一般的划分，物品根据竞争性和排他性的不同可分为公共物品和私人物品，市场主体意欲政府回应的利益诉求固然种类繁多，形态多样，但终究只能以上述两种物品类型为依据展开。但对于规制机关而言，规制的职责要求决定了针对不同物品领域内的利益诉求，规制回应的理念和内容会有所不同，在私人物品领域内，规制者可以回应的利益诉求应以提升和保护私人自治为内容，在公共物品领域，规制者应当以回应广泛的、长远的和共同的公共利益为目标，“物品”构成了规制机关识别和判断利益诉求一个关键切入点，以下具体论述之。

首先是对私人物品领域内的利益诉求判断。按照自由主义经济学的逻辑，私人物品的生产和交换应由市场来完成，市场所具有的自治平等、等价有偿就足以保证市场正义的基本达成。公权力应以市场主体经济权利的保障为切入点，为财产权利体系的确立提供制度支撑。具体而言，公私法相区分的法律体系，财产权平等保护，契约自由，以及公正有效的司法系统，既是构成一个“标准市场”在法治形式方面的最低要求，[①] 也是私人物品的生产、交换和消费等诸行动的制度依托。但是，仅依凭私权的力量，无论是财产权的保护和还是契约自由都难以获得完整实现。比如在合同领域，经典的合同关系要求当事人在地位平等基础上能实现充分的讨价

① 参见谢海定《中国法治经济建设的逻辑》，《法学研究》2017 年第 6 期。

还价和利益互动，它预设的当事人均有足够的动力和能力认知与维护自己的利益。但合同关系中的当事人，不可避免地会受到自身认知能力和社会地位的限制，合同双方当事人的地位难以做到实质平等，[①] 正因为如此，《消费者权益保护法》基于消费者的弱者地位，通过权利和义务的非均衡配置来实现合同双方的实质平等，而且，公权力还可能会扩展至对交易本身的规制，比如《产品质量法》对产品质量的要求——对于特定的商品，政府会基于人身、财产安全的考虑设定相应的国家标准，合同双方当事人的合意还要求交易的标的物符合相关规定，否则交易同样不可以进行。

在现代社会，私人物品的生产、流通和消费均存在大量的公法规范对其予以规范和约束。在笔者看来，公法规范的存在既为公权力介入私人物品领域留有空间，也意味着在该领域市场主体有向规制机关提起某种利益诉求的可能——当市场主体的权益受到损害或有损害之虞，其就有希望规制机构对现存的利益格局进行纠正、调整或保护的期待，私人物品领域中的利益诉求由此产生。如果市场主体提起的利益诉求同时又是规制机关职责范围内的回应事项，私人产品领域内利益诉求的正当性便得以证成。

由此观之，在私人物品领域内，是否有需要规制机关回应的利益诉求，一方面取决于市场主体是否提起了要求规制机关回应的利益诉求，这既是市场领域“私法自治”的基本逻辑，也符合前文“公共规制应由市场主体判断自己的利益所在”的基本主张；另一方面取决于该利益诉求是不是规制机关回应的对象。举例讲，规制机关对于市场主体提出的、交易相对方的价格歧视行为当然应予以规制回应，但对于希望政府调整某种商品价格（如果该商品的价格以市场调节价为价格形成方式）的要求当然不可能给予满足，因为前者是规制机关的法定职责，后者则为市场自决的事项。一般认为，在私人物品领域，当存在显著的不完全竞争、信息不对称、存在外部性，以及交易成本过高且对市场主体的自治能力造成影响时，以提升市场主体的自治能力为目的的公共规制就成为必要。私人产品领域的利益诉求判断应以上述内容展开，否则就是对市场的不当干预，是对私人自治和契约精神的破坏。

---

① 参见段礼乐《交易关系的公法干预及其制度决定——从民法到经济法》，载《经济法论丛》2011 年下卷，武汉大学出版社 2011 年版，第 57—59 页。

其次是公共物品领域中利益诉求的判断。公共物品是指既无消费竞争性也无消费排他性的物品，[①] 其“之所以被称为‘公共的’，是因为它们如果不能使每个人都得到就不能被供给到任何人，而且不能使它们的单个使用者支付其费用”[②]。两千多年前，古希腊先哲亚里士多德就指出，“凡是属于最多数人的公共事物常常是最少受人照顾的事物”[③]。为避免“搭便车”现象的发生，公共物品应该由政府来提供——尽管学界有大量的研究从物品属性、产权理论论证了公共物品私人提供的可能性，但是，私人提供公共物品即便是一个客观事实，我们也无法推导出公共物品应该由私人提供的结论——“私人可以提供公共产品”和“应该由私人提供公共产品”是两个不同的问题。否则，至少在经济领域，政府便没有存在的理由，包括税收在内的基本经济制度会因此而彻底颠覆，现代文明也可能因此而失去物质基础。而且，退一步讲，如果当市场主体针对公共产品的供给问题提出利益诉求，意味着公共物品尚未得到私人的有效提供，否则就不会有相应的利益诉求被提起。

“正是由于人类对公共产品的需求，才导致了政府的产生或者形成了这一制度安排。”[④] 严格来讲，由于“搭便车”心理的存在，公共物品领域的利益诉求更应该由规制机关主动捕获，因此对于市场主体针对公共产品领域主动提起的利益诉求，规制机关尤其需要给予关注和重视，将其作为了解和发现市场弊病的途径之一。一般认为，经济领域的公共产品，主要包括对宏观经济有序的维护和保障，与经济发展相关的公共基础设施建设的提供，国民经济发展的规划和计划安排等内容。公共产品除了政府的直接提供外，实践中政府还经常以特许经营、财政补贴、税收减免、政府购买、贷款担保、公私伙伴关系建立等方式来对非政府主体提供公共产品

---

① 这是对物品的一种最简单的分类，根据物品的竞争性和排他性，布坎南在《俱乐部的经济理论》中将产品分为纯公共物品、纯私人物品和准公共物品，参见 James M. Buchanan，“An economic theory of clubs”，*Economics*，February，1965，pp. 1-14。还有学者将其分为公共物品、私人物品、公共池塘资源和俱乐部产品，参见［美］埃莉诺·奥斯特罗姆等《规则、博弈与公共池塘资源》，王巧玲、任睿译，陕西人民出版社 2011 年版，第 6 页。本章不再对其加以区分。

② ［澳］休·史卓顿、莱昂内尔·奥查德：《公共物品、公共企业和公共选择》，经济科学出版社 2000 年版，第 67—69 页。

③ ［古希腊］亚里士多德：《政治学》，吴寿彭译，商务印书馆 1983 年版，第 48 页。

④ 岳军：《公共产品供给制度分析》，《山东财政学院学报》2003 年第 3 期。

提供支持和扶助。只要市场主体有以公共产品为内容的具体利益诉求提起，且该利益诉求指向的是不特定多数人——无论覆盖范围的大小和人数的多少，只要有相应的“公众”，[①] 规制机关就应根据公共产品的需求结构和物品形态，选择合适的供给方式和支持方式予以回应。这既是公共产品供给中政府的法定职责，也是一国经济的繁荣和公民福祉提升的宏观基础与整体条件，当然也是公共规制中一种重要的利益诉求判断方式。

三 时空条件、规制准确性与利益诉求的识别

公共规制要求规制者在对市场主体的利益诉求，以及与之相关的规制问题的特征、实质和成因准确把握的基础上，通过规制方案的针对性设计与校准，最大限度地满足市场主体的合理需求和期待。其内涵在于“对底层的个体化信息精准把握和历史最佳政策集合的推理生成基础上的政策供给与需求的及时、精准的匹配”[②]，准确性构成了公共规制最显著的特征，而规制的准确性又以对利益诉求认知的准确性为前提。众所周知，时间和空间是物质运动的基本属性，是一切现象的前提和形式要件，人们对事物的感知、理解和判断首先通过时间和空间来进行，“这些被称作知性范畴的东西与事物最普遍的属性相应，包括时间、空间等观念，它们就像是将所有思想都涵括在内的坚固的框架：要想让思想从这个框架中解脱出来而不殃及思想本身，简直是不可能的事情”[③]。时间条件和空间条件构成了利益诉求识别的条件和环境，是利益诉求的准确捕获的两个重要维度。

“我们必须把时间摆明为对存在的一切领悟及对存在的每一解释的境遇。”[④] “时间就是权力，这对一切文化形态的时间观而言都是正确的。谁控制了时间的体系、时间的象征和对时间的解释，谁就控制了社会生

---

① 参见［美］文森特·奥斯特罗姆《美国联邦主义》，王建勋译，生活·读书·新知三联书店2003年版，第145页。

② 李大宇：《精准治理：中国场景下的政府治理范式转换》，《公共管理学报》2017年第1期。

③ ［法］爱弥尔·涂尔干：《宗教生活的基本形式》，渠东、汲喆译，上海人民出版社1999年版，第10页。

④ ［德］海德格尔：《存在与时间》，陈嘉映、王庆节译，生活·读书·新知三联书店1987年版，第23页。

活。”[①] 对于法律而言，时间是法律的存在方式之一，它具有规范功能，也具有强制意义，[②] 从权利的角度讲，“作为唯一可以合法持有权利的主体和唯一可以意识到自身生命限度的生物，人对权利的持有必然是一种在时间中的持有”[③]。时间既可能导致权利的产生，也可能导致权利消亡，前者如取得时效，后者如消灭时效和除斥期间。而现代法律主张的代际公平，更是通过扩大权利配置的时间维度，将权利的配置范围辐射尚未“出场”未来人类，以实现代际的公平与正义。

作为权利指向的内容，利益的有无、利益的形态、利益的实现均依附于时间，时间构成了公共规制实施中利益诉求判断的因素之一。在公共规制法律体系中，随着包括资助行政、供给行政、社会保障行政等在内的给付行政体系的不断发展，[④] 国家通过公共扶助、社会保障的方式对市场主体的生产和生活予以保障与助成日渐普遍，在决定市场主体能否获得公共扶助的条件中，时间条件是其中一个重要的因素。“在权利上睡觉的人不值得保护”的时效原则，在公共规制利益诉求的判断过程中同样适用。如果没有特定的理由，超过法律规定的期限怠于行使权利的主体，可以认定为“权利上的休眠者”，其所主张的利益诉求自然不能获得支持和回应，长期休眠的权利所导致的不确定性足以抵消权利本身的正当性。规制机关既不能自行将某种“利益”强加给市场主体，也不能无限期地等待市场主体在未来的某个时间点再来主张某种“利益”，时间构成了能否获得某种利益的依据，也构成了利益正当性判断的标准。

空间是决定利益诉求识别准确性的又一要素。空间“不朽而永恒，是一切生成物运动变化的场所”[⑤]。将空间要素作为识别公共规制中利益诉求的缘由，一方面在于所有的利益诉求都不可避免地会存在于具体的空间范围之中，都会表现为特定的空间系统，具有特定的范围；另一方面在于空间决定着规制机构的职责边界，它们一道构成利益诉求判断的空间依据。

---

① 吴国盛：《时间的观念》，北京大学出版社 2006 年版，第 99 页。

② 参见喻中《法律与时间》，《博览群书》2011 年第 2 期。

③ 熊赖虎：《权利的时间性》，《现代法学》2011 年第 4 期。

④ 参见杨建顺《论给付行政的法原理及实现手段》，载杨建顺主编《比较行政法——给付行政的法原理及实证性研究》，中国人民大学出版社 2008 年版，第 6 页以下。

⑤ ［古希腊］柏拉图：《蒂迈欧篇》，谢文郁译，上海人民出版社 2005 年版，第 35 页。

具体而言，空间是社会治理的基本手段，国家凭借将庞大的领土细分为行政的单位，便定义了政治统治的空间秩序。每一个政府都对应着一个地理上边界清晰的区位空间，在这个范围中行使权力，运用资源，提供社会所需要的公共服务。[①] 公共规制中的某些利益诉求是根据空间来确定的，其是否合理取决于利益主体所处的空间位置。“辖区的边界可以作为区别居民与非居民的一种方式，使某些公益物品和服务主要使本地居民共同受益。”[②] 比如在我国，基于空间要素而出台的诸如“西部大开发”“中部崛起”“振兴东北老工业基地”等政策措施，意味着某些利益只有部分而非所有的市场主体可以享有——一个地处东部的企业要求政府按照“西部大开发”的税收优惠政策对其予以税收减免，就不是一个合理的利益诉求。在现代政府治理体系中，治理权责在中央和地方政府之间、地方政府之间的纵横配置是基本的结构要求，每一个政府对应着不同范围、不同种类的治理事项，如果一个不属于本级公共规制事项的利益诉求被提起，该辖区规制者至多有移转给其他辖区规制者之义务，而无回应之职责。比如对经济的宏观调控行为，由于其全局性、整体性的特征和要求，决定了其“应当集中在中央政府，对特别重大的宏观调控措施，决策权则应交由全国人大或人大常委会行使”[③]。如果有市场主体向某地方政府提出的利益诉求，指向的内容是对一国整体经济行使调控，自然就难以通过该地方政府来获得满足。与之同理，地方政府之间也有基于空间划分的职责分工，每个地方政府有不同的管辖区域和资源，不同地方政府提供的公共产品有着不同的受益范围，某个利益诉求是否构成一个应由本辖区政府回应的对象，需要依据空间所确定的治理职责来判定。而且，空间不仅是一个地域上的概念，构成空间范畴的还有社会因素和行业因素，在当今市场领域，不同的行业有不同的规制和监管主体，其所负责的规制事项和内容也各有相同，对不属于自己职责范围内的利益诉求予以回应，无论有何等善良的动机，其正当性都难以成立。

---

① 参见韩志明《公共服务均等化的空间政治学分析》，《探索》2009 年第 2 期。

② ［美］迈克尔·麦金尼斯：《多中心体制与地方公共经济》，毛寿龙译，生活·读书·新知三联书店 2000 年版，第 100 页。

③ 李昌麒、胡光志：《宏观调控法若干基本范畴的法理分析》，《中国法学》2002 年第 2 期。

第四节　公共规制落实“利益诉求”的规范技术

按照系统论的逻辑，公共规制是一个由输入和输出组成的动态过程和有机系统，输入系统是能对“政治生活施加压力”的“一切可能方式改变、修改或影响系统的所有事件”，[①] 输出系统则可理解为“当外部所产生的问题由变化着的要求和支持反映出来时，一个系统中的当局可以通过这种机制处理这些问题”[②]。显而易见，利益诉求的表达、识别和正当性确认属于“输入系统”的范畴，只是规制行动发生的触发因素，如何通过一种有现实兑现力的方案来落实市场主体提起并经过规制机关确认的正当利益诉求，才是公共规制能否实现的关键。

公共规制落实利益诉求的过程，是规制机关运用公共权力对市场主体意欲达到且符合正当性的要求予以满足的过程，其实质上是对公共资源的分配过程。尽管资源分配中涉及的内容极为繁多，比如资源分配主体、资源分配的程序、资源分配的时机等，但其终究要以资源配置公正为最高目标展开，而资源配置的公正又依赖于资源分配标准的确立，对此人们常以“分配正义”论述之。在学术界，有关分配正义的理论和学说卷帙浩繁，自由主义、社群主义、功利主义，以及各个阵营内部亦是争奇斗艳。也许正如有学者所言，人类有史以来，尝试的最不自量力的一件事就是为人类的行为确立一个终极目的、为人类社会的存在确立一个终极的至善正义准则。的确如此，即便被誉为“自约翰·斯图亚特·密尔的著作以来所仅见的一部有力的、深刻的、精致的、论述宽广和系统的政治和道德哲学著作”的罗尔斯所著《正义论》，依然遭遇着来自包括“罗尔斯阵营内部”在内的多个学术流派的批评和诘难。资源与人类理性的双重有限性决定了我们对社会问题的解决不可能是一劳永逸的，只能提出一个暂时性的、仅

---

① 参见［美］戴维·伊斯顿《政治生活的系统分析》，王浦劬等译，华夏出版社 2012 年版，第 31—32 页。

② ［美］戴维·伊斯顿：《政治生活的系统分析》，王浦劬等译，华夏出版社 2012 年版，第 414 页。

面向当下的方案。[①] 现代市场高度复杂，利益诉求呈现出的多元性、变动性和主观性等特点，决定了我们无法构造一个放之四海而皆准的分配标准适用于所有的规制资源分配。

基于此，笔者拟按照美国学者沃尔泽有关分配正义中“复合平等”学说来进行公共规制回应“利益诉求”时资源配置标准的设计。需要强调的是，本章以解决现实中的问题为目标，而不纠缠于理论依据选择中的一致性、统一性——每一种理论都有着切入角度的天然局限，任何力量都不可能毕其功于一役，它们只是从特定的角度论证了分配正义的问题，对于实践而言，它们都有着异常重要的指导意义。诚如沃尔泽所言，对于分配正义，历史早就向我们展示了大量关于分配正义的制度安排和意识形态，因此我们更应该关注“社会诸善具体的和日常的分配，而不是重大的抽象的哲学问题”[②]。从来就没有一个适用于所有分配的单一标准或一套相互联系的标准，功绩、资格、出身和血统、友谊、需求、自由交换、政治忠诚、民主决策，等等，每一个都有它的位置，都与许多别的标准不那么和谐地共存着。因此，说正义只能从唯一的途径达成是令人怀疑的，社会不同善应基于不同的理由来分配。[③] 作为公共资源的分配对象有着不同的属性，不同领域的分配应有不同的评价标准，分配正义的表现形式只能是多元的，不应该是垄断的、单一的。

结合公共规制的目标追求及公共规制中利益诉求的形态，笔者将公共规制回应利益诉求时资源配置的标准具体化为基本经济权利标准、“应得”标准、“时间”标准、“价格”标准和“纯粹的机会公平”等类型。当然，上述标准的归纳依然具有理想类型的色彩，是对生活事实和分配方式的剪裁式处理，规制者在资源配置时应根据个案进行综合分析，其既可能是某一个标准的适用，也可能是多个标准的组合适用，灵活、弹性地适

---

① 参见齐延平《论社会基本制度的正义——对罗尔斯正义理论的讨论》，《北方法学》2007年第4期。

② ［美］迈克尔·沃尔泽：《正义诸领域：为多元主义与平等一辩》（中文版序言），褚松燕译，译林出版社2002年版，第1页。

③ 参见［美］迈克尔·沃尔泽《正义诸领域：为多元主义与平等一辩》，褚松燕译，译林出版社2002年版，第2—4页。

用上述标准，才是更符合现实需要和公正要求的选择。①

一　基于“基本经济权利”标准的规制资源配置

现代民主法治国家都不约而同地在宪法中规定了公民经济权利的内容，在德国学者 Hans carl Nipperdey 看来，以竞争自由和营业自由为核心内容的市场经济不仅与基本法相容，还实为其内在的隐含要求。② 在我国，随着我国市场经济体制的建立和完善，经济权利在我国宪法上逐渐获得了确认和保障。从我国宪法文本上看，适度的宏观调控、维护社会经济秩序、保障经济自由、维护市场主体的平等地位、确立基本分配制度和社会保障制度等内容已获得宪法规范的确认，与市场主体的经济活动直接相关的财产权、劳动自由权、契约自由权、营业自由权和经济自主权，也都可以纳入宪法上经济权利的范畴，③ 另外，“建立社会保障制度，实现社会正义，关注弱势群体”也是社会主义市场经济在宪法规范上的内容，因此将“社会保障权”纳入基本经济权利范畴，自是当然。④

“市场主体的基本经济权利是个人、组织进入市场、成为市场主体的先决条件和必需的权利。”⑤ 比如公平、充分的竞争格局和竞争关系是市场经济得以维系的必要条件，与之相悖的垄断现象所造成的排斥、限制竞争结果不仅损害其他市场主体的利益，减损消费者福利，还会对整个市场经济格局造成破坏。正因为如此，凡是建立市场经济的国家，都将反垄断作为公共规制的核心任务，反垄断法也常常被冠以“经济宪法”之誉。再如，由于市场经济难免会带来优胜劣汰的结果，对于在市场竞争中那些被迫退出或暂时退出劳动岗位的劳动者，政府应当基于社会保障权的规

① 当然，这种处理方式类似于罗尔斯所批评的“直觉主义的正义观”——每个正义原则固然有着不可替代的重要性，但它们的边界却是模糊的，当多种价值产生冲突时，直觉主义会遭遇严重的适用冲突。因此罗尔斯的处理方式是对其采取“词典式序列”的排序方式。但笔者认为，这种排序可能依然是对现实问题的简约化处理。

② 转引自苏永钦《走入新世纪的私法自治》，中国政法大学出版社 2002 年版，第 119 页。

③ 参见翟国强《经济权利保障的宪法逻辑》，《中国社会科学》2019 年第 12 期。

④ 参见韩大元《中国宪法上“社会主义市场经济”的规范结构》，《中国法学》2019 年第 2 期。

⑤ 王克稳：《论市场主体的基本经济权利及其行政法安排》，《中国法学》2001 年第 3 期。

定，为其提供基本的生活保障，解决本人及其家庭生活的困难。[①] 作为基本（经济）权利的社会保障权，是“人的尊严”在法律上的体现，是法秩序的“最高建构原则”。[②] 因此，对于市场主体基于基本经济权利提出的利益诉求，因事关市场主体从事经济活动的基本条件，或者市场主体的生存与发展，规制机关应予以满足。而且，如果存在多种利益且可能存在冲突的情形下，基于基本经济权利所生成的利益应该获得优先满足。在关系着市场主体生存与发展资源分配中，任何拖沓、烦琐和姗姗来迟，不仅会对市场经济本身构成破坏，威胁到市场主体的基本生存和发展，还会侵蚀公共规制的权威与公正，影响公众对公共规制的信任与期待。

基于市场主体的“基本经济权利”配置资源，是分配正义中“差别原则”的要求和体现。现实中不仅存在“人生而自由，却无往不在枷锁之中”的困境，更遭遇着“人生而平等，却无往不在差异之中”的难题。罗尔斯认为，为了消除不平等尤其是自然造成的不平等，可以运用不平等的分配方案，该方案“适用于最少受惠者的最大利益”[③]，在经济活动中，政府应在诸如经济活动和职业自由的选择中执行和保证机会均等的政策，并设置一种社会最低受惠值，比如通过特别补助，或者较系统地通过收入分等补贴的方法来达到。[④] 笔者认为，这里的“最低受惠值”，应通过全面考虑不同经济主体在特定情势下的处境，依据基本经济权利得出，设计一个符合其情境的资源分配方案，从而保证市场运行具备基本条件、伦理准则和道德要求。

二 基于“应得”标准的规制资源配置

“应得”观念源远流长，在道德哲学中被用作道德评价，在政治哲学中被用作分配原则。[⑤] 尽管学术界缺乏对“应得”的统一定义，但一般认

---

① 参见韩大元《中国宪法上“社会主义市场经济”的规范结构》，《中国法学》2019 年第 2 期。

② 参见张翔《基本权利的体系思维》，《清华法学》2012 年第 4 期。

③ ［美］约翰·罗尔斯：《正义论》，何怀宏等译，中国社会科学出版社 1988 年版，第 83—84 页。

④ 参见［美］约翰·罗尔斯《正义论》，何怀宏等译，中国社会科学出版社 1988 年版，第 276 页。

⑤ 参见姚大志《谁应得什么？》，《中国人民大学学报》2017 年第 2 期。

为，其可以用一种简单的公式来描述它："S 基于 P 而应得 X"，S 代表某个人，X 代表某种对待的方式或所得到的东西，而 P 则代表关于这个人的某种事实，特别是过去所做过的事情。[①] 尽管"应得"标准在分配正义实现中遭遇了一些学者的否定，比如罗尔斯就认为，分配正义中应把"应得"排除在外，因为"应得"属于道德评价的范畴，常常是人的天赋、资质、出身和运气等要素的结果，而"正义准则所导致的分配份额和道德价值无关"[②]，也不应该是天赋、运气等不可控因素的结果。但事实上，罗尔斯并没有全盘否定"应得"原则，他只是认为，既然正义原则要在"无知之幕"下来选择的，那么任何人都不能因为自然因素或者社会环境这些"非常任意专横"的偶然性因素的影响，[③] 从而导致在选择正义原则时天然地存在优劣区分。他要求"在选择正义原则时没有人因为偶然性（比如，出生、性别等偶然性）而处于优劣之势，从而有不公平的讨价还价的优势"[④]。换言之，在罗尔斯看来，作为分配正义的"应得"应有前提条件，那就是平等的考虑。[⑤] "在作为一种公开规范体系和由它建立的各种期望的条件下，那些希望改善自己的条件，做了这一体制宣布要奖赏的事情的人，是有权利获得他们的利益的。"[⑥]

笔者认为，"应得"标准之所以应成为公共规制回应利益诉求中资源配置的标准，主要基于以下的理由：第一，"应得"标准在激励型规制中有着充分的适用空间，而公共规制中有大量的激励型规制存在。"建立在激励规制理论基础上的规制方式所要解决的核心问题……是规制者要设计出一组既能为企业提供适度激励，又能有利于实现社会福利最大化的机

① 参见姚大志《制度与应得》，《社会科学》2016 年第 9 期。

② ［美］约翰·罗尔斯：《正义论》，何怀宏等译，中国社会科学出版社 1988 年版，第 312 页。

③ 参见［美］约翰·罗尔斯《正义论》，何怀宏等译，中国社会科学出版社 1988 年版，第 73 页。

④ 葛四友：《论罗尔斯的无知之幕与反应得理论》，《甘肃行政学院学报》2008 年第 4 期。

⑤ 参见刘永安《应得、需要与平等主义分配原则的和解——基于分配权利和责任归因的视角》，《社会科学辑刊》2019 年第 2 期。

⑥ ［美］约翰·罗尔斯：《正义论》，何怀宏等译，中国社会科学出版社 1988 年版，第 103—104 页。

制。”[①] 激励型规制作用的对象，正是如罗尔斯所言的“希望改善自己的条件，做了这一体制宣布要奖赏的事情”，此时，市场主体要求规制者通过经济、声誉的奖励或扶持，自然应当予以满足。第二，“应得”是主体基于曾经的行动及结果而获得某种方式的对待，其可能并不必然以责任为基础，也可能不依赖于任何类似法律或准法律的规则，只以某人过去产生的“好”的结果和行为为依据，意味着主体可以凭借自己较优的“表现”而获得相应的分配份额的平等权利。[②] 笔者认为，应得原则的这一属性和公共规制的资源分配要求高度契合——当今时代，经济领域内的创新层出不穷，需要规制者满足和保障的利益诉求，并非总有法律规则上的依据，其可能只是一个有利益内容但自发生成的事实，如果市场主体要求对这种形态的利益予以确认，规制者自然应当予以回应和满足。

三 基于“时间”标准的规制资源配置

与前文以时间条件作为判断利益诉求的依据不同，资源配置中的“时间”标准指向的是时间序列标准，具体可表述为：较之于在较晚时间点作出某种行为的主体，一个在较早的时间点上作出相同行为的主体，可以获得更多的资源分配，也就是通常所言的“先到先得”。时间标准是社会中广泛运用的一种分配标准，比如医院的就诊行为，当两个或多个需求者可以支付同等高昂的价格时，医院不会考虑继续竞价而是依照就诊的先后顺序以及病情的轻重缓急依次就诊，再如，外出就餐，后来者也不能以出更高的价格为理由迫使正在用餐的消费者离开，他们可以做的只能是在时间上提前预约，或者耐心等待。[③] 作为利益分配时间标准的“先到先得”在现行的制度安排中多有运用，比如《行政许可法》第 57 条规定：“有数量限制的行政许可，两个或者两个以上申请人的申请均符合法定条件、标准的，行政机关应当根据受理行政许可申请的先后顺序作出准予行政许可的决定。但是，法律、行政法规对优先顺序另有规定的，从其规定。”

时间体现了人类活动的起始、持续与切换规则，是社会行动的标识与

① 杜传忠：《激励规制理论研究综述》，《经济学动态》2003 年第 2 期。

② 参见李石《“应得原则”与社会公正》，《北京大学学报》（哲学社会科学版）2019 年第 2 期。

③ 参见马天航《论时间正义：公共物品分配制度的基本原理》，《甘肃行政学院学报》2018 年第 4 期。

节点，其所具有的统一的意义符号和单位标识，可以无限细分且分布均衡，是计量所有人类行为最平等的工具和机制。在社会科学范畴中，“谁？在何时？做何事？”作为一种制度性的表达，调节着社会行动者的互动模式与速率。[①] “先到先得”是机会均等在时间序列上的具体化，在资源有限性的约束下，如果市场主体获得的信息足够充分且资格水平相同，同时该利益指向的主体不需要特别的扶持和照顾（如不是基于基本经济权利所形成的利益诉求），以时间为利益分配的标准，本身就是利益分配中效率和公平价值的体现。时间标准要求规制者不对任何特定的市场主体给予特定的照顾和专门的给付，不设置任何不恰当或者不合理的优先权，对任何市场主体不可以施加不公正或不合理的对待，其所具有客观性是保证公共规制利益分配形式正义的关键机制。

四　基于“价格”标准的规制资源配置

在市场领域，价格是私人物品交换近乎唯一的利益分配方案，价格机制是市场机制的核心，价格机制实现了资本、劳动等要素的平等交换与合作，所有的经济要素因有了均衡价格这一支点而形成了均衡的比例关系。市场机制借助于价格机制识别消费者的偏好，通过效用的货币标价和市场主体的互动交易来完成自身运行。按照科斯定理的解释，若市场交易成本为零，法律对权利的初始配置和效率无关，因为如果权利配置没有效率，那么当事人将通过一个矫正性的交易来调整它。[②] 只要合同双方缔结并履行了符合双方利益的合同，直接的法律规定都不是确保有效率的结果的必要因素。你只需清楚谁有权利去做什么就可以了，余下的问题可以交给市场。[③] 但众所周知的是，“真实世界”中的交易成本不可能为零，因此法律的界权就成为必要，而法律的作用，是将权利分配给最珍视权利的一

① 参见黄佳圳《科层组织的时间维度：差序、支配与管理》，《中国行政管理》2019 年第 2 期。

② 参见［美］理查德·A. 波斯纳《法律理论的前沿》，武欣、凌斌译，中国政法大学出版社 2003 年版，第 6 页。

③ 参见［美］大卫·D. 弗里德曼《经济学语境下的法律规则》，杨欣欣译，法律出版社，第39 页。

方，以此避免交换权利的昂贵过程。[1]

公共规制落实利益诉求的过程，亦可理解为法律模拟市场将资源分配给市场主体的过程。与利益分配的“时间标准”的依据相同，如果该利益诉求指向的权利无须特别的关照，将权利配置给科斯所言的“能够最富有生产性地使用它们的人”，进而实现社会总福利的最大，本身就是市场体制追求效率过程中的必然手段。那么，规制者应该估计并比较把利益分配给不同主体的福利影响，或者说，怎样才能保证规制者公平、公正地界定权利、分配资源？

和市场领域中价格机制的功能一样，“价格”同样是公共规制中衡量“谁最珍视权利”的标准，“价高者得”之所以合理，是因为价高者赋予了该资源以更高的效用。由于市场行为主体的能力、偏好和分工的不同，不同的行为主体对同一资源主观估值不一样，他们参与交易的可能性及意愿也各不相同，“价格”是体现资源对于市场主体主观效用的最佳方法。德沃金曾说：“作为大量不同的商品和服务之定价手段的市场，在任何富有吸引力的资源平等理论的阐述中都必须处在核心位置。”[2] 资源的分配需要克服任意性和可能的不公平这两个显著的难题，简单而机械的资源分配无法通过“妒忌检验”，所谓“妒忌检验”，是指“一旦所有步骤都分配完成，假如社会中存在任何人渴望选择别人拥有的资源而拒收自己所属的那份应得资源，那么资源的分配不符合平等的基本要求”。无法通过“妒忌检验”，意味着主体“在资源分配中就会产生没有被平等对待的感觉”，如果“妒忌检验通过了——他不想要其他人的那一份来换走自己的一份——他宁愿得到在最初较公平的资源分配中自己能够得到的东西”，“为了解决这些问题，分配者需要某种形式的拍卖或其他市场秩序”。[3] 实践中，公共资源招投标、竞价拍卖已成为公共资源配置的常态，其本身就是通过价格机制配置资源的方式。“价格”标准是保证资源效用最大化和社会福利最大化的重要手段，也是规制主体公平分配资源的主要方式，将

---

① 参见［美］唐纳德·A. 威特曼《法律经济学文献精选》，苏力等译，法律出版社 2006 年版，第 22 页。

② ［美］罗纳德·德沃金：《至上的美德：平等的理论与实践》，冯克利译，江苏人民出版社 2012 年版，第 62 页。

③ 参见［美］罗纳德·德沃金《至上的美德：平等的理论与实践》，冯克利译，江苏人民出版社 2012 年版，第 63—64 页。

其确认为公共规制中利益分配的一个标准，具有重要的意义。

五　基于“纯粹机会平等”标准的规制资源配置

显而易见，上文提到的诸标准都有相应的实体依据。“基本经济权利”标准体现的是自由、人权等价值，相较于其他标准，其对伦理、政治和社会因素有着最为充分的考量，“应得”标准依据的某种已经形成的客观事实，“时间标准”要求的“先来后到”“先到先得”，“价格”标准依据的是“价高者得”这一市场规则。现实中，虽然通过运用实体标准可以解决现实中绝大多数情况下的资源分配，但是在一些特定的场合、领域和情形中，实体标准并不必然能得出一个可预的结果。在资源有限的情况下，我们也会遭遇实体标准有用尽、继续运用实体标准会导致无效率的情形。[①] 比如我们假定，地位相同的多个市场主体基于相同的事实和理由，提出了一个相同的行政许可申请，且申请的时间相同，此时，因为“申请的主体和客体均无差异，就不存在因差异而产生的标准”[②]，当然，不同主体对于资源的主观估价最终会出现差异，采取“价格”标准也许可以实现资源的分配，但并非所有的行政许可都能适用竞价的方式，比如《行政许可法》规定的某些荣誉、资格和资质这些具有公共性的许可申请，就不可能采取“价格标准”来分配。

“当缺乏实体标准或者实体标准用尽后，应当引入程序方式解决权利冲突。”[③] 这种程序应该是一个“纯粹的程序正义”，“要这样设计社会系统，以便它无论是什么结果都是正义的（至少在某一范围而言）”[④]，也就是说，不管结果如何，如果程序本身是公正的，一个纯粹的程序正义就发生了，在这里，不存在评价结果公正的独立标准，其正义性取决于程序本身。[⑤] 比如抽签程序，其所依据的对所有人而言均相

---

① 参见李友根《论抽签程序在经济法中的运用》，《现代法学》2008 年第 3 期。

② 李友根：《论抽签程序在经济法中的运用》，《现代法学》2008 年第 3 期。

③ 李友根：《论抽签程序在经济法中的运用》，《现代法学》2008 年第 3 期。

④ ［美］约翰·罗尔斯：《正义论》，何怀宏等译，中国社会科学出版社 1988 年版，第 85 页。

⑤ 参见［美］迈克尔·D. 贝勒斯《程序正义——向个人的分配》，邓海平译，高等教育出版社 2005 年版，第 5 页。

同的概率标准，[①] 对此，笔者以“纯机会平等”称之，以区别含有一些实质性标准的机会平等。一方面，它纠正了“自然自由体系下形式的机会平等——职业对有才能的开放——的缺点”[②]，机会向所有符合条件的人开放；另一方面，它剔除了所有的自然偶然性和社会环境的影响，所有人分享相同的机会和概率。同时，规制机关也无须根据自己的判断去确定财富的价值和效用，这种机会平等性和纯粹性、概率的一致性、标准的无差异性决定了该分配标准同样能得到社会的认同，一个符合社会可接受的分配标准由此形成。

“所有的法律，没有不为社会上某种利益而生，离开利益，即不能有法的观念的存在。”[③] 以利益诉求为基础的社会秩序，比建立在其他不是以利益为基础的因素（如各种形式的激情）之上的社会秩序更容易治理，因为受利益导向的个人行为比受情感导向的行为更可预见。[④] 构造一个以利益诉求为回应对象的公共规制，“通过其行动来保护那些理应由个人或公民群体来主张的利益”[⑤]，公共规制的正当性才能获得最终的证明。当然，公共规制实现所要求的条件是全方位的，规制回应中规制主体及其结构、规制能力与规制对象的匹配，规制方法和手段的选择与适用，等等，都会对公共规制的实现产生影响。但是，只有以利益诉求为回应对象，公共规制运行才有了具体的目的和方向，规制行为的针对性和适应性才能获得保证，一个更有效率、更契合社会需求的公共规制才能最终形成。

---

① 日常表达中，抽签程序常常被认为和“运气”相关，前文中，笔者在论述“应得”原则时提到，“运气”是“应得”的依据，那么，“运气”的标准是否应归于“应得”标准当中？笔者的回答是否定的，因为“应得”原则中的“运气”，一类是自然产生的，比如人的天赋、基因等，另一类是人类集体选择或认可的，比如社会采取奴隶制、民主制或社会主义制度（参见葛四友《正义与运气》，中国社会科学出版社2007年版，第5—6页）。因此日常表达中的“运气”和哲学意义上的“运气”并不相同。

② ［美］罗尔斯：《作为公平的正义——正义新论》，姚大志译，生活·读书·新知三联书店2002年版，第71页。

③ ［日］美浓部达吉：《法之本质》，林纪冻译，台湾商务印书馆1993年版，第37页。

④ 参见郑永年《全球化与中国国家转型》，郁建兴、何子英译，浙江人民出版社2009年版，第66页。

⑤ ［美］米尔伊安·R. 达玛什卡：《司法和国家权力的多重面孔——比较视野中的法律程序》，郑戈译，中国政法大学出版社2004年版，第109—110页。

第九章

空间正义实现的公共规制

第一节　问题及意义

20 世纪 70 年代以来，知识界经历了一场被称作“空间转向”的理论变革，“空间”不再仅被看作事物存在和运动的场所，还被认为是社会关系和社会实践的表达载体与产物。空间和社会相互关联、相互建构，社会影响着空间的类型、形态和功能，空间塑造着社会的模式、秩序和实践。在这种认知指引下，“空间”由一个原来只被地理学、建筑学、城市规划学、城市社会学等学科关注的概念和范畴，延展至人类学、法律与社会福利等学科领域。① 空间构成了人们理解社会关系、分析社会问题的重要维度，也成为评价社会主体生存境况的关键依据，作为“人类生活的第一原则”，空间思维为阐释人的生存问题夯实了方法论基础，空间和空间性具有人之存在的本体论意义。②

空间正义具有极为丰富的内涵，中外学者从多个维度构造了多个立场、多个层次的空间正义理论，形成了见仁见智的理解景象。随着空间理

---

① ［美］爱德华·W. 苏贾：《寻求空间正义》，高春花、强乃社译，社会科学文献出版社 2016 年版，第 13 页。

② 高春花：《唱响空间研究的“第四部曲”》（译者的话），载［美］爱德华·W. 苏贾《寻求空间正义》，高春花、强乃社译，社会科学文献出版社 2016 年版，第 3 页。

论的发展，学术界对空间问题的研究，逐渐超越了只将其作为评价资本主义生产方式和基本矛盾的批判语境，也超越了“城市”“城市危机”的都市分析框架，空间理论既是批判的，也是建构的，“空间”的范围应根据议题指向对象和论述目的的不同加以调整。“空间”的范围随着议题指向对象的不同而有所区别，城市空间、生产空间、居住空间、全球空间等都成为空间正义指向的对象，经济、政治、文化和生态等领域的正义都被纳入空间正义的范畴。比如居住空间，其不仅是一个生活场所问题，更是一个空间权益的分配和分布问题，住宅规划、建筑规划中功能分区、资源配置和用途安排，关联着社会主体空间权益的种类及其实现程度，居住场所的环境、交通、安全、建筑容积和空间占有率等状况是判断生活质量的依据，居住空间是空间正义指向的重要内容。

社会科学的“空间转向”固然主张从社会和空间互动的角度来理解空间，但“空间”终究是一个物理的存在，“社会空间”不应该遮蔽“自然空间”，“如果空间不具备物质空间、地理空间的性质，那就是纯粹的社会关系了，就没有必要使用空间这一概念”①。因此，理论界需要关注的既包括“空间中物质的存在和生产”引发的社会问题，也包括“空间本身生产”中形成的社会矛盾。我们既需要抽象的空间理论来回应当下的社会实践，也需要一种能够具体化、建立在基本生活经验和日常生活使用习惯基础上的空间概念来阐释实在的社会生活。② 空间分析框架开始以一种开放的姿态来回应社会现实，空间理论在社会融合、社会排斥、社会压迫、民主人权、经济增长、环境保护等社会问题的分析中均获得了普遍的解释力。

这种从空间的角度切入对社会关系、社会结构和社会问题的评价、分析、反思和批判，其最终指向便是空间正义的问题：一方面，空间正义是社会正义的构成，是社会正义以空间物化方式的形塑，③ 正义的“空间转向”开启了正义研究的微观视角，社会正义因空间要素的注入而具备了情境性、条件性和限定性；④ 另一方面，面对空间资源占有、分配的不均衡，以及空

---

① 李强：《社会分层与社会空间领域的公平、公正》，《中国人民大学学报》2012 年第 1 期。

② 参见韩宝《理解法律地理学》，《交大法学》2019 年第 1 期。

③ 参见胡潇《空间正义的唯物史观叙事——基于马克思恩格斯的思想》，《中国社会科学》2018 年第 10 期。

④ 参见任政《空间正义论——正义的重构与空间生产的批判》，上海科学院出版社 2018 年版，第 5—6、43 页。

间生产中形成的空间隔离、空间压迫以及由此导致的社会不公正，我们需要“通过有意识的空间性实践和政治把这世界变得更美好”①，空间正义问题需要主体性的社会实践来矫正，空间正义需要“行动的力量”来促成。

毋庸置疑，空间正义问题的形成是政治、经济、社会、文化、传统等多种原因综合的结果，政治权力、经济资本、社会习俗都是导致空间隔离、空间压迫、空间剥削和空间异化等空间正义问题现象形成的重要因素。其中，经济因素既是空间正义问题形成的背景和原因，也是空间正义问题的表现和后果。现实中各种形式的空间正义问题现象主要聚焦于经济领域的事实，意味着对经济资源配置空间异化和经济活动空间扭曲的纠正，构成了空间正义建构中最核心的内容。“根据唯物史观，无论在哪一个层次上的社会公正、社会公平，都属于上层建筑的范畴，它是由经济基础决定的。因此，对于社会公正的认识必须深入到其赖以生存的经济基础中去探寻。”② 在市场经济条件下，市场是经济资源和经济行为存续的承载，市场决定着资源配置的方式、过程和结果，是人类社会迄今为止发现的最具效率价值的资源配置方式。但市场机制并不完美，市场机制可以创造令人瞩目的繁荣和创新，也可能带来周期性的经济衰退和危机。市场在高效率配置资源的同时有着否定自身的倾向，在运行的过程中有可能形成诸如外部性、垄断、公共产品供给不足等失灵情形。将市场失灵这一事实置于空间正义框架下，尽管我们不能说所有的市场失灵都是导致空间正义问题的原因，但如果说至少有部分类型的市场失灵会导致空间正义风险的形成，应该是一个恰当的结论。

在我国，空间正义是党和国家的重大战略追求。长期以来，党和国家提出了以统筹区域经济协调发展、调整城乡二元结构为内容的发展战略，③ 实

① ［美］爱德华·W. 苏贾：《后大都市》，李钧等译，上海教育出版社 2006 年版，第 476 页。

② 李强：《社会分层与社会空间领域的公平、公正》，《中国人民大学学报》2012 年第 1 期。

③ 关于空间正义问题，党的十八大要求继续实施区域发展总体战略，要控制国土资源的开发强度，调整空间结构，优化国土空间开发利用格局。要按照全覆盖、保基本、多层次、可持续的方针，全面建成覆盖城乡居民的社会保障体系，改变城乡二元结构。党的十九大要求，实施区域协调发展战略，加大力度支持革命老区、民族地区、边疆地区、贫困地区加快发展，建立更加有效的区域协调发展新机制。要实施乡村振兴战略，建立健全城乡融合发展体制机制和政策体系。要构建国土空间开发保护制度，完善主体功能区配套政策，实现国土资源的合理利用。

施了西部大开发、中部崛起、振兴东北老工业基地、京津冀协同发展、长江经济带发展、粤港澳大湾区建设、长三角一体化发展等区域发展战略，有效保障了我国空间正义的实现，一条“以人民为中心”的空间正义实现之路日臻成熟。但受制于不同地区空间区位、资源禀赋、产业结构、发展阶段等因素的影响，当下我国区域经济发展不均、城乡经济发展分殊等空间正义问题依然存在，① 成为制约我国经济社会发展的重大难题。党的十九大报告指出，人民日益增长的美好生活需要和发展的不平衡、不充分之间的矛盾，构成了当下我国社会的主要矛盾，其中就包括空间正义问题。《中共中央关于制定国民经济和社会发展第十四个五年规划和二〇三五年远景目标的建议》也明确提出，“坚持实施区域重大战略、区域协调发展战略、主体功能区战略，健全区域协调发展体制机制，完善新型城镇化战略，构建高质量发展的国土空间布局和支撑体系”，要求“深化农村改革，健全城乡融合发展机制”，“全面实施乡村振兴战略，强化以工补农、以城带乡，推动形成工农互促、城乡互补、协调发展、共同繁荣的新型工农城乡关系”，广泛涉及空间正义的追求。

围绕我国空间正义实现的现实命题，尤其是面对我国社会主要矛盾和“十四五规划和二〇三五年远景目标”，如何通过公共规制来保障我国空间正义的实现，是经济法学亟待解决的重大时代命题。本章拟以公共规制在规范资本运行、配置公共资源和调控经济结构中的功能为依据，对公共规制保障空间正义的法理、实践及优化等问题进行探讨，以期为我国空间

① 就区域经济协调发展而言，我国东西差距与南北失衡的情形依然突出，2019 年，东、中、西与东北地区 GDP 占全国的比重分别为 51.88%、22.20%、20.82%与 5.10%，东部地区经济总量占全国一半以上，南北地区不仅在经济总量上差距逐步扩大，经济增速也存在较大的差距（参见张可云《区域发展不平衡不充分与“十四五”时期区域治理创新》，《中国工业经济》2020 年第 12 期）。我国公共服务空间分布不均衡的情形同样明显，有实证研究表明，近年来中国各省市各区域基本公共服务供给水平的提高速度存在明显差别，存在“东高西低”分布格局并有增强趋势，供给结构存在明显的梯度效应（参见李华等《中国基本公共服务均等化测度及趋势演进——基于高质量发展维度的研究》，《中国软科学》2020 年第 10 期）。我国城乡发展失衡的状态依然存在，以我国城乡居民收入比为例，1983 年我国城乡居民收入比为 1.82，2007 年达到 3.14，随后这一比值有所下降，2020 年为 2.56，远高于世界大多数国家 1.60 的水平（参见《中华人民共和国 2020 年国民经济和社会发展统计公报》，《人民日报》2021 年 3 月 10 日第 10 版；张建平等《土地配置扭曲与城乡收入差距——基于城镇化不平衡发展的视角》，《华中农业大学学报》2021 年第 3 期）。

正义的实现从经济法学的角度提供理论指引。

第二节　公共规制促成空间正义的法理分析

公共规制保障空间正义的法理基础可凝练于两个核心问题。一方面，要对经济场域中空间正义的内涵予以明确，这是公共规制保障空间正义的逻辑起点；另一方面，要对空间正义实现中公共规制的功能予以明确，这是判断空间正义实现中公共规制有效性的最终依据。

一　经济场域中空间正义的内涵及属性

社会活动以地域为必要场所和基本要素，地域是一个关系错综复杂的复合体，其在自然形成的同时也经历着人类实践的塑造。地域在自然基础和人类实践的共同作用下，会呈现出差异化的发展态势，出现发达地区与欠发达地区、城市与乡村等有区别的空间区域，形成空间正义问题。[①] 在以区域、城乡经济发展协调有序为标志的空间正义基本目标下，公众空间权利的充分配置、资本要素的空间均衡分布、公共资源空间合理分配、经济空间结构的规范有序是空间正义的基本内涵，公共利益性、协调性、整体性和动态性则构成了空间正义的基本属性。

从经济场域中空间正义的内涵上讲，首先，公众空间权利的充分配置是空间正义实现的根本依据。在一定意义上，空间正义问题是现代社会发展过程中利益冲突的产物，是强势空间主体对落后空间主体单边行动及由此产生的危害后果。空间权利是以空间为依据的利益，空间利益是空间正义的实质表达和具体呈现。权利可以保障利益处于不可随意剥夺的确定状态，将以空间为依据的正当利益转化为法律上的权利，同时根据不同空间中公众发展的条件和境况，通过倾斜性的权利配置，保障其享有优先发展和社会保障的法定资格，这既是通过权利机制保障空间正义实现的基本路径，也是权利视角下空间正义实现的根本依据。

---

① 参见张彦等《协调发展需构建“空间正义”》，《重庆大学学报》2019 年第 1 期。

其次，资本要素的空间均衡分布是空间正义实现的内在要求。[①] 从资本的视角来看，区域、城乡经济发展的过程，是资本以空间为依据转移、组合的集聚过程，资本的空间分布和空间正义的实现具有直接的关联性。空间正义要求：一方面，资本空间分布的数量、类型与结构应与所在空间的经济系统相匹配，实现资本分布的空间优化和效能的最大化；另一方面，面对资本的逐利天性导致的资本空间集聚效应，国家应采取相应的激励和约束措施来加以矫正，实现资本的空间均衡分布，为空间正义的实现提供基础要素保证。

再次，公共资源空间合理分配是空间正义实现的基本保障。按照现代政府的职能预设，当以竞争和谋求个体利益最大化的市场无法达致资源的公平分配时，政府就应根据不同主体的境况，对市场上的最少受惠者和境况最差者，通过公共资源再分配的方式予以补助和帮扶，实现社会的实质公平和结果正义。将这种政府职能置于空间正义的框架下，就要求政府根据不同空间发展中出现的分殊情形，通过公共资源的差异化供给，实现公共资源在国土空间范围内的均衡分布，改变区域、城乡不合理的经济发展状态，消解区域、城乡之间经济发展的不平衡，实现一国整体经济的协调发展和共同繁荣。

最后，空间经济结构的规范有序是空间正义实现的外在表征。规范有序的空间经济结构是一种具有“秩序”内涵的经济运行系统，空间经济秩序和空间正义具有内在的一致性。“秩序和正义这两种价值通常不会发生冲突，而往往会在较高的层面上紧密相关，融洽一致。”[②] 空间正义指向的空间经济结构，要求国土空间开发利用规范有序，体现为区域、城乡等空间单位交互活动中形成的结构合理、运行有序和模式规范的状态，既表现为具有保障经济协调发展的合作机制，也表现为具备规范经济协调发展的分工系统。

---

① 严格来讲，除了资本要素外，劳动力、技术、管理、信息和数据等生产要素的区域、城乡均衡分布也是空间正义的基本要求，但在现代经济条件下，资本以外的其他生产要素空间分布常常以资本要素为中心展开，资本在生产要素流动和分布中具有决定性意义。而且，有些生产要素流动、分布的不平衡并非市场失灵的结果，比如劳动力市场上的地域歧视、农民工歧视，考虑到本章的论证主题，本章仅以资本的空间均衡分布问题作为对象展开论证。

② ［美］E. 博登海默：《法理学：法哲学与法律方法》，邓正来译，中国政法大学出版社2004年版，第330页。

从经济场域中空间正义的属性来看，首先，空间正义指向的利益类型是公共利益。在理论界，尽管对公共利益人言人殊，但作为一个“阶段性结论”，“到目前为止看到的公共利益概念的共同要素是其与共同体、总体福祉、人类尊严以及维护长治久安的社会条件之间的联系，更进一步说，公共利益被认为有可能扮演促进包容、调和多元社会可能存在的诸多不同个体和群体利益的角色”①。空间正义关联着所有人的利益、命运和发展可能性，是一种以经济秩序健康、安全及效率化，社会资源的合理分配与利用，社会弱者利益得到维护和保障为内容的共同要求和愿望。② 公共利益的实现程度是判断空间正义实现的核心依据。

其次，空间正义要求的空间经济关系应当具有协调性。由资源禀赋、自然环境、产业布局和经济基础等因素造成的空间差异是一种不可避免的客观现象。空间上的差异，地理上的多样性，并不只是一个结果，它们是社会再生产和支配性社会关系不可或缺的一部分。③ 空间正义不是去消除一国区域和城乡的多样性和丰富性，而是寻求一种分工合理、功能互补的区域、城乡经济结构，是一种承认差异和区别，强调依赖和团结，注重公平与秩序，具有协调性的经济关系系统和经济结构系统。

再次，空间正义的评价标准和实现路径具有整体性。空间正义是一种含有整体目标、多元价值的社会需求和期待，对其实现与否的判断应坚持整体性标准，单个区域境况的改变不足以成为衡量空间正义实现的依据，空间正义追求的是整体国土空间结构的协调性，是一种“整体大于部分之和”的经济运行效果和状态。这就意味着空间正义既强调整体空间对区域空间的统辖功能，要从整体空间着眼来理解、规范区域空间。同时，应构造整体性的空间正义实现方案，无论是战略指导、系统框架和结构模式，还是主体设定、工具选择和方法建构，都要从整体性要求出发予以安排和构造。

最后，空间正义的实现过程具有动态性。空间正义是一个从“基本”

① ［英］迈克·费恩塔克：《规制中的公共利益》，戴昕译，中国人民大学出版社 2014 年版，第 50—51 页。

② 参见孙笑侠《法的现象及观念》，山东人民出版社 2001 年版，第 67 页。

③ Doreen Massey. *Spatial Divisions of Labor: Social Structures and the Geography of Production*, NY: Routledge, 1995, p. 289.

不断走向“高级”的动态过程，[①] 具有明显的时代条件性和发展演进性，其实现与否以及实现程度的认定，要根据经济社会发展水平适时调整。比如在改革开放初期，“让一部分地区发展和一部分人先富起来”的政策设计，在社会财富不够丰富，经济发展总体水平较低的情况下是符合空间正义要求的，但随着社会财富的积累、社会主要矛盾的变化和公共规制的进步，空间正义的表现形式、重点领域和认定标准都需要重新厘定，空间正义实现中的公共规制理念和方法也要不断创新。

二 公共规制保障空间正义的合法性证成

1. 空间正义风险的资本归因与规制法纠正

“要想理解非正义的地理形态何以形成，需要我们关注财产权的潜在机理。”[②] 正义起源于人的自私，以及自然为满足人的需要所准备的稀少的供应，[③] 人的自私本性和资源的相对匮乏，既是正义形成的基础，也为财产权的产生提供了条件。财产权是市场机制的核心要素之一，其和价格要素、竞争要素一道，构成了市场有效运行的前提，也构成了保障市场机制在资源配置过程中具备其他机制难以企及之优越地位的核心机理。但自发运行的市场有可能导致资源空间分布的扭曲和失衡，成为空间正义问题形成的重要原因。

在市场竞争机制下，资本会以空间为依据扩张、积累和增值，如果缺乏外力的纠正，可能会导致资源空间布局的不合理和不公正。竞争机制是市场经济运行的原生动力，竞争意味着经营者的业绩评判只有一个标准——市场，同时，竞争也只回应一种意志需要——经营者和消费者的自在意志。[④] 市场竞争机制要求经营者应以利润最大化作为衡量自身行为的标准，资本的这种属性既可以以时间为依据进行，也可能以空间为依据展开。“不同的生产环节如果能在同一个地点分布并在更大的空间范围之内同时来完成，可以提高生产效率。资本通过扩张企业空间规模，生产更多

---

① 参见陈昭《基本福利的空间再分配：试论实践性空间正义及其规划应对》，《国际城市规划》2021 年第 4 期。

② ［美］爱德华·W. 苏贾：《寻求空间正义》，高春花、强乃社译，社会科学文献出版社 2016 年版，第 42 页。

③ 参见［英］大卫·休谟《人性论》，关文运译，商务印书馆 1980 年版，第 536 页。

④ 参见单飞跃《经济法理念与范畴的解析》，中国检察出版社 2002 年版，第 5 页。

的产品，获得较多的利润额。通过以空间换时间，空间扩张可以使资本获得较好的竞争地位。空间对资本积累与价值增值的作用与意义不断彰显出来。”[①] 资本的逐利本性会表现为一种实在的力量，决定着资源流动的趋势和方向，由于存在规模收益递增效应，经营者总会选择到市场潜能大、资源禀赋好、空间区位优越的地区进行投资和生产，这种基于空间的资本集聚具有累加性，随着时间的推移，经济资源的空间差异、空间阻隔难免会形成。

同时，成本是经营者参与市场必须考量的内容，而经营地点又是决定经营成本的重要因素。“一个竞争性的企业总是致力于追求将重点集中在某些供应成本最低的市场区域上。竞争的结果是对那些贫瘠地或者薄弱的市场区域的产品供应的利润不断降低，以及服务质量的下降。由于运输问题或者经济规模的问题，对供应商来说，将同一种类和质量的产品供应到一个偏远且需求较小的地区比一个邻近且需求较大的地区成本更大。”[②] 对于市场经营者而言，如何在空间上寻求能保证资本增值的最佳区位，进而实现资本的价值增值，是其在经营决策中必须认真对待的问题。空间不仅是资本循环的承载，还是决定资本增值的关键变量，不同的空间意味着不同的盈利可能性，具有资源优势和市场规模优势的地区，能以更低的成本接近产业上下游企业和消费者，从而吸引更多的资本进入本区域，空间因资源进入的多寡和类型的不同而得到不同的塑造和生产，资源空间占有和配置的分殊情形由此形成。

“资本积累向来就是深刻的地理事件”[③]，空间会影响市场主体的行为方式和资本的流动向度，空间可以保证资本在市场竞争中获得更有利的地位，资本通过空间完成了自身的生产和分配。遵循资本逻辑的空间生产难以系统、平等地进行，经济活动臣服于资本的增值要求并以空间为向度展开，空间生产不再从属于人的生活与工作逻辑，缺少对高层次与精致化空间产品的追求动力。资本逻辑的“单向度”导致了空间生产的“单向度”，空间被资本俘获，资本逻辑消解了空间生产的整体性，空间正义所

---

① 陈建华：《中国城市空间生产与空间正义问题的资本逻辑》，《学术月刊》2018 年第 7 期。

② ［英］安东尼·奥格斯：《规制：法律形式与经济学理论》，骆梅英译，中国人民大学出版社 2008 年版，第 32 页。

③ ［英］大卫·哈维：《希望的空间》，胡大平译，南京大学出版社 2006 年版，第 23 页。

要求的生态性、平等性、多样性和体系性无法得到保障。[①] 任由这种情势的极端发展，便是空间资源配置、占有和分享扭曲情形的出现，栖居于空间的主体，其权利义务配置中的不对称、不均衡日益突出，民众间因空间阻隔、空间隔离造成的空间融入、空间迁徙无法完成，不同空间的主体对立和冲突难以避免，普遍意义上的空间正义问题由此形成。

规制的正当性基础在于发现市场运行中的缺陷并予以纠正。[②] 面对资本自发运行导致的空间正义问题，传统的私法体系无法提供一个有效的解决方案，在资本逻辑下，空间正义问题导源于市场主体的利己倾向，本质上是经济人属性以空间为依据过度扩张的表现，而私法又以尊重个人的经济自由权利为核心，其内涵在于确立一种以市场主体自治为中心的资本运行秩序，当资本运行超越边界并对公共福祉造成损害时，私法表现出明显的功能局限。与之相反，公共规制可以从维护公共利益的角度出发，通过“对‘过度利润’的控制，对过度竞争的控制”[③]，实现对资本运行的规范和约束。具体而言，公共规制可以通过政府干预来改变“经济人”行为的成本构成和利益归属，从而使“经济人”在进行“成本—收益”核算时作出既有利于自身又有利于社会的选择，[④] 可以向执行特定经济政策的市场主体提供资金和补助，可以“为控制企业的价格、销售和生产决策而采取各种行动”，可以对“不充分重视‘社会利益’的私人决策努力制止”。[⑤] 可以通过可得机会或对信息限制条件的修正，改变在不合理条件下形成的私人偏好，激励私人主体作出有利于空间正义的经济活动。凡此种种，都是公共规制直接介入市场、干预私人经济活动的表现，也是通过公共规制来实现空间正义的重要方式。

---

① 参见陈建华《中国城市空间生产与空间正义问题的资本逻辑》，《学术月刊》2018 年第 7 期。

② ［英］安东尼·奥格斯：《规制：法律形式与经济学理论》，骆梅英译，中国人民大学出版社 2008 年版，第 15 页。

③ ［美］史蒂芬·布雷耶：《规制及其改革》，李洪雷等译，北京大学出版社 2008 年版，第 20—40 页。

④ 参见李昌麒、应飞虎《论经济法的独立性——基于对市场失灵最佳克服的视角》，《山西大学学报》（哲学社会科学版）2001 年第 3 期。

⑤ 参见［英］约翰·伊特韦尔等编《新帕尔格雷夫经济学大辞典》（第 4 卷），经济科学出版社 1996 年版，第 137 页。

2. 公共资源的空间再分配与规制法保障

“正义的观念和结构是相当复杂的，我们可以说它由两个部分组成：（1）一致的或不变的特征，概括在‘同类情况同样对待’的箴言中；（2）流动的或可变的，就任何既定的目标来说，它们是在确定有关情况是相同的或不同时所使用的标准。”① 按照现代政府的职能预设，当以竞争和谋求个体利益最大化的市场无法达致资源的公平分配时，政府就应根据不同主体的境况，依据“可变的标准”来配置资源，对市场上的最少受惠者和境况最差者予以补助和帮扶，实现市场运行的实质公平和结果正义，“如果市场不能保证社会公正，社会可能会决定由政府通过税收和收入再分配来承担修正市场结果的职责”②。此乃公共资源的政府再分配问题，将这种政府职责要求置于空间正义的框架下，就要求政府针对市场导致的空间分割、发展悬殊、资源配置失衡等情形，通过公共资源的空间差异化供给，改变不合理的资源空间结构，消解资源空间配置的不均衡。具体而言，通过政府投资和财政转移支付制度实现区域间公共服务的均衡配置，通过政府采购和区域税收优惠制度促进落后空间区域的经济发展，是通过公共资源再分配制度来保障空间正义的主要制度构成。

首先，通过政府投资和财政转移支付等制度实现公共服务的均衡供给。纠正公共服务空间分布的不均衡，缩小地区之间公共服务的水平差距，是空间正义实现的基础和标志之一。一般认为，公共服务属于经济学中公共产品的范畴，具有非竞争、非排他的特点和属性，由于“竞争性的市场不能提供有效率的公共物品生产水平，也不能排除任何未付费的人搭便车和对偏好的误读，而且没有能力为公共产品提供充分的回报”③，公共服务的政府提供由此成为必要。而且，随着市场经济的复杂化发展，市场所需要的公共服务种类和数量越发庞大，如何从社会公共利益的角度出发，提供足够数量和质量的公共服务，为市场主体的经营活动创造一个更为便利、优越的环境和条件，构成了现代政府必须履行的责任。

将公共服务的供给要求置于空间正义的背景中，我们所要关注的与其

① ［英］哈特：《法律的概念》，张文显等译，中国大百科全书出版社1996年版，第158页。

② ［以］阿耶·L. 希尔曼：《公共财政与公共政策——政府的责任与局限》，王国华译，中国社会科学出版社2006年版，第9页。

③ ［英］罗伯特·鲍德温等：《牛津规制手册》，宋华琳等译，生活·读书·新知三联书店2017年版，第22页。

说是对政府提供公共服务职能的确认，毋宁说是政府应当如何以更恰当的方式来提供公共服务。由于并非所有的公共服务可以让一国辖区内全体公众都受益，对于某些具有服务范围和区域限制的公共产品而言，当公共产品使用存在拥挤情形，或因收费、区域限定等成为俱乐部物品时，公共产品便具有了竞争性或排他性，转变为准公共物品。[①] 公民所在的辖区是决定其能否享有准公共物品的依据，“辖区的边界可以作为区别居民与非居民的一种方式，使某些公益物品和服务主要使本地居民共同受益”[②]。在一个疆域宽广的国家里，区域之间经济发展水平以及由此决定支付能力的不同会导致公共服务供给水平的不同，公共服务的总体规模、质量和保障水平的空间差异会对辖区内的市场主体产生具体而真实的影响。因此，一方面，我们要尽量减少公共服务的覆盖盲区，对于发展滞后的地区，需要通过政府投资和转移支付等途径完成资源的倾斜性配置，实现基本公共服务的均等化供给，以此为手段提高落后地区在人才、技术和资本等方面的吸引力，克服因公共服务空间供给差异导致的空间分层、空间隔离和空间锁定。另一方面，要根据不同空间区域的发展战略、发展水平、产业特点、生产方式和区位状态，来决定公共服务供给的种类、品质和规模，避免因公共服务供给错配导致的资源浪费，提高公共服务供给的针对性，这种有区别的公共资源配置方式既是实现公共服务布局空间优化的重要方式，也是经济视域下空间正义的内在构成。

与政府通过财政转移支付行为和投资行为为不同空间区域提供种类、数量相异的公共产品以实现区域均衡发展不同，政府采购是政府为了特定的经济和社会目标，以购买者身份运用公共资金获得物品、服务或工程，以支持特定产业、主体和地区发展的一种政府行动。政府采购是政府落实经济政策的主要工具，也是政府规制经济的重要类型，其除了具有执行政府预算、加强支出管理、提高公共支出效率和实施宏观调控等功能外，还在维护市场本身不能达到的高水平就业、经济稳定增长、工人保障、分配正义等领域中发挥着重要功用。[③] 从空间正义实现的角度来看，政府采购

---

① 参见郭素玲、陈雯《一体化背景下长三角城市公共服务的空间差异研究》，《上海城市规划》2020 年第 4 期。

② ［美］迈克尔·麦金尼斯：《多中心体制与地方公共经济》，三联书店 2000 年版，第 100 页。

③ 参见杨小强《政府采购对中小企业优先规定之评析》，《现代法学》2006 年第 1 期。

可以理解为政府为支持特定空间而设定的一种规制行动，其可以引导、支持和改变资源流动的空间方向，实现区域经济结构、产业结构的趋优建构，为资源布局的空间合理化奠定基础、创造条件。比如处于少数民族聚居地区的企业，或者处于边远地区的企业，在一般的政府采购招标投标中，它们往往会处于不利的地位，如果按照程序公平原则，它们很难赢得投标，获取与政府签订采购合同的机会，但包含了支持特定地区发展目的的政府采购，可以根据需要斟酌具体的采购项目，采取一些特殊措施，使处于不利空间区位的企业也能签订一部分政府采购合同，从而推动全社会经济的协调发展。[①] 政府采购是政府利用合同形式矫正社会不平等的一种方式，它赋予处于落后空间区域的主体更多的发展机会，通过对特定空间内市场主体的支持和帮扶，来促成一国整体空间区域的协调、进步和共同繁荣。

与上述诸种手段的功能相当，区域税收优惠也是政府基于某种经济和社会目的，对特定地区的市场主体减轻或免除税收负担的一种制度方案。区域税收优惠可以引导、改变资金、劳动力和技术等要素在不同区域间的流动方向，提高要素生产率，调整、优化区域产业结构和经济结构。"税收政策对要素流动的影响是通过税收的收入效应和替代效应发挥作用的，收入效应是指征税改变了市场主体的可支配收入和实际购买力，从而调整其消费或投资水平；替代效应是指征税改变了商品或服务的相对价格，改变消费者的消费偏好，调整其支出结构。"[②] 在空间正义视域下，区域税收优惠制度可以通过改变特定空间区域收支水平和要素比价关系来调整空间区域的消费需求、投资需求和贸易需求，调节劳动力、资金的流向和结构，从而改变市场主体经营的区位选择偏好，纠正资源空间布局的分化和失衡，进而促成一国整体区域经济的均衡与协调发展。

3. 空间经济秩序的规划要求与规制法落实

由资源禀赋、自然环境、产业布局和经济基础等因素造成的空间差异是一个不可避免的客观现象。"空间上的分异，地理上的多样性，并不只

① 参见王小能《政府采购法律制度初探》，《法学研究》2000年第1期。

② 柳光强、田文宠：《完善促进战略性新兴产业发展的税收政策设想》，《中央财经大学学报》2012年第3期。

是一个结局，它们是社会再生产和支配性社会关系不可或缺的部分。”[①] 这种客观性决定了空间既是经济、社会、文化和政治的活动单元，也是社会治理的基本手段，政府将所统辖的空间细分为具体的行政区域，并以此为依据来定义国家治理的空间秩序。空间正义不是去消除一国区域发展中的多样性，而是寻求一种分工合理、功能互补的空间关系，这种关系是一种承认差异和区别、强调依赖和团结、注重公平与秩序的结构系统。

上述理想状态蕴含的一个内在要求，是如何解决不同区域经济关系的“协调难题”。作为空间的构成单位，由于任何一个区域都无法与其他区域自行设定解决区域经济协同发展的“内部规则”，需要由政府对空间经济关系和结构予以制度化塑造。前文已提及，公共规制是解决“协调性难题”的手段，“在协调难题中，将某些愿望留待私人自行解决只会造成混乱和无秩序，但通过政府对私人行为的安排却可以满足这些愿望，为了解决协调问题，要么需要社会规范，要么需要法律限制”[②]。政府依据意欲达致的经济社会目标，对一国辖区的空间经济结构以制度规划的方式加以协调，构造一种相互依赖、相互补充、协调一致的空间经济秩序系统，是空间正义实现过程中不可或缺的环节。笔者认为，这一职责之所以只能由政府来承担，理由在于政府具有其他主体难以具备的能力优势，而落实这一协调任务的政府行为之所以是政府规划，理由在于政府规划所具有的功能优势。

从政府能力的角度讲，政府具有公共利益优势、资源优势和信息优势。政府是“市场主体利益的代表，其以追求公共利益和长远利益为已任，可以通过给市场安装虚拟的大脑和心脏使市场有效运行”[③]，理想的空间秩序在本质上是一种以空间为载体所呈现的公共利益，在自发的市场环境中，没有任何一个市场主体可以为整个市场运行的结果负责，单个的市场主体既不具备关注空间经济秩序的动力，也缺少维护空间经济秩序的能力。而政府可以系统地设定“空间经济秩序”这一具有公共利益内涵

---

① ［英］多琳·马西：《劳动的空间分工：社会结构与生产地理学》，景天魁等译，北京师范大学出版社 2010 年版，第 299 页。

② ［美］凯斯·R. 桑斯坦：《权利革命之后：重塑规制国》，钟瑞华译，中国人民大学出版社 2008 年版，第 56 页。

③ 李昌麒：《寻求经济法真谛之路》，法律出版社 2003 年版，第 171 页。

的社会目标，现代政府强大的财政汲取能力以及由此形成的资源调动能力，可为政府采取相应的规制手段提供足够的物质支撑。这种其他主体无法比拟的公共利益优势和资源优势，决定了保障空间经济结构和秩序的任务，应该主要由政府来承担。

就信息能力而言，显而易见，设定符合正义要求的空间经济秩序需要决策，而决策要以决策者占有充分的信息为前提。当然，无论是市场还是政府，它们的运行都需要决策，而所有的决策都必须占有足够的信息。不同的是，市场主体决策依据的是分散信息，由此形成的是分散决策机制，政府资源配置依据的是整体信息，由此形成的是规划决策机制。空间经济秩序规划要求“把整个系统当作由各相互关联的部分所组成的整体来掌握”[①]，其所面对的是交织关联、错综复杂的区域关系网络，需要系统设定符合正义要求的发展目标和框架，需要在空间正义框架下审视公共资源的配置情况，需要判断局部结构是否符合整体正义的要求，并对不符合空间正义要求的空间结构予以调整和纠正。如此种种，都意味着空间正义要求分析和处理的是经济社会发展的宏观信息和整体信息，唯有政府才具备收集、分析和处理这种信息的能力。这种整体性、系统性和全局性的信息处理能力要求，决定了政府在空间经济秩序设定和维护中应有更多的担当，扮演更积极的角色，承担更主要的义务。

从政府规划的功能上讲，作为一种预设性的公共政策协调机制，政府规划具有战略协调、配置资源和宏观调控等功能。和曾经高度集中的计划经济体制下指令性经济计划不同，政府的经济规划通常是预测性、设想性和期待性的，是从预期性、长期性、综合性的角度来协调社会发展的优先顺序，并通过资源的调动和集中来引导和矫正经济结构与经济运行状态的过程。政府规划通过设定经济社会发展的预期性指标和约束性指标，通过引导性、激励性手段的运用，促导经济社会发展朝着预设的方向和目标进行。随着现代政府经济职能的不断扩张，几乎没有一种市场主体的经济行为与政府的经济规划制度无关，“组成生产函数的生产要素常常表现出一

---

① ［美］莫里斯·博恩斯坦：《东西方的经济计划》，朱泱等译，商务印书馆1987年版，第161页。

种当时的制度和经济安排”[①]，在市场主体作出具体的经济行为或参与具体的经济活动时，政府规划制度无疑是一个重要变量，需要市场主体纳入自身的经济决策中。从应然的角度讲，政府规划是得到法律确认的规则，其制定和实施必须遵循法治化途径。[②] 这种基于法律塑造的政府规划是一种权威的力量，市场主体因法治化的政府规划而有了遵循的依据、可靠的预期和明确的激励，空间正义实现中可能涉及诸如资源配置的让步与妥协，资源占有的分享与共享等问题，会因为政府规划制度的刚性约束而解决；空间生产中可能形成的矛盾与分歧，也会因为政府规划制度的存在而消解，这些内容又恰恰是空间正义需要解决的核心问题，是空间正义的内在构成。

第三节 我国公共规制保障空间正义的运行实践

在我国，基于地理、历史、文化以及传统等因素，空间正义问题在不同区域、城乡的表现形式并不相同，呈现出高度的复杂性。从历时性角度观察，近年来我国空间正义的历史进步性得到了现实的鲜明印证。这首先得益于我国政府始终将维护空间正义的目标融贯于执政理念中，同时根据经济社会发展的不同阶段选取恰当的公共规制方式，防范规制失灵情形的发生，“法律、政治和经济过程的互动对于实现规制目标来说十分关键”[③]。

一 我国以宪法为统帅保障空间正义的公共规制体系

我国《宪法》第 15 条派生出的经济自由权，第 14 条规定的社会保障权，宪法第 1 条第 2 款和第 13 条第 3 款确立的财产权社会义务，以及我国国民经济和社会发展规划需经全国人民代表大会批准制度，构成了我国公共规制保障空间正义的宪法依据。同时，我国保障空间正义的公共规制

① ［英］马克斯·H. 布瓦索：《信息空间——认识组织、制度和文化的一种框架》，王寅通译，上海译文出版社 2000 年版，第 29 页。

② 参见姜明安《尊重行政规划的法制属性》，《北京日报》2017 年 4 月 24 日第 13 版。

③ ［英］迈克·费恩塔克：《规制中的公共利益》，戴昕译，中国人民大学出版社 2014 年版，第 12 页。

在部门法中也有较完整的呈现，具体而言，我国的税收优惠制度、金融服务制度、预算制度、财政转移支付制度、政府投资制度、政府采购制度、土地管理制度、国土空间规划、城乡规划、主体功能区规划、产业规划制度等制度，构成了我国保障空间正义的公共规制的具体规则系统。由此，我国空间正义实现中公共规制实施的目标、原则、主体、内容、程序和监督等方面有了明确的法律规定，空间正义实现中的公共规制具备了基本的体系性、规范性和稳定性，为我国公共规制保障空间正义的执法、司法活动提供了制度支撑。

鉴于宪法在公共规制保障空间正义中的最高性，同时由于公共规制保障空间正义的现实展开主要是部门法意义上的公共规制规则在纠正空间正义问题过程中的具体运用。因此，本部分仅对公共规制保障空间正义规则体系中具有根本法意义的宪法规范予以分析，对部门法层面的公共规制的具体内容，将在下文公共规制保障空间正义实践基点部分中进行统合论述。

首先，经济自由权与空间正义的实现具有直接的关联关系。不同国家的市场经济体制有着不同的特点，但也有着一些共通的规律，平等、自由和公平等价值准则是市场经济的本质要求，市场主体拥有“经济自由权”是所有市场经济体制的内在要求。公众参与市场活动要以经济自由权为基础，这些权利既可以来源于宪法文本的明确规定，也可能由宪法解释所派生。在我国，经济自由权由我国宪法规定的“国家实行社会主义市场经济”所派生，“‘社会主义市场经济’作为宪法规范，是市场经济政策与原则的法治化，具有严格的法律规范要素，对整个国家的经济生活、经济政策、企业自主权以及贸易等领域发挥统一规范的作用”[①]。也就是说，尽管我国宪法未对经济自由权给予明确规定，但宪法所确认的“社会主义市场经济体制”本身就蕴含了经济自由权的内容，在宪法语境中，这属于“未列举的基本权利”[②]。在经济活动中，经济自由权会具体化为职业自由权、经营自由权、迁徙自由权等权利类型，它们既是公众行使空间权利的基础，也是防范空间隔离的权利根据，同时也是政府正确履行公共规制义

① 韩大元：《中国宪法上“社会主义市场经济”的规范结构》，《中国法学》2019年第2期。

② 参见张卓明《中国的未列举基本权利》，《法学研究》2014年第1期。

务的规范依据。

其次，社会保障权是公共规制维护空间正义的托底性权利。具体表现为社会补偿、社会福利和社会救助的社会保障行为，是政府基于一定的标准向公众提供物质帮助和社会给付的过程。从社会保障实践本身来看，政府的社会保障既可以以主体身份为标准进行，也可以以主体所处空间为依据展开。现实中以空间为依据的社会保障是一种常态化的公共规制方式，比如针对“少数民族地区”“中西部地区”“革命老区”“边境地区”“农村地区”的社会救助——毋庸置疑，“地区”首先就是空间概念。作为宪法规定的基础性法律规范，社会保障权对于特定区域公众的保护具有最高意义上的确定性和指引性，社会保障权构成了政府分配公共资源、保障空间正义实现的宪法权利依据之一。

再次，我国宪法框架下财产权的社会义务，是公共规制保障空间正义的又一宪法基础。财产权社会义务的宪法规范依据，除了我国《宪法》第 13 条第 3 款规定的“国家为了公共利益的需要，可以依照法律规定对公民的私有财产实行征收或者征用并给予补偿”以外，还有我国《宪法》第 1 条第 2 款规定的“社会主义制度是中华人民共和国的根本制度”所确立的社会主义原则。[①] 现代社会出于维护社会正义的目的，要求财产权的行使应有所限缩，财产权的观念不能与公共利益和公序良俗观念相违背。财产权的社会义务是人之生存状态从“基于私人所有权的个人生存”向“基于社会关联性的个人生存”转变的结果。[②] 以空间正义为依据对财产权设定行使的边界、范围甚至特定的负担，是现代宪法以公共利益和公序良俗为依据塑造财产权的重要内容，也是公共规制规范资本空间分布的宪法根据。

最后，我国国民经济和社会发展规划是保障空间正义实现中具有宪法权威的国家战略。众所周知，国民经济和社会发展规划需要全国人民代表大会的批准才能施行，一经最高权力机关批准，它就成为政府管理社会经济的法律依据，政府不得随意改变规划的内容或者拒绝执行规划。[③] 政策

---

① 参见张翔《财产权的社会义务》，《中国社会科学》2012 年第 9 期。

② 参见张翔《财产权的社会义务》，《中国社会科学》2012 年第 9 期。

③ 参见吴越《宪法经济学导论——转型中国经济权利与权力之博弈》，法律出版社 2007 年版，第 289 页。

经由"最高权力机关批准"意味着其被纳入了宪法规范体系，而"国家政策一旦进入规范体系，就变为确定性的规则，虽有'政策外衣'但本质上已转化为具体规范，被纳入宪法解释的具体范畴之中"[①]，从而具备了根本法的属性和权威。

国民经济和社会发展规划作为党和国家管理经济社会的重要制度，[②] 多年来，始终对空间正义问题给予了广泛关注。早在20世纪60年代我国的"第三个五年计划"中，就有关于产业空间规划的内容。[③] 在"八五计划"中，我国首次正式提出促进地区经济协调发展，表明我国将区域协调发展被提升到国家战略的高度。[④] 随后，区域、城乡经济协调发展在我国国民经济和社会发展规划中的地位日益突出，"十四五规划和二〇三五年远景目标"中专设"优化国土空间布局，推进区域协调发展和新型城镇化"一章，对区域和城乡经济协调发展的问题进行了规定，成为我国推动空间正义实现的重要根据。

二　我国空间正义实现中公共规制及其规范化的实践基点

我国以保障空间正义为目标的公共规制制度体系及其实践，在公众空间权利的充分配置、促成资本空间均衡分布、合理分配公共资源和塑造规范有序的空间经济结构中取得了显著成效。同时，我国通过对市场基础地位的确认以及公共规制的法治化，有效防范了空间正义实现中公共规制失灵情形的发生，以上内容共同构成了我国空间正义实现中公共规制及其规范化的实践基点。

1. 我国公共规制保障空间正义的实践展开

我国宪法规定的基本经济权利、财产权的社会义务，以及国民经济和

① 韩大元：《中国宪法上"社会主义市场经济"的规范结构》，《中国法学》2019年第2期。

② 1953年实施第一个五年计划以来，我国每五年会制定一次国民经济和社会发展规（计）划，成为我国指导经济增长的依据。1953—2005年，我国使用的是"五年计划"，2005年，为强调市场在资源配置中作用，同时为了正确界定经济运行中政府的行为和边界，突出政府的宏观调控，过多过细的量化指标被淡化，我国将"五年计划"改为"五年规划"。

③ 我国"第三个五年计划"将"加快三线建设，逐步改变工业布局"作为"三五"期间的重要工作之一。

④ 参见魏后凯《中国区域经济发展》，经济科学出版社2019年版，第6页。

社会发展规划需经全国人民代表大会批准实施的制度，是通过公共规制手段保障空间正义的根本遵循。但这些具有根本法属性的规定，具有纲领性、原则性的特点，无法满足空间正义实现中公共规制在主体、内容、程序、监督等方面的复杂要求，也难以塑造符合正义要求的空间经济关系和结构。公共规制在保障空间正义实现中既需要有宪法依据，更需要具体的规则来落实和展开。

第一，资本空间均衡分布的公共规制实践。我国引导、激励资本空间均衡分布的公共规制实践，主要通过税收优惠的激励和金融服务的促进来完成。就税收优惠激励而言，我国在区域发展战略实施、[①] 民族地区帮扶、[②] 农村农业支持中[③]，均有通过税收优惠制度来引导激励资本在空间均衡分布的制度和措施。税收优惠措施的运用，改变了我国不同空间区域的收支水平和要素比价关系，有效调整了空间区域的消费需求、投资需求和贸易需求，修正了市场主体经营的区域选择偏好，为避免资本向中心区域过度积聚、调整资源空间布局分化和失衡发挥了重要的功用。就金融服务促进而言，货币会通过借贷成本或资金的可得性来影响区域经济发展。[④] 我国从健全金融机构体系的覆盖要求、金融产品和服务手段的创新发展、金融基础设施的建设完善、普惠金融法律法规体系的建立健全、专项资金的引导激励等方面着手，[⑤] 增加了欠发达地区的金融服务供给，提高了欠发达地区的资本吸引能力。同时，在农村区域，我国通过金融网点全覆盖、金融技术的农村推广、金融服务体系的完善等措施，[⑥] 提升了我

① 以西部大开发战略为例，我国制定了《关于深入实施西部大开发战略有关税收政策问题的通知》《关于执行西部大开发税收优惠政策有关问题的批复》等多项税收优惠的政策文件。

② 参见我国《企业所得税法》第 29 条、《民族自治法》第 34 条的规定。

③ 当前我国支持农村农业的税收优惠，归纳起来大致有促进农业生产的税收优惠，支持新型农业经济主体发展的税收优惠，促进农产品流通的税收优惠，促进农业资源综合利用的税收优惠，涉及的税种有增值税、企业所得税、个人所得税、印花税、车船税、房产税、契税等多个税种，本章不再列举。

④ See Dow, S. C. "The Treatment of Money in Regional Economics", *Journal of Regional Science*, 1987, (27): 13-24.

⑤ 参见《推进普惠金融发展规划（2016-2020 年）》《普惠金融发展专项资金管理办法》相关规定。

⑥ 参见《国务院办公厅关于金融服务“三农”发展的若干意见》《关于金融服务乡村振兴的指导意见》相关规定。

国金融服务的农村覆盖率和可得性，为资本的农村回流和引入创设了条件。

第二，公共资源再分配的公共规制实践。长期以来，我国通过中央预算和地方预算安排，运用政府投资和财政转移支付手段，为欠发达地区和老少边穷地区的优先发展提供了多种类型的倾斜性支持。[①] 近年来，我国每年均设置专门的财政转移支付资金用于支持革命老区、民族地区、边境地区、生态功能区、资源枯竭型城市等区域的发展。在政府投资领域，我国政府投资主要集中于市场无法有效配置资源，具有公益属性的经济领域和社会领域，比如针对欠发达地区和农村地区的基础设施建设，市场主体无力承担的大型工程项目建设，以及具有典型正外部性的公共服务提供，等等。在维护市场机制基础地位的同时，充分发挥公共资源再分配手段的调控功能，为我国区域和城乡经济的协调发展、公共服务的均衡供给奠定了基础。

第三，空间经济结构规划的公共规制实践。我国的国土空间规划、城乡规划、主体功能区规划和产业规划等制度，为塑造符合空间正义要求的区域、城乡经济结构提供了制度框架。实践中，围绕国土空间开发格局、区域和城乡协调发展、经济可持续发展能力、国土安全、国土空间开发保护机制，以及城镇规划、城市规划、镇规划、乡规划和村庄规划等空间规划，我国既有较为完备的制度体系，也有较为系统的实践安排。[②] 另外，我国从规划目标、国家层面主体功能区设计、保障措施等方面，为主体功能区规划提供了制度依据，[③] 并根据不同功能区资源禀赋、产业基础和经济结构等特点，明确了不同功能区限制、禁止和鼓励的产业类型，[④] 规范了资本的空间准入，强化了资本投资的空间管理。

---

① 参见《预算法》第 39 条、《政府采购法》第 9 条、《政府投资条例》第 3 条、《国务院关于投资体制改革的决定》第 3 条第 1 款和第 4 条第 3 款、《国务院关于改革和完善中央对地方转移支付制度的意见》第 4 条第 3 款的规定。

② 参见《全国国土规划纲要（2016—2030 年）》《中共中央、国务院关于建立国土空间规划体系并监督实施的若干意见》《国家新型城镇化规划（2014—2020 年）》《城乡规划法》相关规定。

③ 参见《全国主体功能区规划》《国家发展改革委贯彻落实主体功能区战略推进主体功能区建设若干政策的意见》相关规定。

④ 参见《产业结构调整指导目录》《中西部地区外商投资优势产业目录》相关规定。

2. 我国公共规制保障空间正义中对规制失灵的防范

现实中的公共规制并非总如所愿，规制效果与其所追求的目的完全相反的自我挫败情形大量存在。[①] 在保障空间正义的过程中，公共规制既可能发挥积极功能，也可能成为扭曲市场公平竞争、实施规制套利的工具。因此，空间正义实现中的公共规制规范化运行就极为必要。就当下的情形而言，我国对空间正义实现中公共规制失灵的防范路径，主要体现在以下几个方面。

第一，确立了市场机制决定地位的理念，为空间正义实现中的公共规制划定了运行边界。市场机制在资源配置中具有决定性作用，空间正义实现中的公共规制固然重要，但其只能针对市场失灵引发的空间正义问题进行弥补和矫正，是对市场机制不足的弥补而非代替。这种市场机制决定地位的理念和要求，在公共规制保障空间正义过程中多有体现，比如在税收优惠措施的运用中，我国以公平税负、促进公平竞争为依据，加强了区域税收优惠措施的规范管理，实现了税收优惠措施的简化统一，对于可能影响公平竞争的区域税收优惠进行了及时清理。再如金融服务促进手段，其是引导性、辅助性和助推性的，资本流动的决策权依然由市场主体享有，由市场主体在权衡利弊的基础上作出自我判断和选择。这种对市场机制基础地位的保障，有效防范了空间正义实现中公共规制对市场机制的扭曲，维护了市场竞争的公平和市场决策的效率。

第二，通过法治化的实施路径，实现了空间正义实现中公共规制运行的过程管控。首先，从宏观战略的角度看，我国的国民经济和社会发展战略需要全国人大审议批准，全国人大批准意味着国民经济和社会发展战略的正当性来源于全体人民的集体意志，其权威性、正当性和规范性由此得以确立。其次，从具体实施过程来看，我国保障空间正义的公共规制运行基本实现了权限法定。比如我国的政府采购，《政府采购法》对政府采购当事人、采购方式、采购程序、采购合同等内容给予了明确规定。即便以促成空间正义实现为目的的政府采购，依然要严格遵循主体法定、方式法定、程序法定和形式法定的要求。法治是保障政府行为规范化最权威的力量，我国空间正义实现中公共规制的法治化实施，是防范我国公共规制失

---

① Cass R. Sunstein, *After the Rights Revolution*: *Reconceiving the Regulatory State*, Cambridge, MA: Harvard University Press, 1990, pp. 97-102.

灵的最有效手段，也是保障我国空间正义实现中公共规制功能发挥的最关键力量。

第三，通过责任机制的设置，为空间正义实现中公共规制的不当行使提供了震慑和制裁依据。和一般意义上的法律责任不完全相同，为规范公共规制实施而设置的责任，是一种包含了领导责任和法律责任的混合责任。空间正义实现中公共规制的不作为、不正确作为、渎职行为而引发的引咎辞职、免职和党内处分等责任追究方式，便是以问责制为核心的领导责任。同时，当上述行为与某种实体法相关联，触发行政责任或刑事责任的追究时，其便是一种法律责任。[①] 随着我国公共规制实施中责任机制的广泛适用，其对于空间正义实现中公共规制实施的震慑和制裁效果不断提升，这对于保障我国空间正义中公共规制的规范运行，无疑起到了关键的作用。

三　我国空间正义实现中公共规制运行实践评价

我国空间正义实现的公共规制及其实施体系表明，以规范资本空间分布、公共资源再分配和空间经济结构规划为实施基点的整个公共规制制度体系已相对成熟。我国的土地所有制不仅实现了土体公有制与市场机制的有机结合，而且为我国政府塑造符合正义要求的国土空间结构，实现区域、城乡经济的协调发展创造了更为有利的条件，是我国制度优势的鲜明表征。实践中，正是以土地公有制为基础，同时得益于公共规制手段的有效运用，我国区域经济朝着更加均衡的方向发展，城乡经济发展差距不断缩小，经济结构不断优化升级，区域和城乡经济发展的协调性进一步增强，[②] 我国国土空间开发利用的合理性得到进一步提升。特别是，随着我国脱贫攻坚战的全面胜利，完成了消除绝对贫困的艰巨任务，创造了一个彪炳史册的人间奇迹。[③] 我国区域性整体贫困得到全面解决，为人类解决城乡发展失衡的空间正义问题，贡献了中国智慧和中国方案。在区域协调

---

① 参见邓峰《领导责任的法律分析——基于董事注意义务的视角》，《中国社会科学》2006年第3期。

② 参见国家统计局综合司《经济结构不断升级 发展协调性显著增强》，《中国信息报》2019年7月9日第1版。

③ 参见习近平《在全国脱贫攻坚总结表彰大会上的讲话》，《人民日报》2021年2月26日第2版。

发展方面，我国的区域发展总体战略成效显著，重大区域发展战略效果明显，区域协调发展机制更加完善，一个各具特色、合理分工、相互支撑、有机耦合的国家区域发展格局已初步形成。[①] 这些都是我国公共规制保障空间正义中具有独特优势的表现。

当然，我国空间正义实现中的公共规制虽然具备了相对完整的法律体系，开展了丰富的实践，取得了明显的成就，但作为党和国家追求的一项永久事业，在国家治理体系和治理能力现代化背景下，需要在规制机制、规制方法和保障路径等方面不断创新和完善。

1. 空间正义实现中公共规制对权利的保障需强化

空间正义通过权利机制来成就自身，“权利是正义的核心要素，在现代社会，正义主要体现在权利体系”[②]。同时，权利的保护和利益的增进是公共规制的本质所在，对权利的保护是公共规制存在的最深刻理由。[③] 由此，空间正义和公共规制因“权利”而联结——空间正义在本质上是一种以空间为载体的权利诉求和主张，而权利保障又是公共规制存在的理由和依据，权利机制构成了公共规制保障空间正义的基础性机制。但是我国空间正义实现中公共规制对权利的保护，无论是权利保护的内容还是权利保护的方法，都需要不断完善。比如，经济自由权是空间正义实现的最基本的权利依据之一，但未被我国宪法明确规定，需要通过“国家实行社会主义市场经济”派生。虽然未被宪法明确列举固然不是对该项权利的否定，也不意味着该项权利不受宪法保障，[④] 但终究会弱化其作为基本经济权利的权威性和确定性。在与空间正义有关的公共规制中，市场主体经济权利被不当限制的情形也时有发生。[⑤]

---

① 参见魏后凯等《“十四五”时期中国区域发展战略与政策》，《中国工业经济》2020 年第 5 期。

② 戴剑波：《以权利看待正义——基于法治的立场》，《浙江工业大学学报》2012 年第 4 期。

③ See Cass R. Sunstein, *After the Rights Revolution: Reconceiving the Regulatory State*, Cambridge, MA: Harvard University Press, 1990, pp. 24-31.

④ 参见张卓明《中国的未列举基本权利》，《法学研究》2014 年第 1 期。

⑤ 比如 2016 年交通运输部等 7 部委制定了《网络预约出租车经营服务管理暂行办法》，赋予地方政府网约车管理权限，但有地方政府制定的管理办法要求驾驶员必须具有本地户籍，经济自由权中的就业自由、职业自由权被不当剥夺，劳动力自由流动被人为阻隔。

2. 空间正义实现中公共规制实施的系统化水平需提升

目前，保障空间正义的公共规制依据散落于宪法、法律、法规、部门规章、地方性法规、自治条例、单行条例等多个层级的法律以及党和国家的政策性文件中，这种立法状况导致了我国公共规制实践中规制主体、工具和规制对象之间的系统性明显不足。如我国的政府集中采购，属于中央预算的政府采购项目由国务院确定，属于地方预算的由省级人民政府或其授权的机构确定，而区域税收优惠常常由财政部、国家税务总局来制定实施，财政转移支付由财政部执行，政府投资则由县级以上人民政府实施。在多个公共规制措施运用过程中，实施主体之间缺乏必要的信息共享机制，也未能结合区域、城乡经济协调发展的需要，综合考虑不同空间产业格局、资源禀赋的特点和不同规制工具的功能优势，未能实现规制主体和规制工具的优化组合，空间正义实现中公共规制实施的系统性、匹配性明显不足。这种状态不仅与空间正义的整体性要求不相符合，也会削弱空间正义实现中公共规制的实施效能。

3. 空间正义实现中公共规制绩效评估制度需完善

动态的公共规制包含着制定、执行、评估和终结等若干阶段。其中，作为一种行为约束机制，绩效评估是对公共规制实施有效性的评价，是判断规制主体、工具和方式妥当性，反馈规制实施效果的重要机制，但当下我国只有个别公共规制制度对规制评估给予了规定。① 公共规制实施中的动态调整需要绩效评估机制来实现，缺乏评估机制的公共规制会弱化公共规制的灵活性和适应性，导致空间正义实现中公共规制调整时无所适从，亟待完善绩效评估机制。

第四节　空间正义实现的公共规制优化

空间正义关联着人的生存状态和发展可能性，是衡量社会发展与进步的标尺，也是衡量我国治理体系和治理能力现代化的重要标准。在“十四

① 《全国主体功能区规划》第 12 章对主体功能区规划的绩效考核评价进行了规定，《国家级区域规划管理暂行办法》第 21 条对区域规划评估进行了规定，《政府投资条例》第 3 条第 3 款对政府投资范围评估调整机制进行了规定。

五规划和二〇三五年远景目标”的建议中，我国将构建高质量发展的资源空间布局和支撑体系，实现整体意义上的空间正义，作为我国全面建设社会主义现代化国家、迈向第二个百年奋斗目标的重要任务之一。为科学高效发挥空间正义实现中的公共规制效能，应从基础机制、实施机制和保障机制等方面加以优化。

一　基础机制的优化：以公众经济权利的充分实现为中心

在权利视域下，空间正义聚焦的问题可以理解为一种基于权利的诉求和主张，每一个空间正义问题能否解决以及解决程度的背后，都隐含着公众某种经济权利充分与否的事实。空间正义要求的资本空间分布均衡、公共资源公平分配、经济空间结构规范有序等状态，都需要以经济权利为依据来落实。

需要强调的是，尽管空间正义指向的利益类型是公共利益，但公共利益和个人权利的赋予并不冲突。空间正义指向的公共利益只有转化为公众能享有的某种好处才具有意义，这种好处只有以公众经济权利为依据存在才具备确定性，否则无论是空间正义还是指向的公共利益，便是一个无法证明的命题。公共利益固然需要政府的维护，但公众经济权利的赋予也是保护公共利益的重要方式，[①] 空间正义指向的公共利益可以通过公众经济权利的赋予来保障，从而形成私人保护和公共保护并存的二元保护格局。同时，空间正义实现中的公共规制通常是助推性的、补充性的，比如公共资源再分配，其对欠发达地区、农村地区的倾斜性支持并不意味着要强制该空间内的主体享用该公共资源，“这类法律通常是这样规定的，‘这有一个福利，如果你符合条件，请来领取’”[②]。但“福利领取”依然取决于个体的意愿，取决于个体权利是否行使。公众经济权利的赋予可以防范整齐划一、无差别规制方式的运用，这对于避免公共资源的错配和浪费十分关键。公共规制保障空间正义的过程中公众经济权利充分实现的促成路

① 事实上，以私人权利赋予的方式来维护公共利益，在经济法中客观存在。比如我国《反垄断法》第50条规定，“经营者实施垄断行为，给他人造成损失的，依法承担民事责任”。一般认为，垄断行为所损害的利益为公共利益，但民事责任的设置，被认为是通过反垄断的私人实施来维护公共利益的方式。

② ［美］罗伯特·S. 萨默斯：《美国实用工具主义法学》，柯华庆译，中国法制出版社2010年版，第239页。

径，主要包括以下几个方面。

首先，保障公众经济权利配置的全面性和充分性。在空间正义下，空间资源的公平分享、空间场所的公平进入、工作空间的安全保障，都与公众的经济权利相关联，经济权利在具体的经济生活中会转化为诸如创业权利、竞争权利、交易权利、就业权利、劳动权利、公共资源利用权利、获得社会保障权利等多种类型。制度安排中可对公众享有的经济权利尽可能明确，保障公众经济权利配置的全面和充分，让公共规制保障空间正义中"有法可依"成为一个更确定的事实。

其次，明确公众在公共规制决策中的参与权，为空间正义指向的公共利益及其实现创设条件。有效的参与是权利实现的关键路径，也是提升公共规制质量的重要方式，"参与可以改进规则的信息基础从而提升决定的质量，并因而增加成功实施的可能性并且就规则在实践中效果提供重要的反馈。"① 空间正义实现中公共规制的公众参与，意味着公众被纳入公共规制的决策过程，公众具备了表达关于空间正义的诉求和关切的机会与条件。公共规制决策不再是规制者的单边垄断，而是多元主体交涉下的共同理解和主张，空间正义实现中公共规制决策的合法性、有效性、科学性会因此而提升。在我国，人民代表大会制度、基层民主制度、地方自治制度、听证制度、信访制度、调研制度等制度安排，都是公众参与公共事务管理的有效方式，空间正义实现中公共规制的决策实践应对其加以充分运用。

最后，构造多元的权利救济方案。公共规制保障空间正义所依据的经济自由权、社会保障权和公共资源公平分享权等权利类型，其可司法性已获得证成。② 公众可以上述权利为依据请求国家为特定给付，请求国家为保障空间正义而作出特定的公共规制行动，对因空间正义问题造成的发展障碍请求国家予以排除。以保护公共利益为目的的公益诉讼在公共规制保障空间正义中也应充分运用，党的十九届四中全会提出的"拓展公益诉讼

---

① ［美］朱迪·弗里曼：《合作治理与新行政法》，毕洪海等译，商务印书馆 2010 年版，第 41 页。

② 具体可参见秦前红等《经济、社会、文化权利的可司法性研究——从比较宪法的视角介入》，《法学评论》2012 年第 4 期；胡敏洁《论社会权的可裁判性》，《法律科学》2006 年第 5 期；龚向和《论社会、经济权利的可诉性——国际法与宪法视角的分析》，《环球法律评论》2008 年第 3 期。

案件范围”应适用于空间正义类案件，检察机关可根据特定空间利益失衡和利益受损的事实，向负有规制职责的机关提出履行规制义务的建议，或者向人民法院提起诉讼。[①] 另外，由于权利救济是行政复议制度的基本功能，[②] 通过行政复议对因公共规制保障不足造成的公共利益侵害予以救济，也应畅通途径。

二 实施机制的优化：以公共规制的系统化实施为中心

面对复杂化、动态化和多样化的经济世界，单个维度的公共规制行为只有和其他公共规制行为相互配合、相互促进并形成整体意义上的规制效用，才可能达到空间正义所要求的规制效果。

首先，强化公共规制实施主体的协同性，形成协同合作的规制主体系统。空间正义问题的公共规制既需要多个规制主体的参与，也需要多种规制手段和工具的综合运用。空间正义问题是一个跨区域、跨行业的问题，公共规制权力由多个部门、不同层级政府来行使，避免空间正义实现中公共规制主体隔离造成的功能分散，防范因公共规制主体单独决策而导致的规制目标重复、冲突，克服在回应空间正义多元化、整体性需求中地方、部门间的排斥和限制，都需要通过公共规制主体的系统化安排来解决。实践中，从主体协同机制的构建入手，既强调横向主体的协调，也重视纵向主体的互动。通过不同层级、不同部门规制主体在空间正义实现中法律地位的确认、协同机制的构建和责任机制的安排，形成多层架构、央地协作、网状联结、部门联合、功能融合、优势互补的公共规制主体系统，对于空间正义保障中公共规制合力的形成至关重要。

其次，强化公共规制实施工具的系统性，形成功能互补的规制工具系统。在空间正义的整体性要求下，公共规制工具的使用不仅要考虑单个规制工具和具体空间正义问题是否匹配的问题，更要考虑规制工具组合适用与整体意义上空间正义问题是否匹配的问题。实践中，统筹考虑税收、金

---

① 我国《行政诉讼法》第 25 条规定，人民检察院在履行职责中发现国有土地使用权出让等领域负有监督管理职责的行政机关违法行使职权或者不作为，致使国家利益或者社会公共利益受到侵害的，应当向行政机关提出检察建议，督促其依法履行职责，行政机关不依法履行职责的，人民检察院依法向人民法院提起诉讼。笔者认为在公益诉讼的范围应有所拓展，将所有空间正义指向的公共利益纳入公益诉讼保护的范围。

② 参见章剑生《论作为权利救济制度的行政复议》，《法学》2021 年第 5 期。

融、政府采购、政府投资、财政转移支付等规制工具在空间正义实现中的功能优势和作用机理，通过不同规制工具的取舍、搭配、排序和组合，实现公共规制工具和空间正义问题的匹配，以此来完成公共规制的系统化实施，促成其在保障空间正义中产出最佳绩效。

三　保障机制的优化：以规制绩效评估的科学设计为中心

作为手段的公共规制是否产生了空间正义所要求的经济社会效应，应当通过相应的绩效评估来判断。随着规制绩效评估理论研究的不断深入和实践中的广泛运用，规制绩效评估业已形成了一套包括评估主体、评估程序、评估方法、评估标准和操作步骤等在内的完整体系，为空间正义实现的公共规制绩效评估提供了样板。但是，以保障空间正义为目标的公共规制绩效评估结构体系有着自身的特殊要求。

首先，就评估理念而言，空间正义的整体性、动态性决定了以空间正义实现为目标的公共规制绩效评估应坚持整体、动态的绩效评估理念。空间正义实现中的公共规制应该是一种能促成一国整体空间区域经济协调发展的实践方案，是一种能创造出整体空间正义的行动安排。这种整体性决定了空间正义实现中公共规制的绩效评估，不能以单个区域的经济发展状态为公共规制绩效评估的判断依据，更不能只关注某一个公共规制行动所产生的规制效果，而应该在对社会现实丰富性和复杂性把握的基础上，从整体性和全局性出发考察公共规制在保障空间正义中的功能与效用。同时，空间正义实现过程的动态性要求公共规制绩效评估应秉持动态的评估理念，结合具体时空情境下的空间正义目标，设置动态、变化的评估标准，来判断公共规制对空间正义的意义和效果，考量公共规制在特定时期、政策背景下形成的规制绩效。

其次，就评估主体而言，空间正义维护中的公共规制绩效评估需要专业人员的介入。面对不同区域、不同场景、不同时段和不同形态的空间正义问题，公共规制所选择的规制时机是否恰当，采取的规制策略和行动是否与空间正义问题相匹配，规制工具的取舍、组合、排序和搭配是否符合空间正义的目标，需要通过专家知识来确认。公共规制措施是否得当，倾斜性支持的规制措施是否会诱发新的空间正义问题，也需要专家知识来判断。比如空间正义实现中的税收优惠，其是否会导致新的区域税负不公平，是否会扭曲资本的市场配置和流动，都需要财政、税收领域的专家才能评价。因此，空间正义实现中的公共规制绩效评估，是一种运用专业知识的行为，需要专家参与才能保障规制绩效评估的科学性。

最后，就评估方法而言，空间正义实现中的公共规制绩效评估要重视定性的评估方法。空间正义是一个需要综合事实和价值、主观认知与客观标准才能判断的事实，以唯一的、客观的、共同的标准为依据对公共规制进行定量分析，无法契合空间正义实现中规制绩效评估的需要。定量分析通常以“成本—效益”为标准，需要证明支出与结果之间的净效应。但是，空间正义所要求的长期效果和综合效果显然无法通过定量的方式来呈现，而且，空间正义实现中公共规制通常是多种手段的综合运用，要完整分离出单个规制行动并评估其定量绩效，不仅会增加公共规制绩效评估的成本和难度，对于空间正义而言本身也没有必要。

“生存是空间性的。”① 现代国家建构的目标之一，是建设一个能对经济生活进行有效规约的公共规制体系，通过对经济运行的规范和有序调控，实现经济发展的公平和公正。空间正义是社会正义不可或缺的有机构成领域，直接关乎不同区域和城乡社会主体享有现代经济发展成果的机会、能力、条件和实效，是解决当下我国主要矛盾的重要维度，空间正义的充分实现是“以人民为中心”发展理念的具体落实和生动呈现。公共规制在规范资本空间布局、实现公共资源的空间再分配、调控空间经济结构等方面的功能，决定了在空间正义实现的过程中应对其科学运用。

当然，空间正义的实现是一个包含诸多事实、行动和要素的系统工程，公共规制只是保障其实现的一种手段，仅仅依靠公共规制并不能解决空间正义的所有问题。而且，公共规制本身还有不当运行的风险和隐忧，空间正义的最终实现需要多个部门法的联动，更需强化公共规制运行的规范性。党的十九届四中全会《中共中央关于坚持和完善中国特色社会主义制度推进国家治理体系和治理能力现代化若干重大问题的决定》指出，我国的区域发展要“健全以国家发展规划为战略导向，以财政政策和货币政策为主要手段，就业、产业、投资、消费、区域等政策协同发力的宏观调控制度体系”，足以体现区域协调发展问题的高度复杂性和实现所需手段的多样性。空间正义实现所需要的法律政策体系是多元的，经济管理体

① ［德］海德格尔：《存在与时间》，陈嘉映、王庆节译，生活·读书·新知三联书店2012年版，第131页。

制、产权制度、竞争制度、交易制度，等等，都是空间正义实现中重要的制度。因此，如何完成空间正义实现中多种法律制度的互动与协作，在充分运用公共规制工具的同时防范规制失灵的发生，都是空间正义实现中值得深入研究的课题。

参考文献

一　中文著作

陈波、韩林合：《逻辑与语言——分析哲学经典文选》，东方出版社2005年版。

陈新民：《德国公法学基础理论》，山东人民出版社2001年版。

城仲模主编：《行政法之一般法律原则》（二），三民书局1997年版。

单飞跃：《经济法理念与范畴的解析》，中国检察出版社2002年版。

（唐）房玄龄等撰：《晋书》第1册，中华书局1974年版。

付子堂：《法律功能论》，中国政法大学出版社1999年版。

葛四友：《正义与运气》，中国社会科学出版社2007年版。

公丕祥：《法治现代化的理论逻辑》，中国人民大学出版社1999年版。

关保英：《行政法的私权文化和潜能》，山东人民出版社2011年版。

贺卫方：《运行正义的方式》，生活·读书·新知三联书店2002年版。

黄茂荣：《法学方法与现代民法》，中国政法大学出版社2001年版。

李昌麒：《寻求经济法真谛之路》，法律出版社2003年版。

李德顺：《价值论》，中国人民大学出版社1987年版。

刘星：《法律是什么》，中国政法大学出版社1998年版。

漆多俊主编：《经济法论丛（2011年下卷，总第21卷）》，武汉大学出版社2011年版。

任政：《空间正义论——正义的重构与空间生产的批判》，上海社会科学院出版社 2018 年版。

阮新邦：《批判诠释论与社会研究》，上海人民出版社 1998 年版。

苏力：《制度是如何形成的》，中山大学出版社 1999 年版。

苏永钦：《走入新世纪的私法自治》，中国政法大学出版社 2002 年版。

孙笑侠：《法的现象与观念》，山东人民出版社 2001 年版。

王泽鉴：《民法总则》，中国政法大学出版社 2001 年版。

魏后凯：《中国区域经济发展》，经济科学出版社 2019 年版。

巫永平：《公共管理评论》，清华大学出版社 2003 年版。

吴从周：《概念法学、利益法学与价值法学：探索一部民法方法论的演变史》，中国法制出版社 2011 年版。

吴庚：《政法理论与法学方法》，中国人民大学出版社 2007 年版。

吴国盛：《时间的观念》，北京大学出版社 2006 年版。

吴越：《权利与权力的博弈——经济宪法学导论》，法律出版社 2007 年版。

吴越：《宪法经济学导论——转型中国经济权利与权力之博弈》，法律出版社 2007 年版。

徐国栋：《人性论与市民法》，法律出版社 2006 年版。

徐孟洲主编：《税法原理》，中国人民大学出版社 2008 年版。

许宝强、渠敬东编：《反市场的资本主义》，中央编译出版社 2001 年版。

杨建顺主编：《比较行政法——给付行政的法原理及实证性研究》，中国人民大学出版社 2008 年版。

袁刚、孙家祥、任丙强编：《民治主义与现代社会——杜威在华讲演集》，北京大学出版社 2004 年版。

张维迎：《信息、信任与法律》，生活 · 读书 · 新知三联书店 2003 年版。

张文显：《二十世纪西方法哲学思潮研究》，法律出版社 2006 年版。

张文显：《法哲学范畴研究》，中国政法大学出版社 2001 年版。

郑玉波：《民法总则》，中国政法大学出版社 2003 年版。

郑永年：《全球化与中国国家转型》，郁建兴、何子英译，浙江人民出版社 2009 年版。

二 中文论文

陈柏峰：《偏执型上访及其治理的机制》，《思想战线》2015 年第 6 期。

陈发桂：《嵌入性治理：公众利益诉求理性表达的路径探析——以民间组织嵌入基层征地拆迁纠纷为视角》，《唯实》2011 年第 4 期。

程竹汝：《社会控制：关于司法与社会最一般关系的理论分析》，《文史哲》2003 年第 5 期。

陈景辉：《裁判可接受性概念之反省》，《法学研究》2009 年第 4 期。

陈兵：《我国地方反垄断执法的机理——从上海自贸区先行先试的视角》，《法学》2017 年第 10 期。

陈忠、黄承愈：《风险社会：知识与实在——贝克“风险社会理论”的“知识问题”与“历史超越”》，《马克思主义研究》2006 年第 7 期。

陈炳辉：《直接民主与间接民主——〈代议制政府〉的重新解读》，《现代哲学》2006 年第 1 期。

蔡禾：《从利益诉求的视角看社会管理创新》，《社会学研究》2012 年第 4 期。

陈晓运：《跨域治理何以可能：焦点事件、注意力分配与超常规执行》，《深圳大学学报》2019 年第 3 期。

陈晓运：《运动式治理的注意力触发机制探析——以北京空气污染治理为例》，《福建行政学院学报》2019 年第 4 期。

陈昭：《基本福利的空间再分配：试论实践性空间正义及其规划应对》，《国际城市规划》2021 年第 4 期。

陈建华：《中国城市空间生产与空间正义问题的资本逻辑》，《学术月刊》2018 年第 7 期。

杜传忠：《激励规制理论研究综述》，《经济学动态》2003 年第 2 期。

丁以升、李清春：《公民为什么遵守法律（上）——评析西方学者关于公民守法理由的理论》，《法学评论》2003 年第 6 期。

丁以升、李清春：《公民为什么遵守法律（下）——评析西方学者关于公民守法理由的理论》，《法学评论》2004 年第 1 期。

戴治勇：《选择性执法》，《法学研究》2008 年第 4 期。

戴治勇、杨晓维：《间接执法成本、间接损害与选择性执法》，《经济研究》2006 年第 9 期。

邓峰：《论经济法上的责任——公共责任与财务责任的融合》，《中国人民大学学报》2003 年第 3 期。

邓峰：《领导责任的法律分析——基于董事注意义务的视角》，《中国社会科学》2006 年第 3 期。

戴剑波：《以权利看待正义——基于法治的立场》，《浙江工业大学学报》2012 年第 4 期。

方新军：《私法和行政法在解释论上的接轨》，《法学研究》2012 年第 4 期。

封利强：《司法证明机理：一个亟待开拓的研究领域》，《法学研究》2012 年第 2 期。

冯粤：《论积极守法》，《伦理学报》2008 年第 5 期。

范进学：《授权与解释：中国（上海）自由贸易试验区变法模式之分析》，《东方法学》2014 年第 2 期。

傅蔚冈、蒋红珍：《上海自贸区设立与变法模式思考——以“暂停法律实施”的授权合法性为焦点》，《东方法学》2014 年第 1 期。

葛四友：《论罗尔斯的无知之幕与反应得理论》，《甘肃行政学院学报》2008 年第 4 期。

顾培东：《中国法治进程中的法律资源分享问题》，《中国法学》2008 年第 3 期。

郭素玲、陈雯：《一体化背景下长三角城市公共服务的空间差异研究》，《上海城市规划》2020 年第 4 期。

郭春镇：《公共人物理论视角下网络谣言的规制》，《法学研究》2014 年第 4 期。

高鸿钧：《通过民主和法治获得解放——读〈在事实与规范之间〉》，《政法论坛》2007 年第 5 期。

龚向和：《论社会、经济权利的可诉性——国际法与宪法视角的分析》，《环球法律评论》2008 年第 3 期。

韩宝：《理解法律地理学》，《交大法学》2019 年第 1 期。

韩震：《关于不确定性与风险社会的沉思——从日本“3·11”大地震中的福岛核电站事故谈起》，《哲学研究》2011 年第 5 期。

胡潇：《空间正义的唯物史观叙事——基于马克思恩格斯的思想》，《中国社会科学》2018年第10期。

侯猛：《最高法院访民的心态与表达》，《中外法学》2011年第3期。

黄金荣：《法的形式理性论——以法之确定性问题为中心》，《比较法研究》2000年第3期。

胡荣：《农民上访与政治信任流失》，《社会学研究》2007年第3期。

胡斌、夏立安：《地方司法“试错”的可能、路径与限制——基于地方司法回应民间金融创新的一种思考》，《浙江社会科学》2012年第5期。

胡敏洁：《论社会权的可裁判性》，《法律科学》2006年第5期。

韩志明：《公共服务均等化的空间政治学分析》，《探索》2009年第2期。

韩志明：《问题解决的信息机制及其效率》，《中国行政管理》2019年第4期。

韩志明：《国家治理的信息叙事：清晰性、清晰化与清晰度》，《学术月刊》2019年第9期。

韩大元：《中国宪法上“社会主义市场经济”的规范结构》，《中国法学》2019年第2期。

黄佳圳：《基层警员执法的注意力与时间分配研究》，《公共管理学报》2018年第4期。

黄佳圳：《科层组织的时间维度：差序、支配与管理》，《中国行政管理》2019年第2期。

洪延青：《藏匿于科学之后？规制、科学和同行评审间关系之初探》，《中外法学》2012年第3期。

金戈、史晋川：《最优公共支出的动态一致性问题》，《制度经济学研究》2009年第2期。

江必新、肖国平：《论纳税人的用税知情权及其实现》，《行政法学研究》2012年第1期。

贾开：《“实验主义治理理论”视角下互联网平台公司的反垄断规制：困境与破局》，《财经法学》2015年第5期。

靳文辉：《制度竞争、制度互补和制度学习：地方政府制度创新路径》，《中国行政管理》2017年第4期。

靳文辉：《宏观调控法律制度的经济学分析》，《中国软科学》2009年第5期。

［美］Jeffrey Sachs、杨小凯等：《经济改革和宪政转轨》，《经济学》（季刊）2003年第4期。

刘燕：《“机会主义行为”内容与表现形式的理论解析》，《经济问题探索》2006年第5期。

刘双舟：《法律市场视野中的制度竞争与立法行为选择》，《政法论坛》2010年第3期。

刘星：《法律解释中的大众话语与精英话语——法律现代性引出的一个问题》，《比较法研究》1998年第1期。

刘庄：《法学中的实验方法》，《中国法律评论》2018年第6期。

刘大洪、廖建求：《论市场规制法的价值》，《中国法学》2004年第2期。

刘剑文：《掠夺之手抑或扶持之手——论私人财产课税法治化》，《政法论坛》2011年第4期。

林毅夫等：《论中国经济改革的渐进式道路》，《经济研究》1993年第9期。

刘志刚：《暂时停止法律实施决定的正当性分析》，《苏州大学学报》（法学版）2015年第4期。

罗昕：《算法媒体的生产逻辑与治理机制》，《人民论坛·学术前沿》2019年第1期。

罗小芳、卢现祥：《国外“掠夺之手”的国家理论述评》，《国外社会科学》2010年第3期。

刘尚希：《论公共风险》，《财政研究》1999年第9期。

李文祥：《从个人选择到社会选择的理论扩展——评阿马蒂亚·森〈理性与自由〉对理性选择研究的理论贡献》，《社会学研究》2008年第3期。

劳东燕：《功能主义刑法解释论的方法与立场》，《政法论坛》2018年第2期。

刘艺：《认真对待利益——利益的行政法意义》，《行政法学研究》2005年第1期。

李文钊：《论作为认知、行为与规范的制度》，《公共管理与政策评论》2017年第2期。

李长健：《论农民权益的经济法保护——以利益与利益机制为视角》，《中国法学》2005年第3期。

练宏：《注意力分配——基于跨学科视角的理论述评》，《社会学研究》2015年第4期。

李大宇：《精准治理：中国场景下的政府治理范式转换》，《公共管理学报》2017年第1期。

刘永安：《应得、需要与平等主义分配原则的和解——基于分配权利和责任归因的视角》，《社会科学辑刊》2019年第2期。

刘红婴：《立法语言社会认知度的调查与分析》，《汉江大学学报》（人文科学版）2007年第5期。

李石：《"应得原则"与社会公正》，《北京大学学报》（哲学社会科学版）2019年第2期。

李友根：《论抽签程序在经济法中的运用》，《现代法学》2008年第3期。

李强：《社会分层与社会空间领域的公平、公正》，《中国人民大学学报》2012年第1期。

李华等：《中国基本公共服务均等化测度及趋势演进——基于高质量发展维度的研究》，《中国软科学》2020年第10期。

李康宁：《论民法的逻辑表达》，《法制与社会发展》2012年第5期。

李昌麒、应飞虎：《论经济法的独立性——基于对市场失灵最佳克服的视角》，《山西大学学报》（哲学社会科学版）2001年第3期。

李昌麒、胡光志：《宏观调控法若干基本范畴的法理分析》，《中国法学》2002年第2期。

李晓光、赵峰：《公民知情权的宪法学思考》，《中共南京市委党校南京市行政学院学报》2003年第1期。

陆风雷：《动态不一致和政策信誉——理性预期与对策论的分析》，《华东师范大学学报》（哲学社会科学版）1997年第3期。

柳光强、田文宠：《完善促进战略性新兴产业发展的税收政策设想》，《中央财经大学学报》2012年第3期。

李大治、王二平：《公共政策制定程序对政策可接受性的影响》，《心理学报》2007年第6期。

李建华：《公共政策程序正义及其价值》，《中国社会科学》2009年第

1 期。

马天航：《论时间正义：公共物品分配制度的基本原理》，《甘肃行政学院学报》2018 年第 4 期。

梅赐琪等：《政策试点的特征：基于〈人民日报〉1992—2003 年试点报道的研究》，《公共行政评论》2015 年第 3 期。

彭浩：《授权地方改革试点决定的性质与功能探析》，《法制与社会发展》2018 年第 1 期。

庞明礼：《领导高度重视：一种科层运作的注意力分配方式》，《中国行政管理》2019 年第 4 期。

秦前红等：《经济、社会、文化权利的可司法性研究——从比较宪法的视角介入》，《法学评论》2012 年第 4 期。

齐晔、董红卫：《守法的困境：企业为什么选择环境违法？》，《清华法治论衡》2010 年第 1 期。

齐延平：《论社会基本制度的正义——对罗尔斯正义理论的讨论》，《北方法学》2007 年第 4 期。

渠敬东：《项目制：一种新的国家治理体制》，《中国社会科学》2012 年第 5 期。

任强：《判决如何作出——以判断类型为视角》，《中国社会科学》2007 年第 3 期。

容志、胡象明：《信息、弹性与治理：弹性政府的理论与实践》，《兰州学刊》2009 年第 2 期。

石东坡：《创制中央地方互动程序规范的宪法思考》，《甘肃政法学院学报》2009 年第 2 期。

宋亚辉：《论公共规制中的路径选择》，《法商研究》2012 年第 3 期。

施正文：《分配正义与个人所得税法改革》，《中国法学》2011 年第 5 期。

沈岿：《司法解释的“民主化”和最高法院的政治功能》，《中国社会科学》2008 年第 1 期。

苏力：《当代中国的中央与地方分权——重读毛泽东〈论十大关系〉第五节》，《中国社会科学》2004 年第 2 期。

田志龙、高勇强、卫武：《中国企业政治策略与行为研究》，《管理世界》2003 年第 12 期。

魏后凯等：《“十四五”时期中国区域发展战略与政策》，《中国工业经济》2020 年第 5 期。

汪海燕：《形式理性的误读、缺失与缺陷——以刑事诉讼为视角》，《法学研究》2006 年第 2 期。

吴越：《宏观调控：宜政策化抑或制度化》，《中国法学》2008 年第 1 期。

吴长青：《从“策略”到“伦理”：对“依法抗争”的批评性讨论》，《社会》2010 年第 2 期。

吴凌翔：《试验性金融监管的基本原则及法律规制的合理性基础》，《上海金融》2017 年第 8 期。

王怡：《立宪政体中的赋税问题》，《法学研究》2004 年第 5 期。

王绍光：《学习机制与适应能力：中国农村合作医疗体制变迁的启示》，《中国社会科学》2008 年第 6 期。

王永强、管金平：《精准规制：大数据时代市场规制法的新发展》，《法商研究》2014 年第 6 期。

王锡锌、章永乐：《专家、大众与知识的运用——行政规则制定过程的一个分析框架》，《中国社会科学》2003 年第 3 期。

王克稳：《论市场主体的基本经济权利及其行政法安排》，《中国法学》2001 年第 3 期。

王家峰：《国家治理的有效性与回应性：一个组织现实主义的视角》，《管理世界》2015 年第 2 期。

王锡锌：《公共决策中的大众、专家与政府：以中国价格决策听证制度为个案的研究视角》，《中外法学》2006 年第 4 期。

王小能：《政府采购法律制度初探》，《法学研究》2000 年第 1 期。

韦森：《税收法定的必然》，《中国新闻周刊》2007 年第 28 期。

伍洪杏、吕锡琛：《行政问责：权力之善的助推器》，《湘潭大学学报》（社会科学版）2010 年第 5 期。

邢会强：《论精确的税法语言和税法实质法定原则》，《税务研究》2011 年第 3 期。

熊美娟：《政治信任研究的理论综述》，《公共行政评论》2010 年第 6 期。

熊赖虎：《权利的时间性》，《现代法学》2011 年第 4 期。

谢海定：《中国法治经济建设的逻辑》，《法学研究》2017 年第 6 期。

应飞虎、涂永前：《公共规制的信息工具》，《中国社会科学》2010 年第 4 期。

应飞虎：《权利倾斜性配置研究》，《中国社会科学》2006 年第 3 期。

岳彩申：《经济法形式理性的优先性》，《社会科学研究》2003 年第 5 期。

岳军：《公共产品供给制度分析》，《山东财政学院学报》2003 年第 3 期。

袁明圣：《我国税收行政立法权的合法性危机及其出路》，《法商研究》2010 年第 1 期。

叶小兰：《选择性执法的内在悖论与消解机制》，《甘肃政法学院学报》2011 年第 4 期。

杨代雄：《萨维尼法学方法论中的体系化方法》，《法制与社会发展》2006 年第 6 期。

杨登峰：《我国试验立法的本位回归——以试行法和暂行法为考察对象》，《法商研究》2017 年第 6 期。

杨登峰：《行政改革试验授权制度的法理分析》，《中国社会科学》2018 年第 9 期。

杨春福：《风险社会的法理解读》，《法制与社会发展》2011 年第 6 期。

杨小强：《政府采购对中小企业优先规定之评析》，《现代法学》2006 年第 1 期。

易军：《法律行为制度的伦理基础》，《中国社会科学》2004 年第 6 期。

喻中：《从“法律—制度”范式到“行为—过程”范式：试论权力制约理论研究中的范式转换》，《中共中央党校学报》2006 年第 2 期。

喻中：《法律与时间》，《博览群书》2011 年第 2 期。

姚大志：《制度与应得》，《社会科学》2016 年第 9 期。

姚大志：《谁应得什么？》，《中国人民大学学报》2017 年第 2 期。

余凌云：《地方立法能力的适度释放——兼论“行政三法”的相关修改》，《清华法学》2019 年第 2 期。

张长海：《政府内部隐性知识拥有者知识共享的计划行为分析》，《科学与管理》2008年第3期。

张玉、唐良凤：《论规制性公共政策执行的可接受性——以中国“环境规制政策执行”的历史演进为分析文本》，《人文杂志》2012年第2期。

张维迎、邓峰：《信息、激励与连带责任——对中国古代连坐、保甲制度的法和经济学解释》，《中国社会科学》2000年第3期。

张康之：《论组织管理中的信任与合作》，《浙江学刊》2007年第2期。

张建伟：《“变法”模式与政治稳定性——中国经验及其法律经济学含义》，《中国社会科学》2003年第1期。

张志铭：《转型中国的法律体系建构》，《中国法学》2009年第2期。

张恒龙、陈宪：《社会选择理论研究综述》，《浙江大学学报》（人文社会科学版）2006年第2期。

张淑芳：《论公众诉求表达机制的法律建构》，《东方法学》2013年第4期。

张千帆：《行政自由裁量权的法律控制——以美国行政法为视角》，《法律科学》2007年第3期。

张乾友：《技术官僚型治理的生成与后果——对当代西方治理演进的考察与反思》，《甘肃行政学院学报》2019年第3期。

张勇杰：《目标群体的社会建构如何转化为公共政策——一个政策议程嵌套的解释框架》，《甘肃行政学院学报》2019年第1期。

张卓明：《中国的未列举基本权利》，《法学研究》2014年第1期。

张翔：《基本权利的体系思维》，《清华法学》2012年第4期。

张翔：《财产权的社会义务》，《中国社会科学》2012年第9期。

张可云：《区域发展不平衡不充分与“十四五”时期区域治理创新》，《中国工业经济》2020年第12期。

张建平等：《土地配置扭曲与城乡收入差距——基于城镇化不平衡发展的视角》，《华中农业大学学报》2021年第3期。

张彦等：《协调发展需构建“空间正义”》，《重庆大学学报》2019年第1期。

朱旭峰：《政策决策转型与精英优势》，《社会学研究》2008年第2期。

朱旭峰、赵慧：《政府间关系视角下的社会政策扩散——以城市低保制度为例（1993—1999）》，《中国社会科学》2016 年第 8 期。

郑成良：《论法律形式合理性的十个问题》，《法制与社会发展》2005 年第 6 期。

章剑生：《作为协商性的行政听证——关于行政听证功能的另一种解读》，《浙江社会科学》2005 年第 4 期。

章剑生：《知情权及其保障——以〈政府信息公开条例〉为例》，《中国法学》2008 年第 4 期。

章剑生：《论作为权利救济制度的行政复议》，《法学》2021 年第 5 期。

郑永流：《法的有效性与有效的法——分析框架的建构和经验实证的描述》，《法制与社会发展》2002 年第 2 期。

周雪光：《基层政府间的“共谋现象”——一个政府行为的制度逻辑》，《社会学研究》2008 年第 6 期。

周光辉：《当代中国决策体制的形成与变革》，《中国社会科学》2011 年第 3 期。

朱全景：《法学实验论纲》，《比较法研究》2013 年第 4 期。

折晓叶、陈婴婴：《项目制的分级运作机制和治理逻辑——对“项目进村”案例的社会学分析》，《中国社会科学》2011 年第 4 期。

翟国强：《经济权利保障的宪法逻辑》，《中国社会科学》2019 年第 12 期。

郑金雄：《易读性传播：法律传播中的语言解码与理解》，《政法论坛》2011 年第 6 期。

三　中文译著

［德］阿图尔·考夫曼：《法律获取的程序：一种理性分析》，雷磊译，中国政法大学出版社 2015 年版。

［德］阿图尔·考夫曼：《后现代法哲学——告别演讲》，米健译，法律出版社 2000 年版。

［法］阿莱可西·雅克曼、居伊·施朗斯：《经济法》，宇泉译，商务印书馆 1997 年版。

［美］阿拉斯戴尔·麦金太尔：《谁的正义？何种合理性？》，万俊人等译，当代中国出版社 1996 年版。

［美］阿维纳什·K. 迪克西特：《经济政策的制定：交易成本政治学的视角》，刘元春译，中国人民大学出版社 2004 年版。

［以］阿耶·L. 希尔曼：《公共财政与公共政策——政府的责任与局限》，王国华译，中国社会科学出版社 2006 年版。

［印］阿马蒂亚·森：《以自由看待发展》，任赜、于真译，中国人民大学出版社 2002 年版。

［印］阿马蒂亚·森：《正义的理念》，王磊、李航译，中国人民大学出版社 2013 年版。

［印］阿玛蒂亚·森：《理性与自由》，李风华译，中国人民大学出版社 2006 年版。

［美］埃莉诺·奥斯特罗姆等：《规则、博弈与公共池塘资源》，王巧玲、任睿译，陕西人民出版社 2011 年版。

［法］爱弥尔·涂尔干：《宗教生活的基本形式》，渠东、汲喆译，上海人民出版社 1999 年版。

［美］爱德华·W. 苏贾：《寻求空间正义》，高春花、强乃社译，社会科学文献出版社 2016 年版。

［美］爱德华·W. 苏贾：《后大都市》，李钧等译，上海教育出版社 2006 年。

［英］安东尼·奥格斯：《规制：法律形式与经济学理论》，骆梅英译，中国人民大学出版社 2008 年版。

［英］安东尼·吉登斯：《社会的构成》，李康等译，生活·读书·新知三联书店 1998 年版。

［英］安东尼·吉登斯：《社会理论与现代社会学》，文军、赵勇译，社会科学文献出版社 2003 年版。

［英］安东尼·吉登斯：《社会学方法的新规则：一种对解释社会学的建设性批判》，田佑中、刘江涛译，社会科学文献出版社 2003 年版。

［英］安东尼·吉登斯：《失控的世界》，周红云译，江西人民出版社 2001 年版。

［美］昂格尔：《现代社会中的法律》，吴玉章、周汉华译，中国政法大学出版社 1994 年版。

［美］B. 盖伊·彼得斯：《未来政府的治理模式》，吴爱明等译，中国人民大学出版社 2001 年版。

［古希腊］柏拉图:《蒂迈欧篇》，谢文郁译，上海人民出版社 2005 年版。

［日］北野弘久:《税法学原论》（第四版），陈刚、杨建广等译，中国检察出版社 2001 年版。

［美］彼特·布劳:《不平等与差异性》，王春光译，中国社会科学出版社 1991 年版。

［英］边沁:《道德与立法原理导论》，时殷弘译，商务印书馆 2000 年版。

［美］布莱恩·琼斯:《再思民主政治中的决策制定：注意力、选择和公共政策》，李丹阳译，北京大学出版社 2010 年版。

［美］查尔斯·沃尔夫:《市场或政府》，谢旭译，中国发展出版社 1994 年版。

［美］大卫·D. 弗里德曼:《经济学语境下的法律规则》，杨欣欣译，法律出版社 2004 年版。

［英］大卫·哈维:《希望的空间》，胡大平译，南京大学出版社 2006 年版。

［美］戴维·H. 罗森布鲁姆、罗伯特·S. 克拉夫丘克:《公共行政学：管理、政治和法律的途径》，张成福等译，中国人民大学出版社 2002 年版。

［美］戴维·伊斯顿:《政治生活的系统分析》，王浦劬主译，华夏出版社 1999 年版。

［美］戴维·约翰·法默尔:《公共行政的语言——官僚制、现代性和后现代性》，吴琼译，中国人民大学出版社 2005 年版。

［英］戴维·米勒、韦农·波格丹诺:《布莱克维尔政治学百科全书》，邓正来等译，中国政法大学出版社 2002 年版。

［美］丹尼斯·H. 朗:《权力论》，陆震纶、郑明哲译，中国社会科学出版社 2001 年版。

［美］道格拉斯·C. 诺斯:《制度、制度变迁与经济绩效》，杭行译，格致出版社、上海人民出版社 2016 年版。

［美］道格拉斯·C. 诺斯:《交易费用政治学》，中国人民大学出版社 2011 年版。

［美］杜威:《杜威文选》，涂永亮编译，社会科学文献出版社 2006

年版。

［英］多琳·马西：《劳动的空间分工：社会结构与生产地理学》，景天魁等译，北京师范大学出版社 2010 年版。

［美］E. 博登海默：《法理学：法律哲学与法律方法》，邓正来译，中国政法大学出版社 2004 年版。

［德］弗鲁博顿、芮切特：《新制度经济学：一个交易费用范式》，姜建强、罗长远译，上海人民出版社 2006 年版。

［德］伽达默尔：《哲学解释学》，夏镇平等译，上海译文出版社 2000 年版。

［美］古德诺：《政治与行政》，王元译，华夏出版社 1987 年版。

［日］谷口安平：《程序的正义与诉讼》，王亚新、刘荣军译，中国政法大学出版社 1996 年版。

［英］哈特：《法理学与哲学论文集》，支振锋译，法律出版社 2005 年版。

［英］哈特：《法律的概念》，许家馨、李冠宜译，法律出版社 2006 年版。

［英］哈耶克：《自由秩序原理》，邓正来译，生活·读书·新知三联书店 1997 年版。

［德］海德格尔：《存在与时间》，陈嘉映、王庆节译，生活·读书·新知三联书店 1987 年版。

［美］汉密尔顿等：《联邦党人文集》，程逢如等译，商务印书馆 1980 年版。

［秘鲁］赫尔南多·德·索托：《另一条道路：一位经济学家对法学家、立法者和政府的明智忠告》，于海生译，华夏出版社 2007 年版。

［澳］杰佛瑞·布伦南、［美］詹姆斯·布坎南：《宪政经济学》，冯克利等译，中国社会科学出版社 2004 年版。

［美］杰克·奈特：《制度与社会冲突》，周伟林译，上海人民出版社 2009 年版。

［日］金泽良雄：《经济法概论》，满达人译，甘肃人民出版社 1985 年版。

［德］K. 茨威格特、H. 克茨：《比较法总论》，潘汉典等译，法律出版社 2003 年版。

［英］K. 波普尔：《猜想与反驳——科学知识的增长》，傅季重等译，上海译文出版社 1986 年版。

［德］卡尔·拉伦茨：《德国民法总论》，王晓晔等译，法律出版社 2003 年版。

［德］卡尔·拉伦茨：《法学方法论》，陈爱娥译，五南图书出版公司 1996 年版。

［美］凯斯·R. 桑斯坦：《权利革命之后：重塑规制国》，钟瑞华译，中国人民大学出版社 2008 年版。

［美］凯斯·R. 孙斯坦：《法律推理与政治冲突》，金朝武等译，法律出版社 2004 年版。

［美］凯斯·R. 孙斯坦：《风险与理性——安全、法律及环境》，师帅译，中国政法大学出版社 2005 年版。

［美］凯斯·R. 桑斯坦：《行为法律经济学》，涂永前等译，北京大学出版社 2006 年版。

［德］康德：《判断力批判》，宗白华译，商务印书馆 2000 年版。

［德］康德：《实用人类学》，邓晓芒译，重庆出版社 1987 年版。

［德］柯武刚、史漫飞：《制度经济学：社会秩序与公共政策》，韩朝华译，商务印书馆 2000 年版。

［美］肯尼斯·卡尔普·戴维斯：《裁量正义》，毕洪海译，商务印书馆 2009 年版。

［美］莱茵哈特·本迪克斯：《马克斯·韦伯思想肖像》，刘北成等译，上海人民出版社 2002 年版。

［美］理查德·A. 波斯纳：《法理学问题》，苏力译，中国政法大学出版社 1994 年版。

［美］理查德·A. 波斯纳：《法律、实用主义与民主》，李国庆等译，中国政法大学出版社 2005 年版。

［美］理查德·A. 波斯纳：《法律理论的前沿》，武欣、凌斌译，中国政法大学出版社 2003 年版。

［美］理查德·B. 斯图尔特：《美国行政法的重构》，沈岿译，商务印书馆 2002 年版。

［美］理查德·派普斯：《财产论》，蒋琳琦译，经济科学出版社 2003 年版。

［美］罗伯特·B. 登哈特：《新公共服务：服务而不是掌舵》，丁煌译，中国人民大学出版社 2004 年版。

［美］罗伯特·K. 默顿：《社会研究与社会政策》，林聚任等译，生活·读书·新知三联书店 2001 年版。

［美］罗伯特·S. 萨默斯：《美国实用工具主义法学》，柯华庆译，中国法制出版社 2010 年版。

［美］罗纳德·德沃金：《至上的美德：平等的理论与实践》，冯克利译，江苏人民出版社 2012 年版。

［英］罗伯特·鲍德温等：《牛津规制手册》，宋华琳等译，生活·读书·新知三联书店 2017 年版。

［德］马克斯·韦伯：《法律社会学》，康乐、简惠美译，广西师范大学出版社 2005 年版。

［德］马克斯·韦伯：《论经济与社会中的法律》，张乃根译，中国大百科全书出版社 1998 年版。

［德］马克斯·韦伯：《经济与社会》，林荣远译，商务印书馆 1997 年版。

［德］马克斯·韦伯：《新教伦理与资本主义精神》，于晓等译，生活·读书·新知三联书店 1996 年版。

［德］马克斯·韦伯：《支配社会学》，康乐、简惠美译，广西师范大学出版社 2004 年版。

［英］马克斯·H. 布瓦索：《信息空间——认识组织、制度和文化的一种框架》，王寅通译，上海译文出版社 2000 年版。

［美］玛格丽特·利瓦伊：《统治与岁入》，周军华译，格致出版社、上海人民出版社 2010 年版。

［美］迈克尔·D. 贝勒斯：《程序正义：向个人的分配》，邓海平译，高等教育出版社 2005 年版。

［美］迈克尔·麦金尼斯：《多中心体制与地方公共经济》，毛寿龙译，生活·读书·新知三联书店 2000 年版。

［美］迈克尔·沃尔泽：《正义诸领域：为多元主义与平等一辩》，褚松燕译，译林出版社 2002 年版。

［英］迈克·费恩塔克：《规制中的公共利益》，戴昕译，中国人民大学出版社 2014 年版。

［美］曼库尔·奥尔森：《国家的兴衰探源：经济增长、滞胀与社会僵化》，吕应中等译，商务印书馆 1999 年版。

［日］美浓部达吉：《法之本质》，林纪东译，台湾商务印书馆 1993 年版。

［法］孟德斯鸠：《论法的精神》，张雁深译，商务印书馆 1995 年版。

［美］米尔顿·弗里德曼、罗斯·弗里德曼：《自由选择》，胡骑等译，商务印书馆 1982 年版。

［美］米尔伊安·R. 达玛什卡：《司法和国家权力的多重面孔——比较视野中的法律程序》，郑戈译，中国政法大学出版社 2004 年版。

［美］莫里斯·博恩斯坦：《东西方的经济计划》，朱泱等译，商务印书馆 1987 年版。

［德］尼克拉斯·卢曼：《信任：一个社会复杂性的简化机制》，瞿铁鹏、李强译，上海人民出版社 2005 年版。

［美］尼古拉斯·麦考罗、斯蒂文·G. 曼德姆：《经济学与法律——从波斯纳到后现代主义》，吴晓露等译，法律出版社 2005 年版。

［美］诺内特、塞尔兹尼克：《转变中的法律与社会：迈向回应型法》，张志铭译，中国政法大学出版社 1994 年版。

［日］青木昌彦：《比较制度分析》，周黎安译，上海远东出版社 2001 年版。

［美］塞缪尔·P. 亨廷顿：《变化社会中的政治秩序》，王冠华等译，生活·读书·新知三联书店 1989 年版。

［美］史蒂芬·布雷耶：《打破恶性循环：政府如何有效规制风险》，宋华琳译，法律出版社 2009 年版。

［美］史蒂芬·布雷耶：《规制及其改革》，李洪雷等译，北京大学出版社 2008 年版。

［德］斯密特·阿斯曼：《秩序理念下的行政法体系重构》，林明锵等译，北京大学出版社 2012 年版。

［美］斯蒂格利茨：《经济学》，郭晓急译，中国人民大学出版社 1997 年版。

［瑞典］汤姆·R. 伯恩斯：《经济与社会变迁的结构化——行动者、制度与环境》，周长城等译，社会科学文献出版社 2010 年版。

［美］唐纳德·A. 威特曼：《法律经济学文献精选》，苏力等译，法

律出版社 2006 年版。

［美］特里 · L. 库伯：《行政伦理学：实现行政责任的途径》，张秀琴译，中国人民大学出版社 2010 年版。

［法］托克维尔：《论美国的民主》，董果良译，商务印书馆 2009 年版。

［美］托马斯 · A. 戴伊：《理解公共政策》，彭勃译，华夏出版社 2004 年版。

［美］托马斯 · 达文波特、约翰 · 贝克：《注意力经济》，谢波峰等译，中信出版社 2004 年版。

［美］威廉 · N. 邓恩：《公共政策分析导论》，谢明译，中国人民大学出版社 2002 年版。

［美］威廉 · 詹姆斯：《实用主义》，陈羽纶、孙瑞禾译，商务印书馆 1979 年版。

［英］威廉 · 葛德文：《政治正义论》，何慕李译，商务印书馆 1980 年版。

［德］魏德士：《法理学》，丁晓春等译，法律出版社 2005 年版。

［美］文森特 · 奥斯特罗姆：《美国联邦主义》，王建勋译，生活 · 读书 · 新知三联书店 2003 年版。

［美］沃纳 · 赛佛林、小詹姆斯 · 坦卡德：《传播理论起源、方法与应用》，郭镇之译，华夏出版社 2000 年版。

［德］乌尔里希 · 贝克：《风险社会》，何博闻译，译林出版社 2004 年版。

［美］小奥利弗 · 温德尔 · 霍姆斯：《普通法》，冉昊、姚中秋译，中国政法大学出版社 2006 年版。

［澳］休 · 史卓顿、莱昂内尔 · 奥查德：《公共物品、公共企业和公共选择》，经济科学出版社 2000 年版。

［英］休谟：《人性论》，关文运译，商务印书馆 1980 年版。

［英］休谟：《休谟政治论文选》，张若衡译，商务印书馆 1993 年版。

［古希腊］亚里士多德：《政治学》，吴寿彭译，商务印书馆 1965 年版。

［澳］伊丽莎白 · 费雪：《风险规制与行政宪政主义》，沈岿译，法律出版社 2012 年版。

[英] 因内思·马克-斯达德勒、J. 大卫·佩雷斯-卡斯特里罗：《信息经济学：激励与合约》，管毅平译，上海财经大学出版社 2004 年版。

[德] 尤尔根·哈贝马斯：《交往行为理论：行为合理化与社会合理化》，曹卫东译，上海世纪出版集团、上海人民出版社 2004 年版。

[德] 尤尔根·哈贝马斯：《交往与社会进化》，张博树译，重庆出版社 1989 年版。

[德] 根尤·哈贝马斯：《在事实与规范之间——关于法律和民主法治国的商谈理论》，童世骏译，生活·读书·新知三联书店 2003 年版。

[美] 约翰·M. 康利、威廉·M. 欧巴尔：《法律、语言与权力》，程朝阳译，法律出版社 2007 年版。

[美] 约翰·罗尔斯：《正义论》，何怀宏等译，中国社会科学出版社 1988 年版。

[美] 约翰·罗尔斯：《政治自由主义》，万俊人译，译林出版社 2000 年版。

[美] 约翰·罗尔斯：《作为公平的正义——正义新论》，姚大志译，生活·读书·新知三联书店 2002 年版。

[英] 约翰·伊特韦尔等编：《新帕尔格雷夫经济学大辞典》（第 4 卷），经济科学出版社 1996 年版。

[美] 詹姆斯·斯科特：《弱者的武器》，郑广怀、张敏等译，译林出版社 2007 年版。

[美] 朱迪·弗里曼：《合作治理与新行政法》，毕洪海等译，商务印书馆 2010 年版。

四　中译论文

[美] 丹尼尔·豪斯曼、迈克尔·麦克弗森：《偏好的满足与规范经济学》，陈真译，《江海学刊》2009 年第 4 期。

[日] 冈田正则：《行政裁量之司法审查——以有关科学技术的行政判断及其制约为中心》，王树良译，《法学思潮》2011 年第 1 期。

[美] 乔尔·赫尔曼、杰林特·琼斯、丹尼尔·考夫曼：《转轨国家的政府俘获、腐败以及企业影响》，周军华译，《经济社会体制比较》2009 年第 1 期。

[德] R. 莫察克：《从黑格尔到卢卡奇的本体论问题》，阿劳译，《国

外社会科学》1991 年第 2 期。

[美] 斯蒂格利茨：《自由、知情权和公共话语——透明化在公共生活中的作用》，宋华琳译，《环球法律评论》2002 年秋季号。

[德] 乌尔里希·贝克：《从工业社会到风险社会——关于人类生存、社会结构和生态启蒙等问题的思考》（上篇），王武龙编译，《马克思主义与现实》2003 年第 3 期。

[美] 约瑟夫·E. 斯蒂格利茨：《政府失灵和市场失灵：经济发展战略中的两难选择》，吴先明译，《社会科学战线》1998 年第 2 期。

五 外文著作

Aleksander Peczenik ed., *On Law and Reason*, New York: Springer, 2009.

Aulis Aarnio ed., *Reason and Authority: A Treatise on the Dynamic Paradigm of Legal Dogmatics* (*Applied Legal Philosophy*), NH: Dartmouth Pub Co, 1997.

Cass R. Sunstein ed., *After the Rights Revolution: Reconceiving the Regulatory State*, Cambridge MA: Harvard University Press, 1990.

Doreen Massey ed., *Spatial Divisions of Labor: Social Structures and the Geography of Production*, NY: Routledge, 1995.

Dennis McQuail ed., *Theories of Mass Communication*, London: Sage Publications, 1994.

Edward H. Levi ed., *An Introduction to Legal Reasoning*, Chicago: University of Chicago Press, 1972.

Edgar Bodenheimer ed., *Jurisprudence: The Philosophy and Method of the Law*, Deli: Universal Law Publishing Co.Ltd., 2006.

Fritz. W. Scharpf ed., *Games Real Actors Play: Actor-centered Institutionalism in Policy Research*, Boulder Co.Westview Press, 1997.

Francis Fukuyama ed., *State-Building: Governance and World Order in the 21st Century*, N. Y.: Cornell University Press, 2004.

Frederick C. Mosher ed., *Democracy and the Public Service*, New York: Oxford University Press (USA), 1982.

Jared M. Diamond ed., *Guns, Germs, and Steel: The Fates of Human So-*

cieties, New York: W. W. Norton & Company, 1997.

Jeremy Bentham ed., *Rationale of judicial evidence* (*specially applied to English practice*), London: Hunt & Clarke., 1827.

Kenneth J. Arrow ed., *Social Choice and Individual Values*, City of New Haven: Yale University Press, 1970.

Malcolm Spector and John I. Kitsuse eds., *Constructing Social Problem*, New York: Aldine de Gruyter, 1987.

Peter L. Berger and Thomas Luckmann eds., *The Social Construction of Reality: A Treatise in the Sociology of Knowledge*, New York: Anchor, 1967.

六 外文论文

Charles F. Sabel and Jonnathan Zeitlin, Learning from Difference: The New Architecture of Charles Sabel and William H. Simon, Contextualizing Regimes: Institutionalization as a Response to the Limits of Interpretation and Policy Engineering", *Michigan Law Review*, Vol. 110, No. 7, 2012.

Donald T. Campbel, "Reforms as Experiments", *American Psychologist*, Vol. 24, No. 4, 1969.

"Experimentalist Governance in the EU", *European Law Journal*, Vol. 14, No. 3, 2008.

Frederick K. Beutel, "An Outline of the Nature and Methods of Experimental Jurisprudence", *Columbia Law Review*, Vol. 51, No. 4, 1951.

Herbert Gintis, "A Framework for the Unification of the Behavioral Sciences", *Behavioral and Brain Sciences*, No. 1, 2007.

James M. Buchanan, "An Economic Theory of Clubs", *Economica*, Vol. 125, No. 32, 1965.

Jerome Frank, "Realism in Jurisprudence", *American Law School Review*, No. 7, 1934.

Li, Hongbin and LiAn Zhou, "Political Turnover and Economic Performance: the Incentive Role of Personnel Control in China", *Journal of Public Economics*, Vol. 89, No. 9-10, 2005.

Mei, Ciqi and Liu, Zhilin, "Experiment-based Policy Making or Conscious Policy Design? The Case of Urban Housing Reform in China", *Policy Sciences*,

Vol. 47, No. 3, 2014.

Ostrom V., "Artisanship and Artifact", *Public Administration Review*, Vol. 4, 1980.

P. A. Samuelson, "A Note on the Pure Theory of Consumer's Behaviour: An Addendum", *Economica*, Vol. 5, No. 19, 1938.

Sheila C. Dow, "The Treatment of Money in Regional Economics", *Journal of Regional Science*, Vol. 27, No. 1, 1987.

Steven Friedman, "Participatory Governance and Citizen Action in Post-apartheid South Africa", *International Institute for Labor Studies*, No. 9, 2006.

Vern R. Walker, "Risk Regulation and The 'Faces' of Uncertainty", *Risk: Health, Safety & Environment*, Vol. 9, No. 1, 1998.

后　记

本书以我近年发表的部分公共规制论文为基础修正和补充而成。之所以以著作的形式呈现，既是希望对自己近十年关于公共规制的思考作一个阶段性总结，也期待能得到学界诸君更系统的批评与指正。

现代国家已然成为"规制国家"，公共规制被认为是增强个体力量、克服市场缺陷、提升社会福利的一种政府努力。在现代市场经济条件下，政府以规制的方式广泛介入到经济活动之中，克服市场自发运行中的各种扭曲和不公，构成了现代国家的一项经常性任务。公共规制的有效运行，不仅在宏观上与一国整体市场、经济形势息息相关，同时还涵盖着一国所有人的命运、利益和关切。面对公共规制运行中复杂、多变的事实和规范，本书通过对公共规制关键命题与核心范畴的阐述，试图勾勒出一副更清晰的公共规制知识地图，并以此为基础，探讨了公共规制实施的方法和技术，试图为我国公共规制的规范展开提供某种指引和支撑。

当然，作为一个跨越政治学、经济学和法学的学术话题，上述问题的研究不仅需要对多学科文献予以梳理、归纳与取舍，也需要对现有的规制法律政策和规制实践予以观察、分析与评判。这是一份繁杂而艰辛的工作，尽管我也试图着力于深度和新意，但苦于能力所限，本书终究是一部充满缺憾的"半成品"。学术贵在交流和批评，本书如能得到学界诸君的指点，无论是对错漏之处的批评，还是对一己之见的宽容，于我而言，都是莫大的荣幸。

本书的研究得到了国家社科基金项目和中国法学会项目的资助。2013年，我以"公共规制的社会可接受性及其实现路径研究"为题申报国家社科基金项目并获得立项；2016 年，我以“公共规制的回应型执行研究”为题申报中国法学会项目并获得立项；2021 年，我以“经济规制法的精准化实施研究”为题申报国家社科基金并获得立项。感谢所有的评审专家和成果鉴定专家，你们的肯认是对我最大的鼓励。本书的出版，既是对过往研究的总结，也是未来研究的起点，我将一如既往，对公共规制研究保持足够的兴趣和热情。

生命是一场不可思议的奇迹，一路走来，我得到了太多的爱与恩惠，感恩所有的老师、亲人和朋友。感谢恩师胡光志教授，正是先生一直以来的鼓励、鞭策和支持，才使我有了对学术的信心和坚守。感谢家人对我的理解和宽容，是你们的付出让我有足够的时间和精力去从事学术研究。另外，本书的部分章节以论文的形式在《中国社会科学》《法学家》《法商研究》《现代法学》《中国行政管理》《甘肃政法学院学报》等期刊上发表过，感谢各位编辑老师和外审专家对相关文字的审读、批评和纠缪。感谢中国社会科学出版社的梁剑琴博士，她的敬业精神和专业水准，为本书添彩不少。

面对未来，我将以更虔诚的姿态走好自己的学术路，以学人应有的良知和品行读书、写作，争取再取得一些成果，回报我的老师、家人和朋友。